Houghton Mifflin Lectura

Cuaderno de práctica

Edición del estudiante

Grado 5

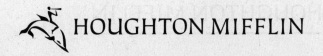
HOUGHTON MIFFLIN

Cuaderno de práctica

Illustration:
Tony Caldwell 28, 33-34, 85, 115, 119, 121, 139, 162-163, 165-166, 199, 202, 213, 215, 224, 230, 232-236, 244, 245; Moffitt Cecil 5, 25, 35, 90, 116-117, 120, 280, 291, 292, 330, 337; Dan Clifford 66, 73, 145, 149, 164, 193, 220, 232, 241, 276-277, 289-290, 311-313, 320; Sue Dahl 10, 21-22, 29, 45, 48-49, 91, 124-125, 136, 203, 204, 207, 208; Michael DiGiorgio 12, 26-27, 38, 51, 349, 360, 374-375, 379, 381-383, 397, 400; Leslie Evans 1-2, 8, 13, 20, 61-62, 75-77, 97-98, 101-102, 104, 127, 132, 137-138, 140-141, 153, 160-161, 168-169, 179, 182, 185, 218-219, 226, 233, 350-351, 369-371, 373, 377-378, 387, 389, 391; Alexander Farquharson 9, 14, 44, 63, 69, 72, 74, 81, 86-87, 103, 106-107, 147-148, 167, 170, 183, 188, 282, 293, 302, 308, 310, 318-319, 321, 323, 367, 385-386, 388, 392-394; Simon Galkin 68, 83, 88, 94, 105, 150, 177-178, 186, 197, 206, 217, 221, 237, 258; Doug Knutson 65, 93, 142-143; Dan Krovatin 6-7, 41, 108-109, 113-114, 123, 159, 174, 176, 180, 184, 283-285, 294-295, 298, 314, 328; Katie Lee 345-347, 352, 356-357, 359, 363; Kristina Rodanas 36, 43, 52, 55, 67, 155, 192, 223, 227, 228, 231, 238, 242, 246, 249, 253-254, 261, 269-273, 275, 278, 286-287, 306-307, 326-327, 329, 353, 355, 364-366, 372; Nancy Rodden 40, 42, 59-60, 70, 89, 158, 172-173, 200-201, 251, 256-257, 299, 303-305, 315, 322, 333-334, 336. Dictionary art by Michael DiGiorgio. Notebooks and paper by Nathan Jarvis.

Photography:
Photographs by Ralph J. Brunke Photography

HOUGHTON MIFFLIN

Contenido

Contenido

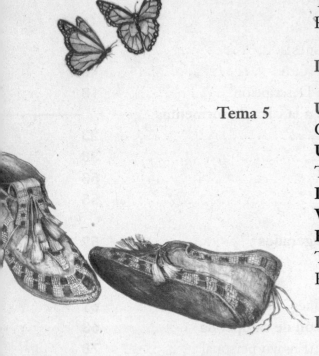

Taller de estrategias
Lectura en voz alta
El cofre de calabazas

Nombre _____

Taller de estrategias

A medida que escuchas el cuento "El cofre de calabazas" de Angela Johnson, haz pausas en la lectura para realizar algunas actividades en estas páginas de práctica. Las actividades te ayudarán a pensar en las estrategias que sirven para leer mejor. Luego de completar cada actividad, comenta con tus compañeros lo que escribiste y cómo usar estas estrategias.

Recuerda, las estrategias pueden ayudarte a ser un mejor lector. Los buenos lectores:

- usan estrategias cada vez que leen.

- usan distintas estrategias antes, durante y después de leer.

- piensan cómo podrían ayudarles las estrategias.

De regreso a la escuela
Cuaderno de práctica
página B

Nombre _____

Estrategia 1: Predecir/Inferir

Usa esta estrategia antes y durante la lectura para ayudarte a hacer predicciones sobre qué sucederá después, o sobre lo que vas a aprender.

Así se usa la estrategia Predecir/Inferir:

1. Piensa en el título, las ilustraciones y lo leído hasta ahora.
2. Di lo que piensas que ocurrirá después —o lo que aprenderás.
3. Sería útil pensar en lo que ya conoces sobre el tema.
4. Trata de descubrir las cosas que el autor no dice directamente.

Escucha a tu maestro leer el comienzo de *El cofre de calabazas*. Cuando se detenga, completa la práctica para mostrar que entiendes cómo predecir acerca de qué trata el cuento, y cuál podría ser el cofre de calabazas.

Piensa en el cuento y contesta la siguiente pregunta.

¿Qué crees que es el cofre de calabazas?

_____

_____

_____

A medida que sigues escuchando el cuento, piensa si tu predicción era correcta. Tal vez quieras cambiarla o escribir una nueva.

_____

_____

_____

_____

De regreso a la escuela
Cuaderno de práctica
página C

Nombre _____

Estrategia 2: Fonética/Descifrar palabras

Usa esta estrategia durante la lectura cuando encuentres una palabra que no conoces.

Así se usa la estrategia Fonética/Descifrar palabras:

1. Fíjate detenidamente en la palabra.
2. Busca partes conocidas de la palabra y piensa en el sonido de las letras.
3. Une los sonidos para leer la palabra.
4. Pregúntate: ¿conozco esta palabra? ¿Tiene sentido en mi lectura?
5. Si no es así, pregúntate: ¿Qué otra cosa puedo intentar? ¿Debo consultar el diccionario?

Escucha a tu maestro continuar el cuento. Cuando se detenga, usa la estrategia Fonética/Descifrar palabras.

Ahora, escribe los pasos que seguiste para descifrar la palabra *excavadora*.

_____

_____

_____

_____

_____

_____

_____

_____

_____

Recuerda usar esta estrategia cada vez que leas una palabra que no conoces.

De regreso a la escuela
Cuaderno de práctica
página D

Nombre _____

Estrategia 3: Revisar/Aclarar

Usa esta estrategia durante la lectura cada vez que sea confuso para ti lo que lees.

Así se usa la estrategia Revisar/Aclarar:

- Pregúntate si lo que estás leyendo tiene sentido —o si estás aprendiendo lo que necesitas aprender.
- Si hay algo que no entiendes, vuelve a leer, usa las ilustraciones o lee más adelante. Tal vez eso te ayude.

Escucha a tu maestro mientras continúa leyendo el cuento. Cuando se detenga, completa la actividad para mostrar que entiendes lo que está sucediendo en el cuento.

Piensa en el cofre de calabazas y contesta lo siguiente:

1. Describe el cofre de calabazas.

_____

_____

_____

2. Con lo que has escuchado, ¿podrías saber cómo llegó el cofre ahí? ¿Por qué sí o por qué no?

_____

_____

_____

3. ¿Cómo podrías averiguar por qué el cofre de calabazas estaba enterrado?

_____

_____

_____

**De regreso a la escuela
Cuaderno de práctica
página E**

Nombre _____

Estrategia 4: Preguntarse

Usa esta estrategia durante y después de la lectura para formularte preguntas sobre las ideas importantes del cuento.

Así se usa la estrategia Preguntarse:

- Pregúntate acerca de las ideas importantes del cuento.
- Pregúntate si puedes contestarlas.
- Si no puedes contestarlas, vuelve a leer y busca las respuestas en el texto. Podría ayudarte pensar sobre lo que ya leíste en el cuento, y sobre lo que ya conoces.

Escucha a tu maestro continuar el cuento. Luego, completa la actividad para mostrar que sabes formularte preguntas sobre las ideas importantes del cuento.

Piensa en el cuento y contesta:

Escribe alguna pregunta que te formularías en este punto del cuento.

_____

_____

_____

_____

_____

_____

_____

_____

_____

_____

Si no puedes contestar tu pregunta ahora, piensa en ella un momento mientras escuchas el resto del cuento.

De regreso a la escuela
Cuaderno de práctica
página F

Nombre _____

Estrategia 5: Evaluar

Usa esta estrategia durante y después de la lectura para ayudarte a formar
una opinión de lo leído.

Así se usa la estrategia Evaluar:

- Di si el cuento te parece o no entretenido, y por qué.
- ¿El texto es claro y fácil de entender?
- ¿Este es un cuento de ficción realista? ¿Logró el autor crear
  personajes interesantes y convincentes?

Escucha a tu maestro continuar el cuento. Cuando se detenga, completa
la actividad para mostrar qué estás pensando sobre los sentimientos que
te provoca lo leído, y por qué te sientes así.

Piensa acerca del cuento y contesta enseguida.

1. Di si el cuento te parece o no entretenido, y por qué.

_____
_____
_____
_____

2. ¿El texto es claro y fácil de entender?

_____
_____
_____

3. ¿Este es un cuento de ficción realista? ¿Logró el autor crear
   personajes interesantes y convincentes?

_____
_____
_____
_____

De regreso a la escuela
Cuaderno de práctica
página G

Nombre _____

Estrategia 6: Resumir

Usa esta estrategia durante y después de la lectura para resumir lo leído.

Así se usa la estrategia Resumir.

- Piensa en los personajes.
- Piensa en el lugar donde se desarrolla el cuento.
- Piensa en el problema del cuento y cómo lo solucionan sus personajes.
- Piensa sobre lo sucedido al comienzo, en la mitad y al final del cuento.

Piensa en el cuento que acabas de escuchar. Completa la actividad mostrando que entiendes cómo identificar las partes importantes del cuento que te ayudarán a resumirlo.

Piensa en el cuento y contesta las siguientes preguntas:

1. ¿Quién es el personaje principal?

_____

_____

2. ¿Dónde tiene lugar el cuento?

_____

_____

3. ¿Cuál es el problema y cómo es solucionado?

_____

_____

Ahora usa la información para resumir el cuento a un amigo.

Nombre _____

Naturaleza feroz

Después de leer cada selección, completa la tabla que aparece abajo y en la página siguiente para mostrar lo que has descubierto.

	¿Cuál es el escenario o los escenarios para la acción o descripciones en la selección?	¿Qué peligros afronta la gente en la selección?
Terremoto aterrador		
El ojo de la tormenta		
Volcanes		

Nombre _____

Naturaleza feroz

Después de leer cada selección, completa la tabla para mostrar lo que has descubierto.

	¿Qué hechos o advertencias se presentan, antes que se desate la ferocidad de la naturaleza, en la selección?	¿Qué aprendiste sobre la ferocidad de la naturaleza?
Terremoto aterrador		
El ojo de la tormenta		
Volcanes		

¿Qué consejo les darías a otras personas acerca de los tipos diferentes de ferocidad de la naturaleza que se presentan en esta selección?

_____

_____

Nombre _____

Informe de un científico

Usa las palabras del recuadro para completar el informe del científico sobre el terremoto en el islote de las Urracas.

Vocabulario

- devastadores
- falla
- ondulante
- sacudida
- temblor
- terremoto

Informe sobre un terremoto

Por quedar cerca de la _____ de San Andrés, el islote de las Urracas fue alcanzado por el reciente terremoto. Un día despejado, los testigos informaron que oyeron un ruido como de truenos, y sintieron una _____ cuando la tierra comenzó a temblar. Luego, el suelo bajo sus pies se estremeció y se levantó. Empezaron a caer árboles con gran estruendo. Cuando el _____ alcanzaba su máxima fuerza, el suelo comenzó un movimiento _____ continuo.

Cuando el _____ cesó, la gente examinó los efectos _____ del sismo. Había escombros por todas partes. La conmoción de la tierra había destrozado la isla.

Nombre _____

Mapa de sucesos

Anota en este Mapa de sucesos los hechos principales del cuento en el orden en que ocurrieron.

Página 30

Al principio, Alce escucha. Luego ladra y va de aquí para allá como si

sintiera _____

Páginas 30 y 31

Después que Jonathan le pone la correa a Alce, todos comienzan

lentamente a _____

Páginas 32 y 33

Jonathan y Abby oyen un ruido extraño. Al principio Jonathan piensa que

es un trueno o cazadores. Luego comprende súbitamente

_____

Página 35

Abby da un grito y se cae. Mientras Jonathan se lanza hacia delante, trata

de sostenerla. Luego grita: _____

Páginas 36 y 37

Jonathan ve una secoya enorme que se mece de un lado para otro. Luego

_____

Nombre _____

¿Verdadero o falso?

**Lee cada oración. Escribe V si la oración es verdadera o F si es falsa.
Si la oración es falsa, corrígela para hacerla verdadera.**

1. _____ Los padres de Jonathan y Abby se habían ido de la isla para
   hacer compras. _____

   _____

2. _____ Alce se puso inquieto porque sentía venir el terremoto.

   _____

3. _____ Jonathan pensó que los primeros rugidos del terremoto
   eran truenos distantes.

   _____

4. _____ Jonathan sabía qué hacer porque ya había estado en
   un terremoto antes.

   _____

5. _____ Cuando la secoya gigante comenzó a caer, Alce arrastró a
   Jonathan a un lugar seguro. _____

   _____

6. _____ Jonathan y Abby hallaron refugio dentro de una amplia zanja.

   _____

7. _____ Alce, aterrado, salió corriendo y no regresó.

   _____

8. _____ Tan repentinamente como había comenzado, el sismo terminó y
   el bosque quedó en silencio.

   _____

Nombre _____

Hacer un mapa de secuencia

Lee este texto. Luego completa la actividad en la página 7.

¡Rápidos a la vista!

Alison recorrió el río nerviosamente con la mirada. Ya había soportado dos series de rápidos violentos. Las dos veces, se había aferrado a las cuerdas de la balsa con tanta fuerza que los nudillos se le pusieron pálidos. Felizmente, la guía de su balsa era fuerte y hábil. "Tranquilízate, Alison", había dicho Anushka sonriendo cuando comenzó la excursión tres horas antes. "Andar en balsa es divertidísimo una vez que aprendes a hacerlo".

Durante la primera hora en el río, Anushka le había enseñado a Alison a remar de un lado para que la balsa se dirigiera a la dirección opuesta. Le había explicado qué hacer si la balsa se volteaba o si ella caía al agua. "No luches con la corriente", había dicho Anushka. "Deja que te arrastre río abajo mientras nadas hasta la orilla".

Seis meses antes, cuando los padres de Alison habían propuesto una excursión en balsa por los rápidos del río Snake, Alison dijo, "Jamás". Mas su hermano Zack se emocionó tanto, que los padres de Alison registraron a los cuatro para una excursión de siete días. Hasta ahora, el paseo iba tan mal como se lo había esperado Alison.

—¡Rápidos a la vista! ¡Agárrense! —dijo Anushka. Alison sintió que el estómago se le hacía un nudo cuando la balsa se lanzó hacia delante con la corriente.

—¡Rema a la izquierda! —gritó Anushka. Cuando el remo de Alison golpeó el agua, la proa de la balsa dio contra una roca enorme y se disparó hacia arriba. Alison cerró los ojos, y se sintió empapada por el agua helada.

Cuando abrió los ojos, Anushka había desaparecido. Presa del pánico, Alison recorrió los rápidos con la mirada.

—¡Anushka! —gritó. Entonces la vio. Anushka se dirigía hacia la orilla, pies adelante, dejando que la corriente hiciera el trabajo. "Ahora me toca a mí", pensó Alison. Remó a la izquierda, luego a la derecha, abriéndose paso entre las rocas. Con asombro, se dio cuenta de que podía controlar la balsa. Izquierda. Derecha. Izquierda nuevamente. Ahora Anushka estaba en la orilla, gritándole instrucciones sobre el estruendo del río. Alison logró meter la balsa en una contracorriente y momentos después, llegó a la orilla.

—¡Muy bien, Alison! —dijo Anushka sonriendo—. ¡Mantuviste el control en todo momento!

Alison rebosaba de satisfacción. Tal vez el paseo saldría bien después de todo.

Nombre _____

Hacer un mapa de
secuencia continuación

**En el mapa de secuencia que sigue, escribe cada suceso
del cuento de la página 6. Coloca los sucesos en orden.**

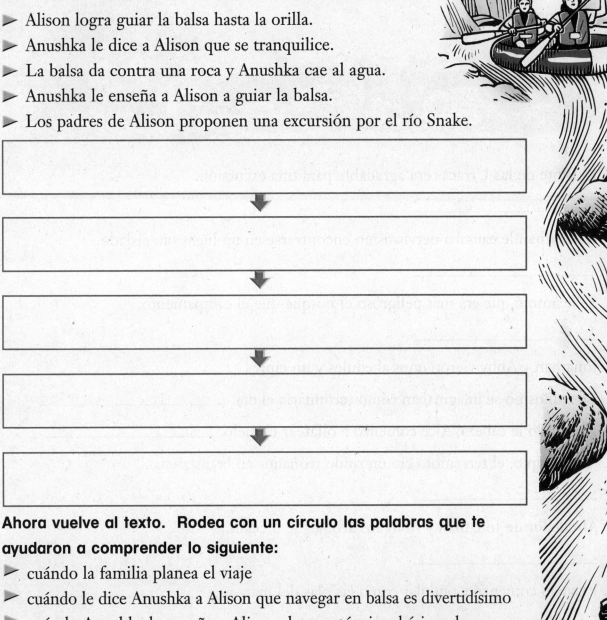

➤ Alison logra guiar la balsa hasta la orilla.

➤ Anushka le dice a Alison que se tranquilice.

➤ La balsa da contra una roca y Anushka cae al agua.

➤ Anushka le enseña a Alison a guiar la balsa.

➤ Los padres de Alison proponen una excursión por el río Snake.

**Ahora vuelve al texto. Rodea con un círculo las palabras que te
ayudaron a comprender lo siguiente:**

➤ cuándo la familia planea el viaje

➤ cuándo le dice Anushka a Alison que navegar en balsa es divertidísimo

➤ cuándo Anushka le enseña a Alison algunas técnicas básicas de
navegación en balsa

➤ si la caída de Anushka ocurre en la primera, la segunda o la tercera
serie de rápidos que encuentra con Alison

Nombre _____

Palabras agudas

Lee las oraciones. En cada oración, identifica las palabras agudas. Escribe cada palabra aguda en la línea correspondiente. Si no hay ninguna en la oración, escribe ninguna.

1. El islote de las Urracas era agradable para una excursión.

   _____

2. A Jonathan le causaba nerviosismo encontrarse en un lugar tan aislado.

   _____

3. Se le antojó que era más peligroso el bosque que el campamento.

   _____

4. Jonathan y Abby vieron unos abedules y un ciprés. _____

5. Los niños no se imaginaban cómo terminaría el día. _____

6. Ladeando la cabeza, Alce comenzó a olfatear el suelo. _____

7. Al principio, el terremoto era un ruido tronador en la distancia.

   _____

8. Alrededor de Jonathan y Abby los árboles se mecían.

   _____

9. El suelo comenzó a ondular como las olas del mar. _____

10. Los niños se refugiaron entre el montón de escombros. _____

Palabras con sílabas abiertas

Recuerda que las sílabas terminadas en vocal son sílabas abiertas.

casa, qué, ánimo, sí

Si la última sílaba termina en una vocal acentuada, esa vocal lleva acento.

Panamá, cosí, bambú

Divide las siguientes palabras en sílabas. Rodea cada sílaba abierta con un círculo.

cayó _____

subí _____

quedó _____

islote _____

neblina _____

rescate _____

daño _____

sacudida _____

aquí _____

informó _____

así _____

volará _____

ánimo _____

dentista _____

comenzó _____

Palabras de ortografía

1. cayó
2. islote
3. neblina
4. así
5. aquí
6. quedó
7. volará
8. ánimo
9. rescate
10. informó
11. dentista
12. comenzó
13. subí
14. daño
15. sacudida

Nombre _____

¡Más ortografía!

Matemáticas con letras **Suma y resta letras de las siguientes palabras para formar palabras de ortografía. Escribe las nuevas palabras.**

1. ahí - h + s = _____

2. quemó - m + d = _____

3. ánima - a + o = _____

4. casó - s + y = _____

5. dentición - ción + sta = _____

6. velará - e + o = _____

7. rubí - r + s = _____

8. caño - c + d = _____

Palabras perdidas **Escribe la palabra de ortografía que complete mejor cada oración.**

9. La _____ afectó al islote.

10. El terremoto _____ al atardecer.

11. Dos niños se hallaban solos en el _____.

12. Felizmente, se _____ que los niños estaban sanos y salvos.

13. El terremoto casi no se sintió _____ en la ciudad.

14. El _____ no fue fácil.

15. Había mucha _____, lo cual dificultaba esta labor.

Palabras de ortografía

1. cayó
2. islote
3. neblina
4. así
5. aquí
6. quedó
7. volará
8. ánimo
9. rescate
10. informó
11. dentista
12. comenzó
13. subí
14. daño
15. sacudida

Nombre _____

Corregir y escribir

Corregir Rodea con un círculo las cinco palabras de ortografía que están mal escritas en este artículo de diario. Luego, escribe cada palabra correctamente.

ISLOTE DE LAS URRACAS Un terremoto sorprendió a unos niños que estaban acampando en el hislóte. La zacudida espantó a todos los pájaros. Ningún miembro del personal del campamento estaba presente. Se inphormó que "un grupo de niños" quedaron aislados en el islote. Sin embargo, resultó que fueron solamente dos niños. Las lanchas de resquate se acercaron al muelle. Una densa nevlína ha dificultado los esfuerzos. Un salvador dijo: "Ya sabemos qué hacer para rescatar a los niños".

1. cayó
2. islote
3. neblina
4. así
5. aquí
6. quedó
7. volará
8. ánimo
9. rescate
10. informó
11. dentista
12. comenzó
13. subí
14. daño
15. sacudida

1. _____   4. _____

2. _____   5. _____

3. _____

Escribir una descripción Si fueras al lugar de un terremoto inmediatamente después de suceder éste, ¿qué crees que encontrarías? ¿Qué verías? ¿A quién encontrarías?

En una hoja aparte, escribe una descripción de la escena que quizá encontrarías. Usa palabras de ortografía de la lista.

Terremoto aterrador

Destreza de vocabulario
Usar un diccionario de
sinónimos y antónimos

Nombre _____

Sacudida de sinónimos

Lee la definición de cada término del diccionario de sinónimos y antónimos, así como sus sinónimos. Luego, vuelve a escribir las oraciones numeradas y usa un sinónimo diferente para cada palabra subrayada.

temblar *v.* Moverse de un lado a otro con movimientos rápidos. *La rama tembló cuando el águila levantó vuelo.*

estremecer Temblar o vibrar, como por un choque o falta de equilibrio. *Con todos los estudiantes zapateando, el piso del gimnasio se estremecía.*

tiritar Temblar descontroladamente. *La niña tiritaba al salir de la alberca.*

sacudir Agitar de un lado a otro. *El perro mojado sacudió su cuerpo.*

ruido *s.m.* Un sonido que es fuerte, molesto o inesperado. *Me despertó un ruido en el callejón.*

golpe Un ruido fuerte, como de un impacto o una caída repentina. *Escucha el golpe de las olas contra las rocas.*

estruendo Un ruido muy grande y molesto. *El estruendo de los motores del avión me hizo tapar los oídos.*

retumbo Un gran ruido que repercute. *El retumbo del trueno se oyó en toda la isla.*

1. Poco después que la tierra comenzó a <u>temblar</u>, los niños oyeron el <u>ruido</u> de las ramas.

_____

_____

2. Jonathan empezó a <u>tiritar</u> de frío y miedo al escuchar el <u>ruido</u> de los cuervos.

_____

_____

3. Las ramas de los árboles comenzaron a <u>temblar</u> y el <u>ruido</u> se oyó desde lejos.

_____

Nombre _____

La sensación de peligro

Tipos de oraciones **Existen cuatro tipos de oraciones:**

1. Una oración declarativa afirma algo y termina con un punto.
   Los terremotos ocurren a lo largo de las fallas en la tierra.

2. Una oración interrogativa hace una pregunta; comienza y termina con signos de interrogación.
   ¿Es posible predecir los sismos?

3. Una oración imperativa hace una petición o da una orden y generalmente termina con un punto.
   Protégete la cabeza en un terremoto.

4. Una oración exclamativa expresa emociones fuertes; comienza y termina con signos de exclamación.
   ¡Qué susto me daría un terremoto!

Agrega los signos de puntuación correctos a cada oración.
Luego escribe qué tipo de oración es.

1. ___Por qué está ladrando el perro_____
   _____

2. ___Colócale la correa _____

3. ___Ciertos animales sienten el terremoto que se avecina___
   _____

4. ___Qué miedo tengo_____

5. ___La tierra ha dejado de temblar_____
   _____

Nombre _____

Vamos de vacaciones

Sujetos y predicados Toda oración tiene un sujeto. Éste dice de quién o de qué trata la oración. El sujeto puede ser **explícito** o **implícito**. Si aparece en la oración, es explícito. Si no aparece, pero se sobreentiende, es implícito. El sujeto completo incluye todas las palabras en el sujeto, y el sujeto simple es la palabra o palabras principales del sujeto completo.

Toda oración tiene un predicado también. Éste dice lo que el sujeto es o hace. El predicado completo incluye todas las palabras en el predicado, y el predicado simple es la palabra o palabras principales del predicado completo.

Traza una raya diagonal (/) entre el sujeto completo y el predicado completo en las siguientes oraciones. Luego rodea el sujeto simple con un círculo y subraya el predicado simple.

1. Toda la familia viaja en nuestra nueva casa rodante.

2. Todos ayudan a levantar la tienda debajo de un árbol.

3. Mis hermanos usarán una brújula en la excursión.

4. Una buena fogata es difícil de mantener.

5. El aroma de la comida es delicioso cuando los campistas tienen hambre.

Terremoto aterrador

Destreza de gramática
Sujetos compuestos y
predicados compuestos

Nombre _____

Combinar oraciones

Un **sujeto compuesto** se forma de dos o más sujetos simples que tienen un mismo predicado. Usa una conjunción como *y* u *o* para unir los sujetos simples.

 Jonathan gritó. **Abby** gritó. **Jonathan y Abby** gritaron.

Combina dos sujetos simples para formar un sujeto compuesto, tal como se muestra arriba, para que tu escritura sea más clara y menos interrumpida.

Un **predicado compuesto** se forma de dos o más predicados simples que tienen un mismo sujeto. Usa una conjunción como *y* u *o* para unir los predicados simples.

 Alce **ladró**. Alce **aulló**. Alce **ladró y aulló**.

Combina dos predicados simples para formar un predicado compuesto, tal como se muestra arriba, para que tu escritura sea más fluida.

Imagínate que Jonathan escribe un borrador de una carta a su tía, en la cual le cuenta de sus vacaciones. Revisa su carta y combina oraciones. Cada oración nueva tendrá un sujeto compuesto o un predicado compuesto. Solamente la primera oración seguirá igual.

 ¡Qué vacaciones más emocionantes! Mamá se fracturó el tobillo. Mamá tuvo que ir al hospital. Abby se quedó en la isla. Yo me quedé en la isla durante un terremoto. Alce ladró. Alce nos advirtió. La tierra temblaba. La tierra se levantaba. ¿Has estado tú en un terremoto? ¿Ha estado Tío Adam en un terremoto?

_____

_____

_____

_____

_____

Nombre _____

Escribir un artículo

Jonathan y Abby Palmer viven personalmente un hecho inolvidable: el terror de un sismo. Imagínate que eres un escritor del periódico de tu ciudad. Usa la siguiente tabla a fin de recopilar datos para un artículo sobre algún hecho interesante o inusual en tu escuela, tu vecindario o tu ciudad. Contesta estas preguntas: ¿Qué sucedió? ¿Quién estaba involucrado? ¿Cuándo, dónde y por qué ocurrió este suceso? ¿Cómo ocurrió?

¿Quién?	
¿Qué?	
¿Cuándo?	
¿Dónde?	
¿Por qué?	
¿Cómo?	

Nombre _____

Añadir detalles

Un buen escritor usa detalles para explicar lo ocurrido y para darle vida a un suceso. Lee el siguiente artículo que pudo haber sido escrito acerca del terremoto. Luego, escríbelo de nuevo en las líneas de abajo, agregando detalles de la lista para mejorar el artículo.

Detalles

de doce años

por la tarde

por varias semanas

que llevaba a tierra continental

en el islote de las Urracas

secoyas gigantes

que tenían cien años

de seis

en el bosque

debajo de una secuoya caída

Campamento sacudido por un sismo

Un poderoso terremoto azotó un campamento aislado en California ayer. No se registraron lesiones graves. Algunos árboles se levantaron de raíz y un puente quedó destruido. Dos miembros de la familia Palmer, Jonathan y su hermana Abby, quedaron atrapados durante el terremoto.

"Me asusté muchísimo", dijo Jonathan Palmer. "Pero me alegra que nadie se haya lastimado. Mi hermana sólo sufrió una pequeña cortadura".

El lugar de campamento quedará cerrado a los visitantes hasta que se despejen los escombros y se repare el puente.

_____

_____

_____

_____

_____

_____

_____

_____

_____

_____

Nombre _____

Revisar tu descripción

Vuelve a leer tu descripción. ¿Qué necesitas para mejorarla? Usa esta página para decidir. Coloca una marca en el recuadro de cada oración que describa lo que has escrito.

¡Al máximo!

☐ Mi descripción está bien organizada y fácil de seguir.

☐ Todos los detalles son importantes y están en orden.

☐ Mi descripción tiene un estilo vivo.

☐ Mi descripción tiene un final convincente.

☐ Hay muy pocos errores.

Casi, casi

☐ Mi descripción podría ser más fácil de seguir.

☐ Algunos detalles no son importantes para la descripción.

☐ Podría escoger palabras más vivas.

☐ El final no hace sentir que la descripción ha terminado.

☐ Hay algunos errores.

Prueba otra vez

☐ Mi descripción no es fácil de seguir.

☐ Muchos detalles no son importantes.

☐ Las palabras escogidas no son interesantes.

☐ Hay muchos errores.

Nombre _____

Escribir oraciones completas

Completa cada oración que esté incompleta. Cambia palabras o agrega palabras si es necesario.

1. Ser fotógrafo

   _____

2. Tomar fotos de la naturaleza

   _____

3. Relámpagos que alumbran el cielo

   _____

4. Persiguiendo tormentas

   _____

5. Tornados en la distancia

   _____

6. El embudo negro es impresionante, incluso de lejos.

   _____

7. Los aviones en una tormenta

   _____

8. Un viaje incómodo

   _____

9. Peligroso estar a la intemperie en ciertas tormentas

   _____

10. No te pares debajo de un árbol cuando está tronando.

   _____

Nombre _____

Palabras de ortografía

Errores ortográficos comunes Busca patrones conocidos que te
ayuden a recordar cómo se escriben las palabras de ortografía en
esta página. Piensa atentamente en las partes que te resultan
difíciles de deletrear en cada palabra.

**Escribe las letras que faltan en las siguientes palabras de
ortografía. Añade acento si hace falta.**

1. meji _____ a

2. gra _____ nido

3. u _____ acas

4. ardi _____ a

5. _____ onas

6. _____ ojas

7. m _____ s

8. _____ orar

9. la _____ io

10. bra _____ os

11. n _____ riz

12. ca _____ adores

13. erg _____ ida

14. cintur _____ n

15. c _____ mo

Palabras de ortografía

1. mejilla
2. nariz
3. urracas
4. ardilla
5. zonas
6. hojas
7. más
8. llorar
9. labio
10. brazos
11. graznido
12. cazadores
13. erguida
14. cinturón
15. cómo

Lista de estudio En una hoja aparte, escribe cada palabra de
ortografía. Verifica tu ortografía, compara con las palabras en
la lista.

20   Tema 1: **Naturaleza feroz**

Nombre _____

¡Más ortografía!

Palabras con pistas Escribe la palabra de ortografía que vaya mejor con cada pista.

1. partes de una superficie
2. se encuentra entre la oreja y la nariz
3. expresar tristeza
4. mamífero roedor
5. grito de ciertas aves
6. palabra que compara cantidades
7. se mecen con el viento en los árboles
8. un tipo de pájaro

1. _____
2. _____
3. _____
4. _____
5. _____
6. _____
7. _____
8. _____

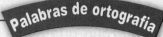

Palabras de ortografía

1. mejilla
2. nariz
3. urracas
4. ardilla
5. zonas
6. hojas
7. más
8. llorar
9. labio
10. brazos
11. graznido
12. cazadores
13. erguida
14. cinturón
15. cómo

Suma palabras Escribe una palabra de ortografía sumando el comienzo de la primera palabra y el final de la segunda.

nariz

labio

mejilla

9. lana + cambio   9. _____
10. brama + lazos   10. _____
11. nadie + cariz   11. _____
12. cazan + nadadores 12. _____
13. eran + seguida   13. _____
14. cintura + limón   14. _____
15. cósela + ramo   15. _____

Nombre _____

Corregir y escribir

Corregir **Rodea** con un círculo las cinco palabras de ortografía que están mal escritas en este anuncio. Luego, escribe cada palabra correctamente.

1. mejilla
2. nariz
3. urracas
4. ardilla
5. zonas
6. hojas
7. más
8. llorar
9. labio
10. brazos
11. graznido
12. cazadores
13. erguida
14. cinturón
15. cómo

El personal del Museo de Ciencias anuncia que nuestra sala de pequeños mamíferos estará abierta para el público el lunes a las nueve de la mañana. Allí se podrán ver animals de distintas sonas. Tenemos ardiyas de varios países así como liebres y mas animals. Algunos de ellos corren peligro de extinguirse por causa de los casadores. Habrá películas y conferencias sobre como proteger a la naturaleza.

1. _____   4. _____

2. _____   5. _____

3. _____

✏️ **Escribir títulos de canciones.** **Escoge** cinco palabras de ortografía de la lista. Luego, para cada una, inventa el título de una canción que incluya la palabra y menciona alguna forma de furia de la naturaleza.

Nombre _____

Tiempo borrascoso

Usa palabras del recuadro para completar esta entrada del diario.

Vocabulario

achicharrante

embudo

girar

pasaje

rayos

tornados

voltios

10 de mayo, 2000

Querido diario:

Todo iba bien cuando crucé la frontera y entré en Oklahoma. Me dirigía al _____ de los tornados. Por el espejo retrovisor, vi unos densos nubarrones que se formaban detrás de mí. "Espero que no sean nubes en forma de _____.", pensé. Luego alcancé a ver unos destellos. Eran _____. Las nubes comenzaron a _____ con más y más velocidad. ¡Ante mis ojos se estaban formando un par de _____ ! Varios rayos descargaban millones de _____ de electricidad al hacer tierra. Uno de los tornados levantó un tractor, le dio vueltas en el aire y lo dejó caer. Un rayo cayó en un arbusto seco y lo convirtió en una _____ bola de llamas.

Escribe una oración para terminar la entrada del diario.

_____

_____

Tema 1: **Naturaleza feroz**   23

Nombre _____

Mapa de la selección

Completa este mapa de la selección.

Páginas 59 a 68

Página 59   A la caza de tormentas _____

Página 60   Warren Faidley: cazatormentas profesional _____

_____

Página 64   Una vez reveladas, ¿qué pasa con las fotos de Warren?

_____

_____

Página 65   Temporada de caza de tormentas _____

_____

_____

Página 67   A la caza de tornados _____

_____

Páginas 69 a 75

Un día en la vida de un cazador de tormentas

Mañana _____

_____

Tarde _____

_____

Atardecer _____

_____

24   Tema 1: **Naturaleza feroz**

Nombre _____

Una entrevista con Warren Faidley

Las siguientes preguntas se pueden usar para entrevistar a Warren Faidley acerca de su vida y trabajo. Escribe la respuesta que Warren podría dar a cada pregunta.

¿Cuál es su oficio?

_____

_____

¿Cuándo comenzó a interesarse por las tormentas? Describa una de sus primeras experiencias con una tormenta. _____

_____

¿Qué le hizo convertirse en cazador de tormentas profesional? _____

_____

_____

_____

Para las personas de su profesión, ¿es importante conocer bien los patrones meteorológicos? ¿Por qué? _____

_____

_____

_____

¿Qué consejo le daría usted a un joven que desea convertirse en cazador de tormentas?

_____

_____

Nombre _____

Rastrear el texto

Lee el siguiente artículo. Luego completa la actividad en la página 27.

Conoce los huracanes

Un huracán es una tormenta poderosa con vientos en torbellino. Los huracanes se forman sobre el agua en las zonas tropicales de los océanos Atlántico Norte y Pacífico Norte. La mayor parte de los huracanes en estas regiones ocurren entre junio y noviembre.

Comienza un huracán

Un huracán no se forma de una vez. Primero se presentan áreas de baja presión en los vientos del océano. Estas áreas, llamadas ondas del este, crecen hasta formar una depresión tropical, donde los vientos soplan a velocidades de hasta 31 millas por hora. Al irse acelerando los vientos, se convierten en una tormenta tropical. Cuando alcanzan 74 millas por hora o más, y si la tormenta mide de 200 a 300 millas de ancho, se la considera un huracán.

Vía de destrucción

Por su gran velocidad, los vientos del huracán pueden causar daños severos. Un huracán es capaz de destruir edificios y otras propiedades cuando toca tierra. La fuerza de los vientos también crea olas enormes. Éstas, junto con la lluvia abundante, pueden causar el desbordamiento de ríos y de las tierras bajas de la costa. Muchas muertes causadas por huracanes se deben a las inundaciones. Teniendo en cuenta el poder devastador de los huracanes, los meteorólogos vigilan atentamente los océanos Atlántico y Pacífico en la temporada de huracanes.

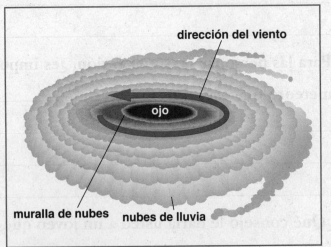

Los vientos del huracán giran alrededor del ojo, que es una zona de calma en el centro. El ojo está rodeado por una muralla de nubes.

Nombre _____

Rastrear el texto continuación

Escribe palabras del recuadro para indicar el orden en que aparecen estas partes en el artículo de la página 26. Luego, contesta las preguntas.

> calce   ayuda gráfica   encabezamientos   introducción

1. _____

2. _____

3. _____

4. _____

5. ¿De qué trata cada párrafo?

   Párrafo 1: _____

   Párrafo 2: _____

   Párrafo 3: _____

6. ¿Cómo está organizada la información en el párrafo 2, por idea principal y detalles, o por secuencia de sucesos?

   _____

7. ¿Cómo está organizada la información en el párrafo 3?

   _____

Nombre _____

Tormenta de sílabas

Rodea con un círculo las palabras subrayadas que sean llanas. Luego, escribe una nueva oración que use la palabra subrayada.

1. Me <u>pregunto</u> cómo ella pudo acercarse tanto al relámpago.

_____

2. Un buen fotógrafo trata de <u>captar</u> la emoción del momento.

_____

3. Warren mostró unos <u>impresionantes</u> videos de tornados.

_____

4. La fotógrafa cambió su <u>posición</u> para lograr una mejor foto de la tormenta.

_____

5. <u>Girando</u> el cuerpo, el fotógrafo podía seguir el camino circular del tornado.

_____

Nombre _____

Palabras con sílabas cerradas

Recuerda que las sílabas cerradas terminan en consonante.

cansan, saltar, brincan

Si la última sílaba es cerrada y termina en las consonantes *s o n*, y si la fuerza de pronunciación cae en la sílaba, debe llevar acento.

revés, canción, rincón

Divide cada palabra en sílabas y rodea las sílabas cerradas con un círculo.

1. árbol _____
2. clamor _____
3. golpe _____
4. jamás _____
5. comezón _____
6. altura _____
7. ladrón _____
8. pequeñez _____
9. manchón _____
10. flotas _____
11. capaz _____
12. revés _____
13. mecían _____
14. ventarrón _____
15. eléctrica _____

Palabras de ortografía

1. árbol
2. clamor
3. golpe
4. jamás
5. comezón
6. altura
7. ladrón
8. pequeñez
9. manchón
10. flotas
11. capaz
12. revés
13. mecían
14. ventarrón
15. eléctrica

Nombre _____

¡Más ortografía!

Encuentra la rima Para cada oración escribe una palabra de
ortografía que rime con la palabra subrayada y tenga sentido en
la oración.

Palabras de ortografía

1. árbol
2. clamor
3. golpe
4. jamás
5. comezón
6. altura
7. ladrón
8. pequeñez
9. manchón
10. flotas
11. capaz
12. revés
13. mecían
14. ventarrón
15. eléctrica

1. Un águila es _____ de ser muy rapaz.
2. La piedra es dura y la tiro a gran _____.
3. Se formó un nubarrón en medio del _____.
4. Me decían que las ramas se _____.
5. Tienes un _____ en el pantalón.
6. Saltaré para atrás aunque no lo he hecho _____.
7. Caen gotas mientras _____.
8. Encontré al _____ en un callejón.

Descifra el código Algunas palabras de ortografía se han
escrito con el siguiente código. Usa el código para descifrar
cada palabra. Luego, escribe cada palabra correctamente.

Código:	L	K	J	H	P	O	I	U	M	N	B	Q	A	Z	W	S	X	E	D	C	Y	T	G	F	R
Letra:	h	a	g	o	e	z	n	c	p	l	q	u	ñ	m	f	t	s	v	i	b	d	r	á	ó	é

9. JHNMP _____

10. NKYTFI _____

11. PNRUSTDUK _____

12. GTCHN _____

13. UNKZHT _____

14. UHZPOFI _____

15. TPERX _____

Nombre _____

Corregir y escribir

Corregir **Rodea con un círculo las cinco palabras de
ortografía que están mal escritas en este registro
meteorológico. Luego, escribe cada palabra correctamente.**

Anoche se produjo una tormenta como jamaz se había visto
en esta ciudad. Muchas personas estaban dormidas pero se
despertaron con los rayos y truenos. El agua corría por las
calles como ríos. Un gatito pequeño se trepó a un arbol .
Luego se refugió en la estación de bomberos, debajo de una
escalera de mármol. El bentarron tumbó varias ramas. Los
informes meteorológicos dicen que hay posibilidá de más
tormentas en los próximos días. Esperamos que la ciudad sea
capas de reparar los daños pronto.

1. _____   4. _____

2. _____   5. _____

3. _____

Palabras de ortografía

1. árbol
2. clamor
3. golpe
4. jamás
5. comezón
6. altura
7. ladrón
8. pequeñez
9. manchón
10. flotas
11. capaz
12. revés
13. mecían
14. ventarrón
15. eléctrica

Escribir una advertencia de tormenta Los cazadores de
tormentas pueden dar informes directos desde el lugar de la
tormenta porque ellos las persiguen adonde éstas vayan.

**En una hoja separada, escribe el guión de una advertencia de
tormenta que un cazador de tormentas podría emitir por la
radio. Usa palabras de ortografía de la lista.**

El ojo de la tormenta

Destreza de vocabulario
Diccionario: Orden alfabético
y palabras de guía

Nombre _____

Las palabras en su sitio

Lee cada conjunto de palabras y escoge las dos que podrían ser palabras guías en un diccionario y cuál sería la entrada. Luego, en las columnas que siguen, escribe las palabras guías debajo del encabezamiento que les corresponda. Al lado, escribe la entrada.

trucha	clima	prado	duque	charro
tropical	cima	practicar	duradero	chasquido
tren	clamar	pradera	durante	chaval

Palabras guías	Entrada
_____	_____
_____	_____
_____	_____
_____	_____
_____	_____

Nombre _____

¡Torbellino de palabras!

Conjunciones Las palabras *y*, *o* y *pero* son **conjunciones**. Una conjunción
sirve para unir palabras en una oración o para unir dos oraciones.
Usa *y* para añadir información. Usa *o* para dar una opción.
Usa *pero* para indicar contraste.

■ Las nubes y el viento señalan que viene una tormenta.
    Esta conjunción une palabras.
■ Vi relámpagos y oí truenos.
    Esta conjunción une oraciones.

**Completa cada oración con la conjunción *y*, *o* o *pero*. Luego, decide si
cada conjunción que escribiste está uniendo palabras o si está uniendo
oraciones. Escribe *P* después de una oración donde se unan palabras.
Escribe *O* después de una oración donde se unan oraciones.**

1. Kansas _____ Oklahoma tienen muchos tornados. _____

2. Warren Faidley persigue tornados _____ tormentas eléctricas.
   _____

3. Warren tiene equipo especial _____ tiene un vehículo especial
   para llevarlo. _____

4. Nunca he visto un tornado _____ he visto relámpagos muchas
   veces. _____

5. Métete en un sótano _____ algún lugar bajo tierra si ves una
   nube de embudo. _____

Bien enfocado

Oraciones compuestas   Una **oración compuesta** se forma uniendo dos
oraciones simples, estrechamente relacionadas, con una conjunción y
a veces una coma.

Yo leo mucho.

Tú escribes mucho. } Yo leo mucho, pero tú escribes mucho.

**Traza una línea desde cada oración simple en la columna A a la
oración más relacionada con ella en la columna B. Lee todas las
opciones antes de decidir.**

A	B

1. Zoé toma fotos para el
   periódico de la escuela

2. ¿Debe Zoé usar película
   en color

3. Las fotos en color son
   bonitas

4. Tom escribió acerca del
   concierto en la escuela

Zoé tomó fotos de los músicos.

Tom escribe artículos para el
periódico.

las fotos en nuestro diario son
en blanco y negro.

debe usar película en blanco y
negro?

**Ahora, escribe las oraciones de arriba y únelas con una
conjunción en lugar de líneas.**

1. _____

2. _____

3. _____

4. _____

Nombre _____

¡Truenos y relámpagos!

Corregir uniones incorrectas   Una **unión incorrecta** es un error que ocurre cuando un escritor escribe una oración simple seguida por otra oración simple sin separarlas con una conjunción. La siguiente es una oración encadenada.

Marco vive en una granja su primo va allá a visitarlo.

Corrige las uniones incorrectas en tu escritura insertando una conjunción para formar una oración compuesta:

Marco vive en una granja   su primo va allá a visitarlo.

Marco está emocionado y ha escrito rápidamente un correo electrónico a su primo Jamie. Revisa el mensaje de Marco agregando las conjunciones que falten.

Cerca de la granja cayó un relámpago yo lo vi caer. El rayo cayó en un viejo árbol en la punta de una colina el árbol se rajó en dos. Se oyó un "bum" tremendo un sonido crepitante en el aire. Fue aterrador yo estaba protegido dentro de la casa al pie de la colina. ¿Quieres que te envíe una foto del árbol quieres venir a visitarme para verlo personalmente?

Nombre _____

Reacción a un texto escrito

Idea para escribir Explica por qué es difícil fotografiar tornados. Usa la información y los detalles de *El ojo de la tormenta* para justificar tu respuesta.

Usa la tabla de abajo para escribir una respuesta. Primero anota las ideas principales y los detalles que podrías incluir. Luego enumera las ideas principales, comenzando con *1*, de la más importante a la menos importante.

Ideas principales	Detalles

Nombre _____

Mayúsculas y puntuación

A una clase de quinto grado le presentaron la siguiente idea: **Warren Faidley es cazador de tormentas. Resume qué hace en su trabajo.** Un estudiante escribió la siguiente reacción pero no revisó los errores de mayúsculas y puntuación.

Usa los siguientes signos de corrección para añadir las mayúsculas y la puntuación necesarias.

⊙ añadir un punto   ∧! añadir un signo de exclamación

≡ cambiar a mayúscula   ∧? añadir un signo de interrogación

¿qué hace warren Faidley en su trabajo   Persigue tormentas

peligrosas   luego toma fotos de rayos cuando caen a la tierra y

nubes de embudo que giran en el cielo.   si le va bien, puede vender

sus fotos dramáticas a revistas, diarios y otras publicaciones

¡Cuán peligroso pero cuán fascinante es el oficio de los cazadores de

tormentas   ¿No crees

Nombre _____

Actividad volcánica

Escribe cada palabra del recuadro debajo de la categoría que le corresponde.

Descripción de lava caliente

_____

Capa terrestre

_____

Materiales en un volcán

_____

_____

Parte de un volcán

_____

Vocabulario

carbones

corteza

cráter

fundida

lava

Ahora usa las palabras del recuadro para escribir un párrafo corto en el cual describas un volcán en erupción.

_____

_____

_____

_____

Nombre _____

Tabla de categorías

Completa los recuadros en cada categoría.

> ### Cómo se forman los volcanes
> _____
> _____

Dos tipos de aberturas volcánicas

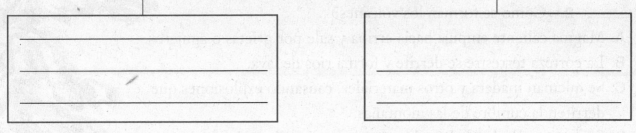

Dónde se forman los volcanes
> _____
> _____

Tipos de volcanes

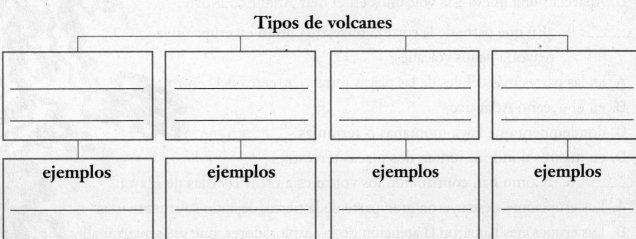

Nombre _____

¡Muestra lo que sabes!

Las siguientes preguntas se refieren a volcanes. Responde a cada pregunta escribiendo la letra de la respuesta correcta en el espacio a la izquierda.

_____ 1. ¿De dónde viene la palabra *volcán*?

A. el nombre hawaiano de la diosa del fuego, Pele

B. el nombre del dios romano del fuego, Vulcano

C. el nombre científico de montañas que expulsan fuego y cenizas

D. el nombre de una raza de seres mitológicos llamados vulcanos

_____ 2. ¿Cómo se forman los volcanes?

A. Magma caliente empuja hacia arriba y sale por grietas o agujeros.

B. La corteza terrestre se derrite y forma ríos de lava.

C. Se queman madera y otros materiales, causando explosiones que derriten la cumbre de las montañas.

D. Se derriten glaciares, dejando cráteres por donde se escapa el magma.

_____ 3. ¿Qué ocurrió al estallar el monte St. Helens en 1980?

A. Se formó la primera de las islas hawaianas en el océano Pacífico.

B. Se destruyeron casas, vías y bosques, y murieron 60 personas.

C. La ceniza fue arrojada al aire pero no hubo verdaderos daños.

D. Apareció una nueva isla volcánica en el mar Atlántico Norte.

_____ 4. ¿En qué parte de la corteza terrestre entran en erupción la mayoría de los volcanes?

A. en las partes más débiles de las placas terrestres, cerca del centro

B. en el océano Atlántico

C. dondequiera que haya montañas o serranías

D. en lugares donde se juntan dos placas terrestres

_____ 5. ¿Cómo han contribuido los volcanes a crear las islas de Hawai?

A. Las erupciones destruyeron gran parte de la tierra, dejando solamente islas.

B. Las erupciones llamaron la atención de los exploradores, que se asentaron allí.

C. Las erupciones forman las islas y las nuevas erupciones añaden lava a las costas.

D. Las cenizas y carbones de miles de erupciones se han mezclado con el agua marina para formar tierra nueva.

Nombre _____

Clasificación de nubes

Lee el artículo. Luego completa la actividad en la página 42.

Las nubes

Las nubes tienen formas y colores variados. Se forman a distintas alturas. Algunas están compuestas de agua y otras de hielo. Con tantas diferencias, una buena manera de identificar las nubes es por grupos.

Las nubes se agrupan por su altura sobre la tierra. Las nubes bajas generalmente se encuentran a menos de 6,000 pies sobre el nivel del mar. Éstas incluyen los estratos y los estratocúmulos. Un estrato parece una franja lisa, mientras que los estratocúmulos son abultados. Parecen pilas blandas de algodón gris.

Las nubes de altura media se forman entre los 6,000 y los 20,000 pies. Comprenden altoestratos, altocúmulos y nimboestratos. Un altoestrato es una nube que forma una franja blanca o gris. Los altocúmulos parecen montones algodonosos que pueden estar separados o conectados en una masa abultada. Los nimboestratos parecen una capa gris y lisa. Lluvia o nieve caen frecuentemente de ellos, lo que hace difícil verlos.

Las nubes altas se forman por encima de los 20,000 pies. Al contrario de otras clases de nubes, hechas de gotitas de agua, éstas consisten en cristales de hielo. Los cirros, cirroestratos y cirrocúmulos son tipos de nubes altas. Los cirros se encuentran a gran altura en el cielo y tienen un aspecto como de plumas. Un cirroestrato es una capa de nubes muy delgada. Los cirrocúmulos parecen millones de trocitos de algodón muy altos en el cielo.

Nombre _____

Clasificar nubes continuación

Sigue las instrucciones o responde a las preguntas basándote en el artículo.

1. Agrega los nombres de todos los tipos de nube mencionados en el artículo que falten en esta tabla.

bajas	medias	altas
estrato	altoestrato	cirro
_____	_____	_____
	_____	_____

2. ¿Cómo están clasificadas las nubes en esta tabla? _____
Escribe la categoría correcta para cada lista de nubes en esta tabla.

_____	_____
estrato	estratocúmulo
altoestrato	altocúmulo
nimboestrato	cirrocúmulo
cirroestrato	

3. ¿Cómo están clasificadas las nubes en esta tabla? _____

agua	hielo
estrato	cirro
altoestrato	cirroestrato
nimboestrato	
_____	_____

Nombre _____

Construir palabras

**Lee cada oración. Luego, usa dos o tres
partes de palabras de la tabla para formar
una palabra que sea esdrújula. Escribe esa
palabra en el espacio.**

má	se	na
devuélve	ti	lo
acába	sóli	tros
gramá	te	to
kiló	ja	los
bája	qui	ca
anti	quí	simo
in	me	

1. Ayer un volcán _____

   entró en erupción.

2. Ver un perro y un canario jugando como amigos es algo

   _____ .

3. Mis abuelos viven a varios _____ de la

   ciudad.

4. Me gustaría tener una _____ de hacer

   helados.

5. ¿Ya hiciste tu tarea de _____

**Lee cada oración. Luego, usa dos o tres partes de palabras
de la tabla para formar una palabra que sea sobresdrújula.**

6. Si tienes mi saco, por favor _____ .

7. El libro está demasiado alto para ella, por favor

   _____ .

8. Quedaron algunos panes en el paquete; _____

   si tienes hambre.

Nombre _____

Palabras con combinaciones con *r*

Recuerda que la letra *r* frecuentemente viene después de otra consonante, y forma los siguientes grupos de consonantes:
br, cr, dr, fr, gr, pr, tr.
Estos grupos pueden aparecer al comienzo o en medio de una palabra.

Escribe cada palabra de ortografía en la línea que le corresponda. Luego, subraya los grupos de consonantes con *r* en cada palabra de ortografía.

br _____

cr _____

dr _____

fr _____

gr _____

pr _____

tr _____

Palabras de ortografía

1. trozos
2. crudas
3. eléctrico
4. gritería
5. abrazo
6. príncipe
7. increíble
8. grande
9. cofre
10. caprichosos
11. dramaturgo
12. tigrillo
13. frígido
14. brinco
15. frenético

Nombre _____

¡Más ortografía!

Intercambio de letras **Escribe una palabra de ortografía cambiando la letra o letras subrayadas por un grupo de consonantes con *r*. Los grupos de consonantes pueden ser *br, cr, dr, fr, gr, pr, tr*.**

1. <u>a</u>letazo _____

2. co<u>rr</u>e _____

3. <u>p</u>ozos _____

4. <u>c</u>inco _____

5. <u>r</u>ígido _____

6. <u>m</u>ande _____

1. trozos
2. crudas
3. eléctrico
4. gritería
5. abrazo
6. príncipe
7. increíble
8. grande
9. cofre
10. caprichosos
11. dramaturgo
12. tigrillo
13. frígido
14. brinco
15. frenético

Cambia palabras **Escribe una palabra de ortografía para reemplazar cada definición subrayada en las oraciones. Escribe tu palabra en el espacio.**

7. Nuestra clase presentó una obra de aquel <u>individuo que escribe obras de teatro</u>.

8. No podemos comernos las hamburguesas, pues están <u>sin cocinar</u>.

9. En el zoológico vimos un <u>pequeño felino de Sudamérica</u>.

10. El cuento que leí es tan extraño que me parece <u>difícil de creer</u>.

11. Cuando hay <u>ruido confuso de gente gritando</u>, es difícil entender lo que dicen.

12. Los niños que se dejan llevar por sus <u>antojos</u> no actúan de modo racional.

13. El <u>hijo del rey</u> repartió dinero entre los pobres.

14. El público en el estadio está <u>muy exaltado</u>.

15. Los ferrocarriles mejoraron mucho cuando se inventó el tren <u>accionado por electricidad</u>.

7. _____

8. _____

9. _____

10. _____

11. _____

12. _____

13. _____

14. _____

15. _____

Nombre _____

Corregir y escribir

Corregir   Rodea con un círculo las cinco palabras de ortografía que están mal escritas en este párrafo. Luego, escribe cada palabra correctamente.

1. trozos
2. crudas
3. eléctrico
4. gritería
5. abrazo
6. príncipe
7. increíble
8. grande
9. cofre
10. caprichosos
11. dramaturgo
12. tigrillo
13. frígido
14. brinco
15. frenético

El camino nos llevó por la cuesta de un volcán. Acabábamos de llegar a un área de lava antigua cuando sucedió algo inceíble. Oímos un estruendo más arriba y vimos que comenzaban a caer trosos de piedra. ¡Otros excursionistas habían aflojado la roca! El alud se dirigía hacia nosotros. Tuvimos que dar un vrinco para evadir las rocas que caían. En la carrera por bajar la cuesta, tropecé con una piedra. ¡Qué gritería se armó! Nuestro paso se hizo frenetico, pero felizmente todos quedamos a salvo.

1. _____

2. _____

3. _____

4. _____

5. _____

Escribir una lista de consejos de seguridad   ¿Qué consejos de seguridad deben tenerse en cuenta en la vida diaria o al salir de excursión?

En una hoja separada, haz tu lista de consejos. Usa palabras de ortografía de la lista.

Nombre _____

Definiciones perdidas

Las siguientes entradas de diccionario traen el término y una oración de ejemplo pero les faltan las definiciones. Lee cada oración de ejemplo y úsala como ayuda para completar la definición.

1. antiguo *adj.* _____

   Las huellas de dinosaurios en las rocas vienen de un tiempo

   muy antiguo.

2. asombroso *adj.* _____

   Fue asombroso ver nevar a mediados de julio.

3. carpa *s.f.* _____

   Los excursionistas durmieron en una carpa grande.

4. dañar *v.* _____

   Puedes dañar las matas si les echas demasiada agua.

5. extinguir *v.* _____

   Después de entrar en erupción, un volcán se puede extinguir.

6. llamarada *s.f.* _____

   Del volcán salía una brillante llamarada que alumbraba el cielo.

7. licencia *s.f.* _____

   El soldado recibió una licencia para visitar a su familia.

8. suspendido *adj.* _____

   Ese nubarrón parece suspendido en el cielo.

Encuentra el camino

Sustantivos en singular y plural Un **sustantivo en singular** nombra una persona, animal o cosa. Un **sustantivo en plural** nombra más de una persona, animal o cosa. Para saber cómo formar el plural, mira la terminación del sustantivo. Abajo tienes cinco reglas para formar plurales:

1. Si el sustantivo termina en vocal, añade *s*.

2. Si el sustantivo termina en consonante (excepto z), añade *es*.

3. Si el sustantivo termina en z, cambia la *z* a *c* y añade *es*.

4. En plural, algunos sustantivos pierden el acento.

5. Algunos sustantivos tienen la misma forma en singular y plural.

Conrad y Carmen tienen un mapa de un zoológico. Escribe un sustantivo plural para rotular cada dibujo.

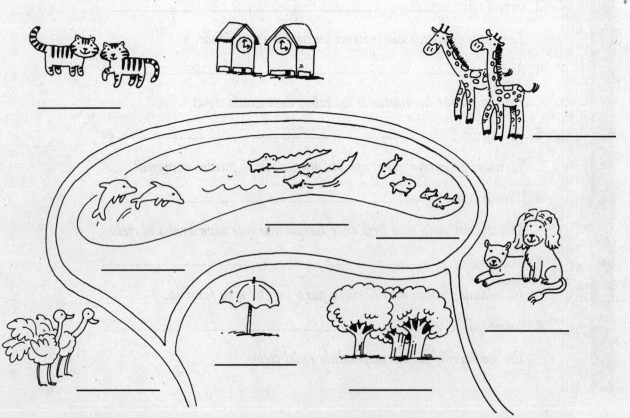

Volcanes

Destreza de gramática
Artículos determinados e
indeterminados

Nombre _____

La feria de ciencias

Artículos determinados e indeterminados   Recuerda que los
artículos van antes del sustantivo. Un **artículo determinado** se
refiere a una persona, lugar o cosa en particular. Un **artículo
indeterminado** se refiere a una persona lugar o cosa en general.
No olvides que el artículo debe concordar con el sustantivo en su
género y número.

Para la feria de ciencias, Jody hizo un modelo del volcán
monte Saint Helens y escribió un informe sobre el volcán. En
algunas oraciones, Jody no sabe si usar artículos determinados o
indeterminados. Hizo una lista de estas oraciones.

**Escribe el artículo que corresponda antes de cada
sustantivo subrayado.**

1. _____ hojas de los árboles se mecían en

   _____ viento.

2. A lo lejos, _____ volcán monte Saint Helens

   rugía amenazante.

3. _____ excursionistas desconocidos buscaban el

   camino al volcán.

4. Cuando sucedió _____ erupción del volcán,

   _____ suelo quedó cubierto de cenizas.

5. Muchos de _____ habitantes tuvieron que

   abandonar sus casas.

6. _____ venado huyó a toda velocidad.

7. Me gustaría visitar el volcán _____ día, pero si

   me aseguran que _____ peligro ha pasado.

Nombre _____

Un paseo por el bosque

Usar sustantivos precisos Puedes lograr una escritura más vívida e interesante si reemplazas los sustantivos generales con otros más específicos. El siguiente es un ejemplo de escritura con un sustantivo general:

> El día de mi cumpleaños, recibí varias cosas.

El lector no sabe qué recibió la persona. Aquí vemos la misma oración revisada, con sustantivos más específicos:

> El día de mi cumpleaños recibí un libro sobre leyendas del deporte, un balón y unos zapatos de baloncesto.

Lee el siguiente párrafo. Revisa los sustantivos generales en letra negrita reemplazándolos con un sustantivo más específico tomado del recuadro.

conejito
una libélula
arces y robles
Los patos
pececillos
sandwiches
de queso
mis tobillos
de menta
cortezas
las zapatillas
de deporte

Ayer, Tía Dorothy y yo caminamos por el bosque hasta el

estanque . Mi tía sabe mucho sobre la naturaleza. En el camino, me

señaló **árboles** y me enseñó cómo reconocerlos por las hojas y las

cosas. ¡También me enseñó a reconocer **una planta** por su olor!

Cuando llegamos a la laguna, vi **un insecto** sobre el agua. Como

hacía calor, me quité **los zapatos** y caminé descalza en la laguna.

El agua era tan cristalina que podía ver **cositas** nadando cerca de

mí. Luego de pasear, comimos **una merienda**. Al regreso, vimos

un **animal** atravesar el camino dando

grandes saltos.

Nombre _____

Escribir un informe

Lee el siguiente ejemplo de idea principal y detalles tomado de la página 85 de *Volcanes*.

Los volcanes se forman debido a grietas o agujeros de la corteza terrestre. El magma se abre paso por entre las grietas. A esto se le llama una erupción volcánica. Cuando el magma sale a la superficie se conoce como lava... Cuando la lava se enfría, se endurece, formando rocas.

Ahora prepárate a escribir un informe sobre un tema que te interese. Usa la siguiente ayuda gráfica para organizar tu texto.

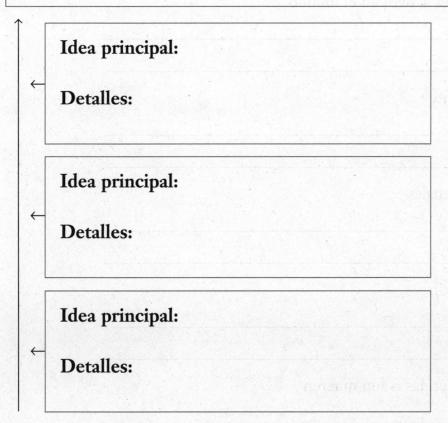

Tema:

Idea principal:

Detalles:

Idea principal:

Detalles:

Idea principal:

Detalles:

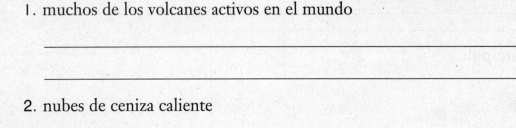

Nombre _____

Corregir fragmentos de oraciones

Un fragmento de oración es un grupo de palabras al cual le falta el sujeto o el predicado. Los siguientes grupos de palabras son fragmentos de oraciones. Conviértelos en oraciones completas agregando un sujeto o un predicado. Escribe las oraciones completas en las líneas.

1. muchos de los volcanes activos en el mundo

_____
_____

2. nubes de ceniza caliente

_____
_____

3. sepultan plantas y animales

_____
_____

4. el estallido de un volcán

_____
_____

5. quedan gravemente heridas o aun mueren

_____
_____

Nombre _____

Escoger la mejor respuesta

Usa las estrategias y sugerencias que has aprendido para responder a preguntas de opción o múltiples. Esta práctica te ayudará cuando tomes una prueba de este tipo.

Lee cada pregunta. Escoge la mejor respuesta. Rellena el círculo correspondiente en la línea de respuestas.

1   Al principio del cuento, ¿por qué pensó Jonathan que Alce se estaba portando de modo extraño?

   A   Pensó que Alce sabía que Jonathan estaba preocupado por su madre.

   B   Pensó que Alce estaba buscando a la Sra. Smith, que vivía al lado.

   C   Pensó que Alce sabía que iba a haber un terremoto.

   D   Pensó que Alce había visto al padre de los niños llegar al campamento.

2   ¿Cuándo pensaba Jonathan escuchar el partido de béisbol en la radio?

   F   después de enganchar el remolque al coche

   G   después de averiguar cómo seguía su madre

   H   después de sacar a Alce a pasear

   J   después que Abby se acostara

3   ¿Qué pensaron Jonathan y Abby que era el estruendo al principio?

   A   un terremoto

   B   un trueno

   C   una bomba

   D   rifles

4   ¿Por qué no podía llegar Jonathan adonde estaba Abby durante el terremoto?

   F   No veía dónde estaba ella.

   G   Le cayeron unos robles encima.

   H   No lograba mantener el equilibrio.

   J   Se cayó al río.

LÍNEAS DE RESPUESTAS	1 Ⓐ Ⓑ Ⓒ Ⓓ	3 Ⓐ Ⓑ Ⓒ Ⓓ
	2 Ⓕ Ⓖ Ⓗ Ⓙ	4 Ⓕ Ⓖ Ⓗ Ⓙ

Nombre _____

Escoger la mejor respuesta

continuación

5 ¿Qué vio Jonathan justo antes que cayera la secoya casi encima de él?

   A   Vio temblar el tronco.

   B   Vio que las raíces se arrancaban del suelo.

   C   Vio a los árboles mecerse de un lado a otro.

   D   Vio que el tronco se inclinaba hacia él.

6 ¿Qué hizo Jonathan cuando llegó adonde estaba Abby?

   F   La ayudó a caminar hasta el remolque.

   G   La ayudó a buscar a Alce.

   H   La ayudó a protegerse debajo de un árbol caído.

   J   La ayudó a entender por qué ocurren los terremotos.

7 ¿En qué pensaba Jonathan mientras permanecía abrazado a Alce después del terremoto?

   A   en el día en que escogió al perro

   B   en el último terremoto en el cual había estado su familia

   C   en el tobillo fracturado de su madre

   D   en vendar la rodilla cortada de su hermanita

8 ¿Cuándo comprendió Abby que ella y su hermano podrían haber muerto en el terremoto?

   F   cuando vio la destrucción a su alrededor

   G   cuando Jonathan se lo dijo

   H   cuando regresaron sus padres

   J   cuando su abuela llamó desde Iowa

LÍNEAS DE RESPUESTAS	5 (A) (B) (C) (D)	7 (A) (B) (C) (D)
	6 (F) (G) (H) (J)	8 (F) (G) (H) (J)

Nombre _____

Repaso de ortografía

Completa los espacios con palabras de ortografía de la lista.

Palabras de ortografía

1. cayó
2. quedó
3. neblina
4. caprichosos
5. flotas
6. aquí
7. ánimo
8. árbol
9. golpe
10. comezón
11. altura
12. ladrón
13. manchón
14. capaz
15. revés
16. mecían
17. así
18. ventarrón
19. abrazo
20. eléctrico
21. gritería
22. increíble
23. tigrillo
24. brinco
25. frenético
26. volará
27. sacudida
28. jamás
29. cofre
30. rescate

1 a 10 Escribe diez palabras de ortografía que tengan solamente sílabas abiertas.

1. _____   6. _____
2. _____   7. _____
3. _____   8. _____
4. _____   9. _____
5. _____   10. _____

11 a 12. Escribe dos palabras de ortografía que tengan solamente sílabas cerradas.

11. _____   12. _____

13 a 23. Escribe once palabras de ortografía que tengan sílabas abiertas y cerradas.

13. _____   19. _____
14. _____   20. _____
15. _____   21. _____
16. _____   22. _____
17. _____   23. _____
18. _____

24 a 30. Escribe siete palabras de ortografía que tengan sílabas con una consonante seguida de *r*.

24. _____   28. _____
25. _____   29. _____
26. _____   30. _____
27. _____

Nombre _____

¡Más ortografía!

Rompecabezas Usa las palabras de ortografía para completar las oraciones. Escribe las palabras en el crucigrama.

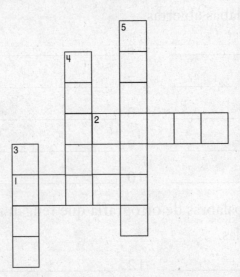

Horizontales

1. Permaneció en el lugar.

2. volteado, no al derecho

Verticales

3. en este sitio

4. choque fuerte de dos cosas

5. picazón en la piel

Palabras de ortografía

1. cayó
2. quedó
3. neblina
4. caprichosos
5. flotas
6. aquí
7. ánimo
8. árbol
9. golpe
10. comezón
11. altura
12. ladrón
13. manchón
14. capaz
15. revés

Títulos de libros Escribe una palabra de ortografía para completar el título de cada libro. Recuerda que la primera palabra debe comenzar con mayúscula.

6. *El _____ más verde*, por S. Cultor

7. *Aventuras de un _____* , por Larro Baron

8. *Los _____ perros voladores*, Keno T. Kreo

9. *Cómo _____ en agua profunda*, por Nosa B. Mos

10. *El coche _____ de volar*, por A. C. Leran

11. *La _____ de los militares*, por S. Pérez Soso

12. *Rosita perdió el _____* , por C. M. Fuhé

13. *Lluvia, nubes y _____* , Mempa Paron

14. *La estrella que _____ del cielo*, por Cerrom Pio

15. *El misterio del _____ en la pared*, por D. T. Tive

56 Tema 1: **Naturaleza feroz**

Nombre _____

Corregir y escribir

Corregir **Rodea con un círculo las seis palabras de ortografía que están mal escritas en esta página de un diario. Luego, escribe cada palabra correctamente.**

Ayer llevé a mi hermanita al parque. Un niño jugaba con un tren eletrico que no andaba. Se volvió frenetiko y la mamá se lo llevó. Había niños que se mesían en los columpios. Otros se trepaban a las barras y se bajaban dando un vrinco. Mi hermanita logró pasarse a través de un increivle aro de metal. También quería deslizarse por el tobogán, pero le pareció muy alto y no fue capaz. Yo sentí que los oídos me vibraban por la griteria de los niños.

Palabras de ortografía

1. mecían
2. así
3. ventarrón
4. abrazo
5. eléctrico
6. gritería
7. increíble
8. tigrillo
9. brinco
10. frenético
11. volará
12. sacudida
13. jamás
14. cofre
15. rescate

1. _____   4. _____

2. _____   5. _____

3. _____   6. _____

Completa las oraciones siguientes escribiendo la palabra de ortografía que falta en cada espacio.

7. La _____ fue tan violenta que se cayó.

8. El _____ fue sumamente peligroso.

9. El avión que construí no _____.

10. No puedo usar saco de algodón en este _____.

11. Aquella mañana, todo el pueblo buscó el _____.

12. ¿No has visto el _____ blanco en el zoológico?

13. No me digas que _____ lo perdonarás.

14. Cuando veas a tu tío, dale un _____.

15. Hay que pintar esto _____, no como tú lo hiciste.

✏ **Escribir un plan** **En una hoja aparte, escribe un párrafo a un amigo acerca de cosas que has hecho últimamente. Usa cinco palabras de ortografía.**

Nombre _____

¡No te imaginas a quién acabo de conocer!

Piensa en los protagonistas que puedes encontrar en un cuento folclórico.

Completa cada una de las oraciones siguientes con una exageración.

1. Este personaje es tan alto, pero tan alto, que

_____

_____

2. Ésta es tan escandalosa, pero tan escandalosa, que

_____

_____

3. Este otro es tan viejo, pero tan viejo, que

_____

_____

4. Este personaje es tan rápido, pero tan, tan rápido, que

_____

_____

_____

5. Este personaje es tan, pero tan, tan fuerte, que

_____

_____

Nombre _____

¡Eso nunca podría suceder!

Cada una de las cuatro selecciones de la sección *De cerca: Cuentos exagerados* contienen al menos una exageración. Escribe dicha exageración en las líneas en blanco.

Paul Bunyan, el leñador más fuerte de todos

_____

_____

John Henry y la barrena de vapor

_____

_____

Sally Ann Tornado-Tormenta-Torbellino

_____

_____

Febrero

_____

_____

Nombre _____

Supera tu meta

¿Cómo crees que los personajes de este tema han "dado todo de sí"? Lee la selección y contesta las preguntas para completar la tabla.

	Michelle Kwan: Corazón de campeona	La bamba
¿En qué estilo literario se escribió la selección?		
¿Cuáles son los rasgos de personalidad del protagonista? ¿Qué hechos o logros revelan dichos rasgos?		
¿Por qué se ha agrupado esta selección en un tema llamado *Supera tu meta*?		
¿Qué aconsejaría el protagonista a sus lectores?		

Nombre _____

Supera tu meta

	Mae Jemison: Científica espacial	El Paso del Miedo
¿En qué estilo literario se escribió la selección?		
¿Cuáles son los rasgos de personalidad del protagonista? ¿Qué hechos o logros revelan dichos rasgos?		
¿Por qué se ha agrupado esta selección en un tema llamado Supera tu meta?		
¿Qué aconsejaría el protagonista a sus lectores?		

¿Qué has aprendido en este tema en cuanto a enfrentar retos?

_____

_____

Nombre _____

Máximas calificaciones

Lee la palabra que aparece en cada recuadro y que pertenece a la selección *Michelle Kwan: Corazón de campeona.* **Escribe una palabra de la lista que esté relacionada por su significado. Usa un diccionario para comprobar.**

Vocabulario

aficionado
artístico
elementos
jueces
presentación
presión
programa
requisitos
técnico

estrés	necesarios
demostración	rutina
componentes	elegante
jurado	miembro del público
de destreza	

Nombre _____

¿Es un hecho?

Fragmento	¿Hecho u opinión?	¿Cómo lo sé?
Página 139, párrafo 1: "Aunque sólo tenía doce años, me sentía preparada para pasar a la categoría mayor y abandonar la júnior"	_____	
Página 140, párrafo 5: "Frank es uno de los mejores entrenadores del mundo."	_____	
Página 144, párrafo 6: "Los jueces se fijan en los elementos obligatorios del programa."	_____	
Página 146, párrafo 3: "Elvis Stojko ... de hacer un salto cuádruple y un salto triple, uno detrás del otro."	_____	
Página 147, párrafo 1: "La mayoría de las patinadoras de elite tiene tres sesiones de entrenamiento de cuarenta y cinco minutos todos los días en el hielo..."	_____	
Página 150, párrafo 4: "Y debo tener presente también que los estudios son muy importantes."	_____	

Nombre _____

Tarjeta para colección de una patinadora artística

Imagina que los patinadores artísticos también aparecieran en las tarjetas para colección, igual que los jugadores de béisbol. Completa la hoja de información sobre Michelle Kwan. Utiliza esta información para escribir un párrafo como el que pudiera aparecer en el dorso de una tarjeta de Michelle Kwan.

HOJA INFORMATIVA

Quién es Michelle Kwan:
_____

Quién era su entrenador:
_____

En qué se destacaba ella cuando era pequeña:
_____

Qué cosas tuvo que mejorar para competir como profesional:
_____
_____

Sus récords mundiales (ver página 153):
_____
_____
_____

Dos consejos que ofrece ella a sus lectores:

1. _____

2. _____

Michelle Kwan: Patinadora artística

_____
_____
_____
_____

¿Es esto un hecho?

Lee el siguiente fragmento. Luego contesta las preguntas de la página 67.

Leyenda de la pista

Wilma Rudolph fue quizás la mejor atleta de campo y pista de su época. Fue la primera mujer norteamericana en ganar tres medallas de oro en una sola Olimpíada. Recibió también importantes premios, como el Premio Sullivan como la mejor atleta aficionada del país, y un lugar en el Salón de la Fama de Mujeres Deportistas, en el Salón de la Fama de Deportistas Negros, y en el Salón de la Fama Olímpica de Estados Unidos.

Rudolph alcanzó el éxito a pesar de grandes obstáculos personales. Cuando era niña, contrajo poliomielitis, pulmonía y escarlatina. Algunos médicos dijeron que nunca volvería a caminar. Sin embargo, no ha habido nadie con más determinación de vencer. Después de años de fisioterapia, Wilma pudo andar sin sus aparatos ortopédicos a los once años, y continuó esforzándose para ser una gran atleta en la secundaria y en la universidad.

En las Olimpíadas de 1960, Rudoph fue la estrella del equipo norteamericano. Obtuvo medallas de oro e implantó récords mundiales en 100 y 200 metros planos y en la carrera de relevo de 400 metros.

Más tarde se hizo entrenadora y profesora. También escribió un libro sobre su vida que fue llevado a la pantalla. No ha habido otro atleta norteamericano que haya sobrepasado tantos obstáculos. Wilma Rudolph es una inspiración y un ejemplo para todos los norteamericanos, y para todos los atletas del mundo.

Nombre _____

¿Es esto un hecho? continuación

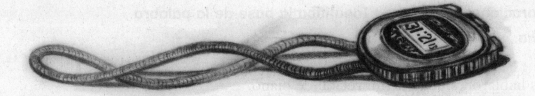

Responde a las siguientes preguntas basándote en la lectura de la página 66:

1. ¿Qué opinión ofrece el autor sobre Wilma Rudolph en el primer párrafo?

   _____

   _____

2. ¿Qué palabras dentro de la oración te dieron una pista que permite establecerla

   como una opinión?

   _____

3. ¿Qué oración del tercer párrafo no contiene opiniones?

   _____

4. El tercer párrafo contiene una opinión y varios hechos. Escríbelos a continuación:

   Opinión: _____

   _____

   Hechos: _____

5. Lee el último párrafo de nuevo y encuentra dos hechos y dos opiniones. Escríbelos

   a continuación:

   Opinión: _____

   _____

   Hechos: _____

   _____

Nombre _____

Palabras base

Lee las oraciones siguientes. Identifica la base de la palabra subrayada.

1. Ellos <u>hablaron</u> mucho de mi recital de piano.

   _____

2. Jenny hará esfuerzos para dejar <u>aclarado</u> todo.

   _____

3. Fueron <u>incluídos</u> todos sus sobrinos en su testamento.

   _____

4. Pablo está trabajando en la <u>publicación</u> de un libro.

   _____

5. <u>Aplicamos</u> lo que aprendimos en la escuela.

   _____

Cadena de palabras Juega a componer palabras. Comienza con la base de una palabra y forma otra palabra de la misma familia. Crea tantas palabras como puedas.

Ejemplo: caminar ⟶ caminamos ⟶ caminante ⟶ camino

Nombre _____

Palabras con grupos consonánticos con *l*

Recuerda que cuando la letra *l* va precedida de *p*, *b*, *f*, *c*, o *g* forman un grupo de consonantes que suelen mantenerse juntas en una sílaba. Estos grupos pueden aparecer al comienzo o en el medio de una palabra.

Escribe cada palabra de ortografía bajo el encabezado correspondiente.

1. clavo
2. flexibilidad
3. empleado
4. incluye
5. publicación
6. obligatorio
7. invisible
8. florero
9. sigla
10. imposible
11. habla
12. explorador
13. clarinete
14. reflejo
15. pleno

cl

_____

_____

fl

_____

_____

gl

_____

bl

_____

_____

_____

pl

_____

_____

Nombre _____

¡Más ortografía!

Cambiar partes de palabras Escribe una nueva palabra de la misma familia de la palabra de ortografía.

1. flexibilidad _____

2. florero _____

3. habla _____

4. obligatorio _____

5. publicación _____

6. invisible _____

7. reflejo _____

8. pleno _____

Suma de pistas Une las pistas para crear palabras de ortografía.

9. cla + voy sin la "y" = _____

10. explorar + persona que viaja = _____

11. persona + que trabaja = _____

12. incluir menos "ir" + oye menos "o" =

_____

13. no + poder = _____

14. afirmar (sin acento) + gla = _____

15. claro + i + final de bonete = _____

Palabras de ortografía

1. clavo
2. flexibilidad
3. empleado
4. incluye
5. publicación
6. obligatorio
7. invisible
8. florero
9. sigla
10. imposible
11. habla
12. explorador
13. clarinete
14. reflejo
15. pleno

Nombre _____

Corregir y escribir

Corregir **En esta transcripción de una noticia televisada hay cinco errores ortográficos. Rodea con un círculo las palabras mal escritas. Escribe las palabras correctas en las líneas.**

Ahora terminaremos nuestros informes con el cuento de una niña muy curiosa. Elenita decidió seguir los pasos de su tío el esplorador y salió a buscar nuevas aventuras. En una calle, prácticamente inbisible a los ojos del público y a pelno sol, se notaba algo extraño. Sin atemorizarse, Elenita fue a investigar la situación. Cuál no fue su sorpresa al ver que alguien patinaba tocando el crarinete. Se quedó impresionada de su flecibilidad. Lo que Elenita descubrió más tarde fue que ese patinador era muy famoso.

1._____   4._____

2._____   5._____

3._____

Palabras de ortografía

1. clavo
2. flexibilidad
3. empleado
4. incluye
5. publicación
6. obligatorio
7. invisible
8. florero
9. sigla
10. imposible
11. habla
12. explorador
13. clarinete
14. reflejo
15. pleno

Escribir una comparación y un contraste Piensa en un deporte que te guste practicar o ver. ¿Tiene algo que ver con el patinaje artístico? ¿Es distinto del patinaje artístico?

En una hoja aparte, escribe un párrafo donde compares y contrastes dos deportes. Utiliza las palabras de la lista que te sean útiles.

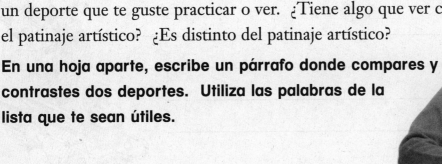

Nombre _____

Asunto de familia...
¡de palabras!

Decide cuál es la palabra que completa mejor cada oración.
Escribe la palabra en el espacio en blanco.

1. Cuando descubrió que no había calificado para las finales,

   _____ del cuarto muy enojado.

   | salió | salida | saliente |

2. Veinte grupos de música _____ para

   participar en la competencia.

   | llegada | llegando | llegaron |

3. ¡Se _____ mi helado de vainilla al suelo!

   | caer | cayó | caída |

4. Mi hermana está muy entusiasmada por

   _____ en la carrera.

   | correr | corrida | corriente |

5. Espera pacientemente para _____ en la pista.

   | entrante | entrada | entrar |

Escribe ahora dos oraciones con dos palabras que no hayas utilizado todavía.

6. _____
   _____

7. _____
   _____

Michelle la campeona

Sustantivos propios y comunes Un **sustantivo común** nombra a cualquier persona, lugar o cosa. Un **sustantivo propio** nombra a una persona, lugar o cosa específicos. Los **sustantivos propios** comienzan siempre con mayúscula.

Vimos la <u>estatua</u>. *estatua:* sustantivo común

Vimos la <u>Estatua de la Libertad</u>. *Estatua de la Libertad:* sustantivo propio

El <u>entrenador</u> debe tener mucha paciencia. *entrenador:* sustantivo común

<u>Frank</u> es el entrenador de <u>Michelle</u>. *Michelle y Frank:* sustantivos propios.

Ella vive en otro <u>estado</u>. *estado:* sustantivo común

Ella vive en <u>California</u>. *California:* sustantivo propio

Copia los sustantivos que aparecen en las siguientes oraciones en la columna que les corresponde. Recuerda que los *sustantivos propios* **se escriben con mayúscula.**

1. debbie fue a la biblioteca.
2. En el invierno, hace mucho frío en toronto.
3. miguel es rápido con su programa.
4. Ella es de otro estado, pero estudió en kansas.
5. La secretaria de marcos está enferma.

Sustantivos comunes

_____

_____

_____

_____

Sustantivos propios

_____

_____

_____

_____

Nombre _____

Un programa artístico

Los sustantivos y adjetivos tienen **género y número.** El género puede ser masculino o femenino; el número puede ser singular o plural.

Escribe el género y el número de cada sustantivo.

Ejemplo: patinadoras   *femenino, plural*

1. discos

2. pluma

3. fotos

4. entrenador

5. jueces

Completa los espacios con la forma correcta de los sustantivos y adjetivos. Escribe S al final si es singular, y P si es plural.

1. Todos los niños recibimos

   _____ nuevos. ____
             libro, libros

2. Mis amigos vinieron a ver mis

   _____ .
             juguete, juguetes

3. ¡Va a entrar la lluvia por las ventanas

   _____ ! ____
        abierta, abiertos, abiertas

4. Michelle hizo su programa

   _____ ayer. ____
      artistico, artistica, artisticos

5. ¿Dónde está mi camisa

   _____ ? ____
             blanco, blanca

Nombre _____

El estanque de patinaje

Corrige los errores en las siguientes oraciones. Recuerda que el sustantivo se escribe con mayúscula cuando es propio y que debe concordar con el adjetivo en género y número.

1. Quiero ir al estanque con pedro, pero el carro está rotas.

   _____

2. Mira a juan: su patinaje es perfecta.

   _____

3. Los patines de la tienda sears son muy cara.

   _____

4. La máquina que aplana el hielo es ruidosos.

   _____

5. Mamá de lugo le trajo esto: son tus zapatos nuevas.

   _____

La autobiografía

Una **autobiografía** es un texto narrativo escrito por una persona acerca de su propia vida. Incluye los sucesos más importantes e interesantes, generalmente en orden cronológico.

Usa este diagrama de flujo para organizar un episodio de tu autobiografía. Primero, identifica el tema o título. Luego, escribe los sucesos principales en orden cronológico, uno en cada casilla. Por último, escribe los detalles de cada suceso.

Tema o título: _____

Suceso: **Detalles:**

↓

Suceso: **Detalles:**

↓

Suceso: **Detalles:**

Nombre _____

Ordenar la información importante

Un escritor cuidadoso se asegura de que los sucesos y detalles de su autobiografía estén presentados claramente y en orden. Las palabras de secuencia *primero*, *luego* y *por último* ayudan a aclarar el orden de los sucesos y dirigen la atención hacia lo más importante.

Esta parte de una autobiografía está escrita en el orden equivocado. Reordena las oraciones de manera que sigan la secuencia de sucesos. Las palabras de secuencia dan pistas para ordenar las oraciones. Luego escribe la autobiografía ya revisada en las líneas en blanco.

Ahora estoy en quinto grado y hablo inglés y español. Durante las semanas siguientes, me enseñó nuevas palabras y frases. Algunos de mis compañeros ahora están aprendiendo a hablar español. ¡Es mi turno de ser el traductor! Cuando tenía siete años, mi familia se mudó a California desde Ecuador. Yo no hablaba inglés, entonces tenía miedo de comenzar la escuela. Luego conocí a Paulo, que llegó a ser mi mejor amigo. Paulo hablaba inglés y español. El primer día, los niños hablaban y jugaban juntos. Yo me sentía muy solo. Paulo me hizo de traductor. Pronto pude hablar con otros niños.

_____

_____

_____

_____

_____

_____

_____

Nombre _____

Revisar tu ensayo personal

Vuelve a leer tu ensayo personal. ¿Qué necesitas mejorar? Utiliza esta página como ayuda. Haz una marca en las casillas donde se describan las características de tu ensayo.

¡Al máximo!

☐ Mi introducción despierta la atención del lector.

☐ El enfoque está claro a través de todo el ensayo.

☐ Escribí con mi propia voz, mi propio punto de vista.

☐ El final resume la idea principal de mi ensayo.

☐ Casi no hay errores.

Casi, casi

☐ Mi introducción podría ser más interesante.

☐ El enfoque no está claro en ocasiones.

☐ El punto de vista a veces no está claro.

☐ El final no resume la idea principal.

☐ Hay varios errores.

Prueba otra vez

☐ Mi introducción es aburrida.

☐ El enfoque no está claro.

☐ El punto de vista no es claro.

☐ Hay muchos errores.

Nombre _____

Fragmentos de oraciones

Un fragmento de oración es un conjunto de palabras que no expresan una idea completa. Se necesita más información para entender su significado.

Corrige los siguientes fragmentos para completar una oración.

1. la canción patriótica _____

_____

2. el instrumento ruidoso _____

_____

3. la última palabra _____

_____

4. los jugadores _____

_____

5. todas mis compañeras _____

_____

6. el asiento pequeño _____

_____

7. el juez bondadoso _____

_____

8. las patinadoras artísticas _____

_____

Nombre _____

Deletreo de palabras

En las siguientes palabras faltan dos letras. Escribe las letras que faltan. Recuerda los patrones de deletreo cuando pienses cómo deletrear las palabras de la lista.

1. _____ ana _____ oria

2. ase _____ rate

3. in _____ ar

4. g _____ o _____ ario

5. pla _____ ar

6. h _____ il

7. _____ lado

8. vaca _____ ones

9. con _____ icto

10. ha _____ ar

11. jo _____

12. de _____ de

13. bus _____ e

14. man _____ na

15. flo _____

Palabras de ortografía

1. zanahoria
2. asegúrate
3. inflar
4. glosario
5. planear
6. hábil
7. helado
8. vacaciones
9. conflicto
10. hallar
11. joya
12. decide
13. busque
14. manzana
15. flojo

Lista para estudiar En una hoja aparte, escribe cada una de las palabras de la lista. Revisa tu ortografía utilizando la lista como referencia.

Nombre _____

¡Más ortografía!

Encontrar la rima **En la lista de palabras, encuentra una que rime con la que aparece subrayada, y que tenga sentido dentro de la oración.**

1. zanahoria
2. asegúrate
3. inflar
4. glosario
5. planear
6. hábil
7. helado
8. vacaciones
9. conflicto
10. hallar
11. joya
12. decide
13. busque
14. manzana
15. flojo

1. Tuve que buscar la palabra <u>ordinario</u> en el _____.

2. Para estar <u>sana</u>, tengo que comer una _____.

3. Yo no <u>aflojo</u>, es el tornillo el que está _____.

4. Si te quedas <u>parado</u>, se te derretirá el _____.

5. El profesor <u>preside</u> el departamento y es también el que _____.

6. Quiero pasar mis _____ sin tantas <u>complicaciones</u>.

7. Después de mucho _____, empezamos a <u>rastrear</u>.

8. El jurado estaba en _____ sobre el <u>veredicto</u>.

1. _____   5. _____

2. _____   6. _____

3. _____   7. _____

4. _____   8. _____

Encontrar palabras **Cada una de las siguientes palabras o partes de palabras está escondida en una palabra de la lista. Encuéntrala y escríbela en la línea.**

9. ahoria
10. as
11. bil
12. ya
13. fla
14. que
15. alla

9. _____

10. _____   13. _____

11. _____   14. _____

12. _____   15. _____

Nombre _____

Corregir y escribir

Corregir **Rodea con un círculo las cinco palabras que aparecen mal escritas en esta noticia. Escríbelas correctamente en las líneas abajo.**

1. zanahoria
2. asegúrate
3. inflar
4. glosario
5. planear
6. hábil
7. helado
8. vacaciones
9. conflicto
10. hallar
11. joya
12. decide
13. busque
14. manzana
15. flojo

¡Ultima hora!

Eduardo Díaz, un atleta de Bolivia, comenzó a planiar su entrada a los Juegos Olímpicos varios años atrás. Subió a primera en la tabla de los líderes en su país, después de luchar contra cada obstáculo y conflikto y así logró su meta. El abil atleta estaba en segundo lugar, pero logró cóncluir fuertemente y ganar la competencia. Una vez que Eduardo deside algo, lo logra. Ahora se tomará unas bacasiones bien merecidas

---

1. _____   4. _____

2. _____   5. _____

3. _____

▬▬▬ Escribir titulares **Escribe cuatro titulares para noticias de un periódico, referentes a personas que han hecho un esfuerzo grandioso. Los titulares pueden ser sobre los personajes de las selecciones, o sobre personas que conoces. También puedes inventarlos. Incluye en cada titular una de las palabras de la lista.**

Nombre _____

¡Qué actuación!

En las siguientes oraciones faltan palabras. Completa las oraciones utilizando palabras de la lista.

Vocabulario

- aplausos
- disco de 45 revoluciones
- lucirse
- mímica
- público
- talento

1. Todos los actores quieren

   _____ en el escenario.

2. Mis padres escuchan música de los años 60; cada día escuchan

   un _____.

3. Es un niño de mucho _____

   que sabe cantar, bailar y hacer malabarismos.

4. Cuando compras una entrada a un concierto, eres parte del

   _____.

5. ¿Sabes si él canta en realidad, o hace una

   _____?

6. Si al público le gusta tu actuación, recibirás

   muchos _____.

Nombre _____

Concurso de talentos

Completa la tabla con información obtenida en la selección.

Protagonistas	Escenografía
_____	_____
_____	_____

Trama

Acontecimientos

1. _____

_____

2. _____

_____

3. _____

_____

4. _____

_____

_____

Problema

5. _____

_____

Desenlace

6. _____

_____

_____

Nombre _____

El diario de Manuel

Imagina que Manuel escribió en su diario sobre su presentación en el concurso de talentos. Finaliza cada oración con lo que tú crees que él puede haber escrito.

Septiembre _____, _____
(fecha de hoy)   (año)

¡No puedo creer que sobreviví el concurso de talentos! Esto fue lo que sucedió: Me ofrecí para _____

_____.

Sucedieron dos cosas en el ensayo que debieron haberme puesto nervioso. Primero, el tocadiscos del señor Roybal _____. Luego, di un brinco cuando Benny sopló su trompeta, y _____.

La noche del estreno, mientras esperaba mi turno, _____. Finalmente, llegó mi turno de actuar. Comencé a _____.

De repente, sucedió algo inesperado: _____

_____.

No supe que hacer, así que _____

_____. Cuando me retiré del escenario, traté de aguantar las _____.

Y esto es lo gracioso: cuando terminé la actuación, recibí una _____

_____.

Casi no podía creer que a la gente _____.

Nombre _____

Una actuación memorable

Lee el cuento y luego completa la actividad de la página 87.

¡A caballo!

Cada año, el aula de quinto grado presenta un concurso de talentos y un juego de softball. Esta vez, Amy y Carmen decidieron participar en el concurso de talentos. El equipo de softball de la escuela se llama los Potros Salvajes, así que decidieron disfrazarse de potrillo y bailar. Amy estaría a la cabeza, y Carmen en la cola.

Ambas pasaron un fin de semana entero construyendo una cabeza de caballo con papel-maché. El papá de Carmen les hizo el cuerpo del disfraz con terciopelo marrón. Las niñas fabricaron la crin y la cola con hilo de estambre negro. La mamá de Amy les ayudó a aprender los pasos para bailar la canción "Caballo de la sabana".

Al fin llegó el día de actuar en el estadio. Mientras bailaban, la niñas escucharon risas en el público y una voz que decía: —¡Hey, caballito, se te olvidó algo! "¡Ay, no!"; pensó Carmen. Amy volvió la cabeza del potro para mirar y vio un bulto negro cerca del plato: ¡la cola del caballo!

—¿Qué hacemos? —susurró Carmen. —¡Haz como si los hubiésemos planeado! —contestó Amy. Así que cuando volvieron a pasar cerca del plato, bailaron alrededor de la cola y graciosamente Amy la recogió. Entonces se alejaron bailando, sacudiendo los cascos al ritmo de la música y Amy se despidió del público agitando la cola en su mano. El auditorio les ofreció una ovación, gritando y riendo.

Nombre _____

Una actuación memorable
continuación

**Completa el mapa de cuento con información obtenida en la página
86. Escribe los nombres de los protagonistas, la escenografía, y los
hechos que forman la trama.**

Protagonistas	Escenografía (lugar y tiempo)

Trama

_____

_____

_____

_____

Problema

_____

_____

_____

Desenlace

_____

_____

_____

Nombre _____

¿Muros o paredes?

Algunas de las palabras en el recuadro forman un plural con -s, otras con -es.

Escribe las palabras cuyo significado corresponde con la pista. Después, utiliza las letras numeradas para encontrar el mensaje.

aplausos
talentos
concursos
boletines
respuestas
comodines

1. habilidades que tienes para hacer alguna cosa

__ __ __ __ __ __ __ __
        3

2. los naipes que pueden significar cualquier otro

__ __ __ __ __ __ __ __ __
     4

3. noticias breves

__ __ __ __ __ __ __ __ __
        5

4. ovaciones del público

__ __ __ __ __ __ __ __
  1

5. las contestaciones a preguntas

__ __ __ __ __ __ __ __ __ __
  2

6. competiciones

__ __ __ __ __ __ __ __ __
       6

Manuel ganó un __ __ __ __ __ __ después de su actuación.

    1   2   3   4   5   6

Nombre _____

Uno y muchos

Escribe cada palabra de ortografía en la columna
correspondiente.

1. trompetistas
2. héroes
3. invenciones
4. incapaces
5. imitaciones
6. envasados
7. inconveniencias
8. telones
9. caparazones
10. alambres
11. avergonzados
12. aprendices
13. confusiones
14. bergantines
15. calientes

plurales con *-s*

1. _____   5. _____
2. _____   6. _____
3. _____   7. _____
4. _____

plurales con *-es*

8. _____   12. _____
9. _____   13. _____
10. _____   14. _____
11. _____   15. _____

Nombre _____

¡Más ortografía!

Pistas opuestas **La primera parte de la frase te ofrece una pista para adivinar la palabra opuesta.**

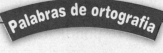

1. No son cobardes, sino _____

2. No son clarinetistas, sino _____

3. No son cosas que existen, sino _____

4. No son capaces, sino _____

5. No están sueltos, sino _____

6. No son escenarios, sino _____

7. No son frescos, sino _____

8. No son artesanos, sino _____

9. No son cosas claras, sino _____

10. No están fríos, sino _____

1. trompetistas
2. héroes
3. invenciones
4. incapaces
5. imitaciones
6. envasados
7. inconveniencias
8. telones
9. caparazones
10. alambres
11. avergonzados
12. aprendices
13. confusiones
14. bergantines
15. calientes

Encontrar palabras **Cada una de las siguientes palabras está escondida en una palabra de la lista. Encuéntrala y escríbela en la línea.**

11. mi _____

12. ven _____

13. ti _____

14. ala _____

15. capa _____

Nombre _____

Corregir y escribir

**Corregir Rodea con un círculo las cinco palabras escritas
con errores en este correo electrónico que Manuel puede
haber enviado.**

File   Edit   View   Toolbox   Help   ✉

El concurso salió bastante bien, pero yo estaba muy
nervioso con todas las inconveniensias Hasta me sentí un
poco mal. Mis manos estaban muy húmedas. Pensé que
los demás eran incapazes de perder. Como que tenían
caparasons que los protegían. Yo veía telons por todos
lados. Empecé a sentir como alanbrez en el estómago. Yo
no soy un cobarde, así que salí como todos los cantantes.
Pero mi mala suerte no terminó ahí. El disco se rayó y
tuve que seguir cantando las mismas palabras una y otra
vez. Cuando la música paró, la gente me aplaudió de tal
manera, que no entendí nada. Pero la verdad es que me
sentí muy importante.

1. trompetistas
2. héroes
3. invenciones
4. incapaces
5. imitaciones
6. envasados
7. inconveniencias
8. telones
9. caparazones
10. alambres
11. avergonzados
12. aprendices
13. confusiones
14. bergantines
15. calientes

1. _____   4. _____

2. _____   5. _____

3. _____

━━► **Escribir un anuncio Si Manuel quisiera volver a
presentar "La bamba", cómo lo publicarías? ¿Qué información
incluirías? ¿Cómo describirías su actuación?**

**En una hoja aparte, escribe un anuncio para esta segunda
actuación. Usa la lista de palabras de ortografía.**

Nombre _____

Significados mezclados

**Lee las definiciones de cada palabra. Escribe una oración que utilice
diferentes significados de una misma palabra.**

nota *s.f.* **1.** Escrito breve hecho para recordar algo: *las notas de una conferencia.*
2. Escrito informal, mensaje breve: *le dejé una nota en la portería.*
3. Música: Símbolo utilizado para representar un sonido musical.

1. _____

_____

miembro *s.m.* **1.** Apéndices que aparecen en el tronco del hombre o los
animales. **2.** Individuo que forma parte de una corporación o
colectividad.

2. _____

_____

estudio *s.m.* **1.** Obra en la que se expresan los resultados de una
investigación: *sabio estudio de un autor.* **2.** Habitación utilizada para la
lectura o para trabajos artísticos: *el estudio del pintor.* **3.** Fragmento de
música instrumental o vocal compuesto para vencer una dificultad técnica.

3. _____

cabo *s.m.* **1.** Parte pequeña que queda de una cosa: *un cabo de vela.*
2. Sector de la costa que penetra en el mar. **3.** El grado menos elevado
de la jerarquía militar.

4. _____

paso *s.m.* **1.** Movimiento hecho con cada uno de los pies para desplazarse.
2. Lugar adecuado para pasar o destinado especialmente para ello.

5. _____

Nombre _____

María canta y los títeres bailan

Un verbo de acción dice lo que el sujeto hace, hizo o hará. Es la parte principal en un predicado completo.

Los artistas **saludaron** al público.

verbo de acción

Subraya el verbo de acción en las siguientes oraciones.

1. Martín y María construyeron un pequeño teatro para sus títeres.

2. El papá de Martín cortó la madera para el teatro.

3. Martín decoró con dibujos la madera del teatro.

4. María escogió la música para el espectáculo.

5. Es la noche de la función: Martín observa a los espectadores.

6. El público aplaude al bailarín de tap.

7. Martín y María manejan a los títeres en escena.

8. Los títeres danzan al compás de la música.

9. Los titiriteros esperan la reacción del público.

10. ¡La multitud aplaude!

Nombre _____

Sydney hizo un discurso

Los **complementos directos** están formados por un nombre o pronombre que forma parte de un predicado y sobre el cual se ejerce la acción del verbo. Éste responde a las preguntas ¿qué? o ¿a quién?

> La bailarina ató sus **zapatillas**
>
> La bailarina ató *¿qué?* Sus zapatillas. Por tanto, *zapatillas* es el complemento directo.

Subraya el verbo de acción y rodea con un círculo el complemento directo en cada oración:

1. El señor Bruno pidió un voluntario para dar un discurso.

2. Sydney levantó la mano.

3. El señor Bruno agradeció a Sydney por colaborar.

4. Sydney arregló sus notas nerviosamente.

5. Luego agregó una nota.

6. Sydney proyectó su voz claramente.

7. Susana escuchó sus palabras en el fondo del aula.

8. Después del discurso, Mario hizo una pregunta.

9. Sydney contestó la pregunta con claridad.

10. Todos aplaudimos el discurso.

Nombre _____

Ella escribió y yo garabateé

Usar verbos precisos Tu escritura será más interesante si utilizas verbos de acción que describan exactamente lo que el sujeto está haciendo. Mira los ejemplos siguientes: ¿qué verbo crees que describe mejor sus movimientos en escena?

> Sandy se **movió** por el escenario.

> Sandy **giró** por el escenario.

Patricia está escribiendo para el periódico escolar una crítica sobre la obra de teatro de su clase. Reemplaza el verbo subrayado con otro que resulte más exacto. Escoge verbos del recuadro.

Vocabulario

- gritó
- tropezó
- pisoteó
- garabateó
- desenfundó

Anoche vi la obra de teatro "La posada del tonto". Había cinco

protagonistas. El posadero era un hombre escandaloso, con una larga

barba. Cuando dijo sus líneas, los otros en escena se taparon los oídos. El

hermano era torpe y caminó de un lado a otro. Su desagradable hermana

descuidó los trajes. El periodista escribió en su cuaderno. La

inepta oficial de policía era el personaje más gracioso: sacó su

arma pensando que era la radio. La trama de la obra era bien tonta, pero

los actores eran simpáticos.

Nombre _____

Escribir un resumen

Si te pidieran resumir *La bamba*, informarías quién actuó en el concurso de talentos y qué sucedió durante la función. Un **resumen** es un recuento breve de una narración o una selección. Escribir un resumen es una buena manera de compartir con otros la trama del cuento y recordar sucesos y personajes importantes.

Completa la ayuda gráfica con los sucesos más importantes de *Terremoto aterrador*.

Selección: ___Terremoto aterrador_____

Idea/ Suceso	Idea/ Suceso	Idea/ Suceso	Idea/ Suceso

Nombre _____

Parafrasear

Cuando **parafraseas** un fragmento de un libro, un artículo, o un cuento, lo que haces es poner en tus propias palabras los hechos sin cambiar la intención del autor. Un escritor cuidadoso se asegurará de parafrasear sin copiar palabras textuales de otros escritores.

Lee el siguiente pasaje de La bamba.

Pero cuando Manuel se lanzó en un baile extravagante, hubo un estallido de aplausos y algunas muchachas gritaron. Manuel intentó otro paso. Oyó más aplausos y gritos y empezó a sentirse más animado mientras temblaba y culebreaba en el escenario. Pero el disco se atascó, y tuvo que cantar

Para bailar la bamba
Para bailar la bamba
Para bailar la bamba
Para bailar la bamba
una y otra vez.

Lee ahora esta paráfrasis de un alumno de quinto grado.

Paráfrasis

Manuel dio un paso de baile y luego otro. El público aplaudió y gritó y él bailaba por todo el escenario. Entonces el disco se atascó y sólo cantaba un verso de La bamba una y otra vez.

Mejora esta paráfrasis, reduciéndola a una oración. Puedes reordenar la información y reducir el número de detalles.

_____

_____

Nombre _____

No temas

Lee las palabras de vocabulario clave de la tabla, busca en la
lista del cuadro un sinónimo y un antónimo para cada una.
Escríbelas en la tabla. Puedes utilizar el diccionario.

Vocabulario

- aburrimiento
- agitación
- asustadora
- calmante
- rutina
- asustaba
- despreocupada
- viaje

	sinónimo	antónimo
aterrador		
aterrorizaba		
aventura		
emoción		

Selecciona una palabra de la tabla anterior y escribe una oración con ella.

_____

_____

Nombre _____

Yo predigo...

Completa la tabla con tus predicciones basándote en detalles de la selección y en tu experiencia personal.

Predecir resultados
detalles de la selección + conocimiento personal + PENSAR = predicción

Detalles de la selección	Conocimiento personal
▶ Doug necesita pasar un saliente estrecho. ▶ El intento parece inútil. ▶ Doug ha alcanzado el saliente en otras ocasiones.	▶ La gente que ha logrado algo en una ocasión anterior, aun cuando resultaba difícil, saben que pueden hacerlo de nuevo.

Predicción: Doug alcanzará el saliente de nuevo.

Detalles de la selección	Conocimiento personal
_____ _____	_____ _____

Predicción: _____

Detalles de la selección	Conocimiento personal
_____ _____	_____ _____

Predicción: _____

Nombre _____

Hechos que conducen al clímax

Los sucesos que ocurren en *El Paso del Miedo* conducen a un clímax en la trama en el cual Doug deberá enfrentar su miedo. Completa el mapa de sucesos con oraciones que describan los hechos que conducen al clímax y los que vienen después. Comienza por el final de la página.

7. Doug sabe que ha vencido "El Paso del Miedo" cuando _____

_____

⬆

6. Cuando Doug alcanza la parte más estrecha del saliente, _____

_____

⬆

5. Llega el momento de pasar el saliente y Doug _____

_____

⬆

4. Doug observa como Charlie avanza y _____

_____

⬆

3. Charlie _____

⬆

2. Doug llega al primer risco. Piensa en _____

_____

⬆

1. Doug comienza a escalar, pero _____

Nombre _____

Honestidad

Lee el fragmento y completa luego la actividad de la página 102.

La disculpa

Alexa no lo hizo a propósito. De hecho, siempre le había gustado el cuenco de porcelana con sus lindos dibujos en azul. Pero lo había roto, y toda la semana estuvo esperando recibir la llamada telefónica con la queja de la señora Holabird, su vecina, llamando para decirle a su mamá sobre el accidente.

Los Holabird no tenían hijos, y querían mucho a Alexa. La niña había estado ayudando a la señora Holabird en los quehaceres de la casa por casi dos años. Siempre que salían de la ciudad, los Holabird le pedían a Alexa que cuidara de Misty, su gata. Alexa iba dos veces por semana y rellenaba los depósitos de agua y comida de la gata. Usualmente se quedaba un rato acariciando la enorme y sedosa gata sentada en su regazo. Algunas veces ayudaba a Misty a hacer ejercicios: era divertido lanzarle la pelota o el ratón de hierba gatera en el aire, y ver esa pelota de carne y seda saltar, torcerse y atraparlos con sus garras. ¿Cómo iba ella a adivinar que Misty tropezaría con el estante derribando el cuenco?

Alexa se aterrorizó y escondió los pedazos rotos debajo del aparador. Volvió a su casa y esperó la vergonzosa llamada . . . Tres días esperó y la llamada no llegaba. Ella sabía que los Holabirds habían regresado hacía dos días.

Alexa despertó en la mañana del cuarto día con un propósito establecido. Se puso el abrigo y se dirigió a la puerta, diciendo —Mamá, necesito ir a ver a los Holabird.

Nombre _____

Honestidad continuación

Responde a las siguientes preguntas referentes al fragmento de la página 101:

1. ¿Qué piensas que hará Alexa?

_____

_____

2. ¿Qué pistas encuentras en la lectura para apoyar esa predicción?

_____

_____

_____

¿Crees que la mamá de Alexa se alegrará con la decisión de la niña de

disculparse con la vecina? ¿Por qué?

_____

_____

3. ¿Crees que los Holabirds volverán a confiarle Misty a Alexa? ¿Por qué?

_____

_____

4. ¿Qué crees que haga Alexa para reponer el daño?

_____

_____

5. ¿Qué cosa crees que hará la próxima vez que juegue con Misty?

_____

_____

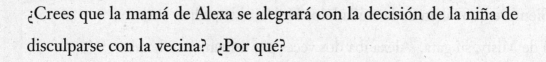

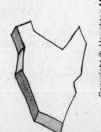

Nombre _____

Panadero, panadería

Lee la página del diario. Subraya cada palabra con los sufijos *-ero* y *-ería*.

Primero fuimos a comprarle pan al panadero. Me encantan los olores que salen de la panadería; es un verdadero placer pasar por allí. Después de pasar por la lavandería para recoger la ropa, fuimos a la alfarería. Compramos un tazón más pesado para la cocina; el otro se rompió y Mamá quiere uno más duradero. También le vamos a regalar alguna bisutería para su cumpleaños. Como nuestra última parada, fuimos al criadero para ver unas flores en el invernadero. Por fin, regresamos a casa después de un día largo.
¡Qué vagabundería!

Escribe cada palabra que subrayaste al lado del significado correcto:

1. _____ : objeto de adorno

2. _____ : lo que puede durar mucho

3. _____ : el que hace pan

4. _____ : que no es falso

5. _____ : acción de andar de una parte a otra.

6. _____ : establecimiento para el lavado de la ropa

7. _____ : tienda donde se venden artículos de barro cocido.

8. _____ : lugar para criar plantas

9. _____ : lugar donde se hace o vende pan

10. _____ : lugar para defender las plantas contra el frío

Nombre _____

Palabras con sílabas cerradas con *r, l, s, c, d*

Recuerda que las sílabas cerradas terminan en consonante:
actitud, marchar, pastel

Escribe la palabra de ortografía en la columna correspondiente.

Palabras con una sola sílaba cerrada

1. _____
2. _____
3. _____
4. _____
5. _____
6. _____
7. _____

Palabras con dos sílabas cerradas

8. _____
9. _____
10. _____
11. _____
12. _____
13. _____
14. _____
15. _____

Palabras de ortografía

1. admirar
2. responder
3. almendra
4. altar
5. altitud
6. armario
7. caracol
8. costa
9. escarlata
10. escudo
11. hormiga
12. lectura
13. oscuro
14. tormenta
15. rascar

Nombre _____

¡Más ortografía!

Cacería de palabras Escribe en la línea la palabra de ortografía que contiene las siguientes palabras o partes de palabras:

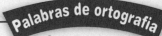
Palabras de ortografía

1. cara _____
2. curo _____
3. mirar _____
4. miga _____
5. lata _____
6. res _____
7. men _____
8. tar _____
9. titu _____
10. car _____

1. admirar
2. responder
3. almendra
4. altar
5. altitud
6. armario
7. caracol
8. costa
9. escarlata
10. escudo
11. hormiga
12. lectura
13. oscuro
14. tormenta
15. rascar

Rompecabezas alfabético Escribe en la línea la palabra de ortografía que corresponde alfabéticamente en medio de las dos palabras que se dan.

11. amarillo _____ brigada
12. cordón _____ culebra
13. taza _____ tuna
14. laboratorio _____ libélula
15. escalar _____ estandarte

Corregir y escribir

Corregir **Rodea con un círculo las seis palabras de ortografía con errores en el siguiente texto. Escríbelas abajo correctamente.**

1. admirar
2. responder
3. almendra
4. altar
5. altitud
6. armario
7. caracol
8. costa
9. escarlata
10. escudo
11. hormiga
12. lectura
13. oscuro
14. tormenta
15. rascar

A los guardabosques:

Tuve que ausentarme por un día del campamento; mi
primo dañó su bote en la cota y necesita ayuda. Por favor
cuiden a mis dos hijos que están en el saliente norte.

Ambos son escaladores experimentados, pero no saben
siempre rreponder a las advertencias de los guardabosques.
Espero que la altitu no los afecte, porque si se enfurecen se
les pone la piel escarlatta. Si eso pasa, se empezarán a
raskar. Les pediré a mis hijos que se comporten bien.

Nunca dejaré de amirar el trabajo de los guardabosques.

1. _____   4. _____

2. _____   5. _____

3. _____   6. _____

Escribir una predicción Ahora que Doug ha sobrepasado El Paso del Miedo,
¿qué crees que sucederá? ¿Encontrará a su hermano en peligro, o lo encontrará a
salvo? ¿Lo seguirá ayudando Charlie?

En una hoja aparte escribe un párrafo con tu predicción de lo que sucederá a continuación en la historia. Utiliza las palabras del vocabulario.

Nombre _____

Ecos y rimas

Conecta la definición correcta con la palabra subrayada. Luego escribe el par de palabras homófonas en las líneas de abajo.

1. En la <u>vasta</u> llanura galopaba el jinete. _____

2. La <u>bota</u> me queda grande. _____

3. Por favor, <u>cierra</u> la puerta. _____

4. Se <u>cayó</u> de la escalera. _____

5. No lo entiendo, ¡<u>basta</u> de preguntarme! _____

6. María se <u>riza</u> el pelo todas las semanas. _____

7. Si tu hermano <u>vota</u> por ese candidato, se arrepentirá. _____

8. Se fueron a veranear a la <u>sierra</u>. _____

9. Se <u>calló</u> y no dijo nada. _____

10. Lloramos de la <u>risa</u> en la película. _____

a. amplia, grande

b. no habló más

c. se hace bucles

d. elegir en elecciones

e. tipo de zapato

f. acción de cerrar

g. acción de reirse

h. acción de caerse

i. suficiente

j. zona montañosa

11. _____ _____

12. _____ _____

13. _____ _____

14. _____ _____

15. _____ _____

Nombre _____

El Paso del Miedo

Destreza de gramática
Verbos principales y
auxiliares

Estamos buceando

Verbos principales y auxiliares. A veces las oraciones no tienen un solo verbo, sino una **frase verbal.** El **verbo principal** expresa una acción. El verbo auxiliar trabaja con el verbo principal y no expresa acción.

Sonia **ha subido** la escalera.   verbo auxiliar: *ha*   verbo principal: *subido*

Escribe en la línea correspondiente los verbos principales y auxiliares de cada oración:

1. El programa de este campamento de verano me ha desafiado.

Verbo principal: _____

Verbo auxiliar: _____

2. Estoy enfrentando mi miedo al agua en mis clases

de natación.

Verbo principal: _____

Verbo auxiliar: _____

3. El instructor de natación me ha dado mucho ánimo.

Verbo principal: _____

Verbo auxiliar: _____

4. He nadado dos piscinas esta mañana.

Verbo principal: _____

Verbo auxiliar: _____

5. ¡El verano que viene habré aprendido a manejar!

Verbo principal: _____

Verbo auxiliar: _____

108   Tema 2: **Supera tu meta**

Nombre _____

Las aguamalas son desagradables

Un **verbo atributivo** une el sujeto de una oración con una palabra o palabras en el predicado. Los verbos atributivos no expresan acción. En oraciones con verbos atributivos, una palabra del predicado nombra o describe al sujeto.

Verbos atributivos comunes

ser	parecer	oler	aparecer
estar	sentir	saber	lucir

Subraya los verbos atributivos que aparecen en las oraciones siguientes. Rodea con un círculo la palabra o palabras que une.

Ejemplo: Yo <u>soy</u> un (nadador).

1. Susana será una socorrista en el futuro.

2. Los socorristas son valientes.

3. La brisa marina huele bien. _____

4. Siento temor de las aguamalas.

5. El aguamala es un invertebrado.

6. El agua de mar sabe salada.

7. Aquel bote es un kayak.

8. Mi abuela fue buzo.

9. Ese estilo me parece difícil.

10. Carlos y Raquel son surfistas.

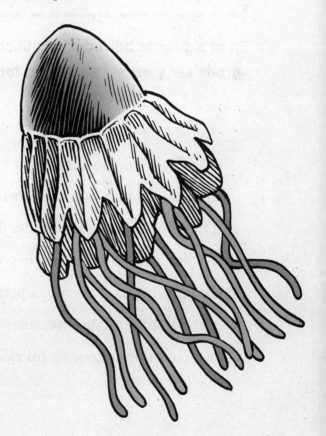

El Paso del Miedo

Destreza de gramática
Usar formas de los verbos
ser o *estar*

Nombre _____

¿Estás asustado?

Cuando un escritor utiliza el verbo ser o estar como verbo atributivo,
deberá usar la forma correcta. Igual que los demás verbos, los verbos
atributivos deben concordar con el sujeto en número.

Los verbos *ser* y *estar*			
	Presente	**Pasado**	**Pretérito imperfecto**
Yo	soy / estoy	fui / estuve	era/ estaba
Tú	eres / estás	fuiste / estuviste	eras / estabas
Él / Ella	es / está	fue/ estuvo	era / estaba
Nosotros	somos / estamos	fuimos / estuvimos	éramos / estábamos
Ustedes	son / están	fueron / estuvieron	eran / estaban
Ellos / Ellas	son / están	fueron / estuvieron	eran / estaban

**En el siguiente borrador identifica cinco errores en el uso de los
verbos ser y estar. Escribe la forma correcta arriba de cada error.**

Hace mucho tiempo, yo era parado en la esquina, cuando de golpe

apareció un perrazo. Me morí de miedo, porque me asustaban los perros.

Decidí que yo no fui un cobarde. Mi mamá y mi papá eran muy orgullosos de

esa decisión. Mi tía Maggie y yo pensamos cómo cambiar eso. Ella pensó y me

dijo que nunca eras en una perrería, y me llevó a una. Me encantó, y empecé a

trabajar allí. En unas semanas perdí el temor a los perros. Ahora todos

estuvimos orgullosos de mi valor.

Nombre _____

Escribir una composición aclaratoria

Algunas veces, cuando lees, encuentras una afirmación o una cita que expresa un pensamiento pero cuyo significado no está muy claro. Puedes escribir una **composición aclaratoria** para clarificar la afirmación.

Elige una de las siguientes oraciones de *El Paso del Miedo* y escríbela en la gráfica:

► *Todo es posible, pero no todo es probable.*

► *Eran tantas capas que nunca se podía llegar hasta el fondo.*

► *Quizás había lugares por donde sólo los bobos pasaban.*

Escribe tu interpretación de cada frase, y enumera las razones, detalles y ejemplos extraídos de *El Paso del Miedo* que apoyan tu opinión.

Afirmación
Significado
Razones, detalles y ejemplos

Nombre _____

Combinar oraciones con verbos auxiliares

Los buenos escritores evitan las repeticiones innecesarias.
Algunas veces puedes mejorar tu escritura si combinas
oraciones que repiten el mismo verbo auxiliar.

> Él **había** alcanzado el saliente. Él **había** mirado hacia abajo.
> Él había alcanzado el saliente y mirado hacia abajo.

**Revisa esta postal que Doug Grillo podría haber enviado. Combina las oraciones
que repitan el mismo verbo. Vuelve a escribir el mensaje de la tarjeta en las
líneas abajo.**

Querido Jim:

*Hemos tenido unas vacaciones maravillosas en Colorado. Hemos visto muchos animales
salvajes. Hemos visto flores de colores increíbles. Es como haber estudiado la flora y hemos
estudiado la fauna. Hemos recogido muchas muestras para mi clase de biología. Mi hermano
Gordie ha explorado la zona. Ha buscado nuevos caminos. Ha encontrado un sendero que nadie
había usado. ¡Qué emoción! Mis padres han estado muy orgullosos de mi hermano. Ellos han
estado orgullosos de mí también. He logrado cruzar un saliente peligroso, con la ayuda de
Charlie, el puma. He logrado vencer mis temores.*

> *Tu amigo,*
> *Doug*

_____

_____

_____

_____

_____

_____

_____

Nombre _____

El cosmos es el lugar

Escribe las palabras de vocabulario en las líneas correspondientes:

Vocabulario

especialista en misiones
lanza
orbitar
reutilizable
satélite
transbordador espacial

1. equipamiento

   _____

   _____

2. personas

   _____

3. palabras descriptivas

   _____

4. verbos

   _____

   _____

Elige cuatro de las palabras del vocabulario y utilízalas para escribir un párrafo breve sobre el lanzamiento de una astronave.

_____

_____

_____

_____

_____

_____

Nombre _____

Tabla de idea principal

Tema: _____	
página 211	El 12 de septiembre de 1992, Mae Jemison se convirtió en la primera afroamericana en viajar al espacio.
páginas 212 a 213	
páginas 213 a 214	
páginas 215 a 216	
página 217	
página 218	
páginas 219 a 221	
páginas 221 a 222	

Nombre _____

¿Verdadero o falso?

Las oraciones siguientes nos informan sobre Mae Jemison. Escribe V si la oración es verdadera; y F si es falsa. Cuando la califiques F, explica por qué.

1. Mae Jemison se interesó en las ciencias desde temprana edad.

   _____

   _____

2. Sus padres y maestros la animaron a convertirse en científica.

   _____

   _____

3. Cuando se graduó de la Universidad de Stanford, solicitó ser admitida por la NASA.

   _____

   _____

4. Mae nunca olvidó su sueño de viajar al espacio.

   _____

   _____

5. Al final del entrenamiento intensivo, Mae Jemison viajó en una nave espacial.

   _____

   _____

6. El 12 de septiembre de 1992, Mae Jemison se convirtió en la primera afroamericana en viajar al cosmos.

   _____

   _____

Mae Jemison: Científica
espacial

Destreza de comprensión
Tema, idea principal y
detalles de apoyo

Nombre _____

Explorar el tema

**Lee el siguiente fragmento. Luego completa la actividad de
la página 117.**

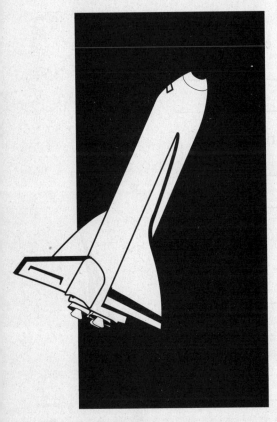

La ciencia del transbordador espacial

El transbordador espacial tiene muchos
usos importantes, entre ellos, la investigación
científica. En ausencia de gravedad, los
científicos pueden realizar experimentos
que son imposibles en la tierra.

El transbordador posee un laboratorio
completo llamado Spacelab. Este laboratorio
está dividido en dos partes; una sección está
dentro de la nave, donde los científicos
trabajan. La otra sección está fuera de la
nave y tiene telescopios y otros instrumentos
que necesitan estar expuestos en el espacio.

La mayoría de los experimentos se
realizan en la sección interior. Los
científicos experimentan valiéndose de la
microgravedad y la ausencia de gravedad. Crean nuevos materiales, como
cristales y chips electrónicos. También crean nuevos medicamentos. Los
científicos incluso realizan experimentos en sí mismos, y anotan cómo es
afectado el cuerpo humano por la falta de gravedad.

Los experimentos en la sección exterior de Spacelab tienen la ventaja
de realizarse fuera de la atmósfera terrestre, la cual protege el planeta de
la radiación, pero también hace muy difícil su estudio. También desde
fuera de la atmósfera los telescopios brindan una visión más "clara" del
espacio.

Nombre _____

Explorar el tema continuación

Completa la siguiente tabla usando el tema y las ideas principales del fragmento de la página 116. Escribe después dos detalles que apoyen las ideas principales.

Tema: _____	
Ideas principales: primer párrafo	1. _____ _____
segundo párrafo	2. _____ _____
tercer párrafo	3. _____ _____
cuarto párrafo	4. _____ _____

Detalles:

1. _____
_____

2. _____
_____

Nombre _____

Transbordador de prefijos

Elige palabras del siguiente cuadro para llenar los espacios en el párrafo a continuación. Apóyate en las pistas que se te ofrecen entre paréntesis.

admirable	trípode
advertido	reacción
antemano	recolectaron
anteojos	reemplazaron
bicicleta	triángulo

El despegue del transbordador fue un suceso (impresionante)

_____. Estaba muy lejos de allí y no pude ver

ni con mis (gafas) _____. Tuve que usar un

telescopio con (tres patas) _____ para verlo. Un

astronauta se enfermó y lo (sustituyeron) _____

con otro. Cuando la nave despegó, hizo un ruido espantoso y mi

(respuesta) _____ fue que casi me desmayé. ¡Si

me hubieran (avisado) _____ de (antes)

_____ no me habría sorprendido tanto! Volví a

casa en mi (vehículo de dos ruedas) _____,

donde vimos las noticias. Notamos que los tres astronautas se

sentaron formando un (forma con tres lados)

_____. Luego supimos que (coleccionaron)

_____ rocas en la luna.

Nombre _____

Palabras con *ll, y, ch* y *ñ*

Escribe cada palabra de ortografía bajo la letra correspondiente.

1. apoyar
2. maravillosa
3. caña
4. cancha
5. español
6. hache
7. estrellas
8. leche
9. llorar
10. marchar
11. lluvia
12. proyecto
13. sueño
14. chimenea
15. mañana

ll

_____ _____

_____ _____

y

_____ _____

ch

_____ _____

_____ _____

_____ _____

ñ

_____ _____

_____ _____

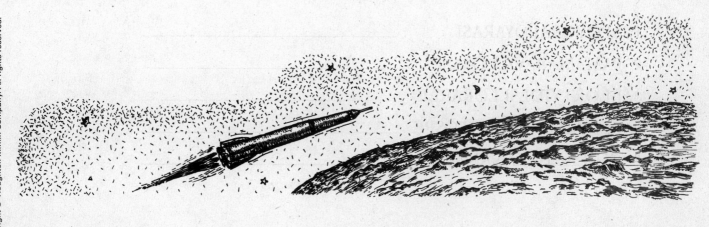

Nombre _____

¡Más ortografía!

Pista y caza Escribe la palabra de la lista que completa las siguientes oraciones.

1. El lugar donde juegas al tenis se llama

   _____

2. Cuando uno no duerme, tiene _____

3. El idioma que se habla en México se llama

   _____

4. Los soldados aprenden a _____

5. La letra después de la ge es la _____

6. El humo sale por la _____

7. El cielo está lleno de planetas y _____

8. El azúcar se puede obtener de la _____ de azúcar.

9. La _____ se forma en las nubes.

10. La vaca nos da la _____.

Encuentra las palabras de ortografía que se esconden dentro de las letras.

1. APOYORAPOYARASI   _____

2. PAMAMARAVILLOSASE   _____

3. LLORTYIDLSLLORARLL   _____

4. PEOSRFOPROYECTOSPE   _____

5. CHICACHIMAÑANAESO   _____

Palabras de ortografía

1. apoyar
2. maravillosa
3. caña
4. cancha
5. español
6. hache
7. estrellas
8. leche
9. llorar
10. marchar
11. lluvia
12. proyecto
13. sueño
14. chimenea
15. mañana

Nombre _____

Corregir y escribir

Corregir Rodea con un círculo las cinco palabras de ortografía con errores en el siguiente pasaje. Escríbelas correctamente.

Palabras de ortografía

Astronauta:	Centro de control, ¿cuándo podemos terminar con nuestro prollecto?
Control:	Probablemente maniana temprano. ¿Cómo van a marshar las cosas por allá arriba cuando terminen los experimentos?
Astronauta:	Bien, pero todos tenemos suenio. Estamos tan deseosos de regresar, que casi veo mi casa desde aquí.
Control:	¡Qué bromista! No se desesperen: ésta es una experiencia maraviosa.

Palabras de ortografía

1. apoyar
2. maravillosa
3. caña
4. cancha
5. español
6. hache
7. estrellas
8. leche
9. llorar
10. marchar
11. lluvia
12. proyecto
13. sueño
14. chimenea
15. mañana

1. _____
2. _____
3. _____
4. _____
5. _____

Escribir un artículo para el periódico El periódico escolar te ha solicitado que escribas un breve artículo sobre la misión espacial de Mae Jemison. ¿Te interesó algún experimento en particular? ¿Incluirás detalles sobre la vida privada de la astronauta?

En una hoja aparte escribe tu artículo. Utiliza palabras de ortografía.

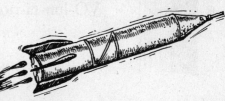

Nombre _____

Énfasis en las sílabas

Lee cada definición en voz alta. Luego da un sonido acentuado a las diferentes sílabas. Rodea con un círculo la acentuación correcta.

1. **aventura** *s.f.* acción peligrosa, o con riesgo.

   A-ven-tu-ra   a-VEN-tu-ra   a-ven-TU-ra

2. **ingeniería** *s.f.* el uso práctico del conocimiento científico.

   in-GE-nie-ría   IN-ge-nie-ría   in-ge-nie-RÍ-a

3. **ambiente** *s.m.* condiciones y lugar que afecta el crecimiento y la vida.

   AM-bien-te   am-bien-TE   am-BIEN-te

4. **influencia** *s.f.* poder para ejercer un efecto sin utilizar fuerza directa

   IN-fluen-cia   in-FLUEN-cia   in-fluen-CIA

5. **organización** *s.f.* grupo de personas unidas para un propósito o tarea.

   or-ga-NI-za-ción   OR-ga-ni-za-ción   or-ga-ni-za-CIÓN

6. **participar** *v.* unirse a otros para hacer algo, tomar parte.

   par-TI-ci-par   PAR-ti-ci-par   par-ti-ci-PAR

7. **televisión** *s.f.* transmisión y recepción de imágenes y sonidos mediante ondas eléctricas a través del aire o mediante cables.

   TE-le-vi-sión   te-le-VI-sión   te-le-vi-SIÓN

8. **voluntario** *s.m.* persona que realiza un servicio por su voluntad, sin remuneración o recompensa.

   VO-lun-ta-rio   vo-lun-TA-rio   vo-lun-ta-RIO

Nombre _____

Los astronautas viajan al espacio

Tiempos verbales Los verbos tienen formas, o tiempos, que indican cuándo se realiza la acción.

► En tiempo **presente** el verbo muestra que la acción sucede ahora, o que sucede con regularidad.

► En tiempo **pasado** el verbo muestra que la acción ya ha ocurrido.

Escribe en el espacio en blanco el tiempo verbal en que se encuentra la acción. En la segunda línea, cambia el tiempo verbal.

Ejemplo: Los astronautas **realizaron** experimentos en el espacio. _pasado_ .

Los astronautas __realizan__ experimentos en el espacio.

1. Mi madre estudia ingeniería en la universidad. _____

   Mi madre _____ ingeniería en la universidad.

2. ¿Aprendiste mucho sobre el espacio en la escuela? _____

   ¿_____ mucho sobre el espacio en la escuela?

3. Trabajé duro en mi proyecto de ciencias. _____

   _____ duro en mi proyecto de ciencias.

4. El papá de Kate diseña puentes. _____

   El papá de Kate _____ puentes.

5. Ella hizo realidad sus sueños. _____

   Ella _____ realidad sus sueños.

Nombre _____

Los astronautas viajarán al espacio

Más sobre los verbos Un verbo en **tiempo futuro** muestra que la acción va a ocurrir.

Ejemplo: **Presente: Veo** muchas películas sobre el espacio.

 Futuro: Veré muchas películas sobre el espacio.

 Presente: Él **lee** sobre Júpiter.

 Futuro: Él **leerá** sobre Júpiter.

Vuelve a escribir cada oración. Cambia cada verbo en pasado o presente a futuro.

Ejemplo: Vas a Cabo Cañaveral.
Irás a Cabo Cañaveral. _____

1. Los astronautas vuelan en el transbordador espacial.

 _____

2. La sonda espacial aterrizó en Marte.

 _____

3. Estudiaste física en la universidad.

 _____

4. Los meteoritos surcan el cielo.

 _____

5. Pensamos en el futuro.

 _____

Nombre _____

Me uní

Usar el tiempo del verbo correcto Un buen escritor utiliza el tiempo de los verbos para hablar de un momento determinado. Observa los ejemplos que siguen: la segunda oración de cada grupo tiene más sentido que la primera.

Incorrecto: Limpiaré mi cuarto ayer.
Correcto: Limpié mi cuarto ayer.
Incorrecto: El próximo jueves Jeremías me escuchó en la radio.
Correcto: El próximo jueves Jeremías me escuchará en la radio.

Jorge escribió un párrafo sobre su sueño de unirse al Cuerpo de Paz, igual que Mae Jemison y que su maestro. Revisa el párrafo y corrige los problemas con los tiempos verbales.

Ejemplo: La semana que viene fuimos a Sudamérica.
                                 iremos
                                 ^

Algún día me uní al Cuerpo de Paz. El mes pasado mi maestro, el señor

Stinson habla de su experiencia como miembro del Cuerpo de Paz en

Ghana. También nos muestra las fotos de la región. Conoció muchos

nuevos amigos durante su estancia, y ayudará a construir una escuela en

aquella ocasión. Nos dijo que cada día nos contó más.

Nombre _____

La carta formal persuasiva

Usa este mapa de ideas de apoyo para planear y organizar una carta de recomendación dirigida a la **NASA** en la que expliques por qué Mae Jemison sería una excelente astronauta.

Objetivo:

Razón:

Detalles:

Razón:

Detalles:

Razón:

Detalles:

Nombre _____

Usar el tono correcto

El **tono** es la actitud con la que un escritor se dirige a un sujeto y se determina por las palabras que se usan y en los detalles que se escriben. Aquí tienes algunos consejos a seguir cuando escribas una carta formal:

► Usa un lenguaje educado y un tono formal.

► Usa la gramática correcta y escribe oraciones completas.

► Evita el uso de la jerga.

► No incluyas información personal.

Completa la tabla con ejemplos de lenguaje y detalles que _NO_ ofrecen el tono apropiado:

Avda. Primrose 144

Evanston, IL 60201

23 de octubre, 2001

Dra. Mae Jemison

P. O. Box 591455

Houston, TX 77259-1455

Querida Mae:

Estoy en el quinto grado de la Escuela Primrose. Mi clase estudiará sobre el espacio y los viajes al espacio. Saqué 91 en mi último examen. Esperamos que puedas venir a conversar con nosotros sobre tu experiencia como astronauta.

Quiero darme el gustazo de conocer una astronauta en persona. Mi tío es piloto. Esperamos recibir noticias suyas. No me des una excusa tonta para no venir a hablarnos.

Cariños,

Karen Aldrin

Jerga:
Lenguaje inapropiado:
Tono informal:
Información personal:

Nombre _____

Llenar los espacios

Utiliza las estrategias y los consejos que has aprendido como apoyo para completar estas oraciones con la respuesta correcta. Puedes volver a la selección si fuera necesario. Esta práctica te ayudará cuando tengas que tomar un examen similar.

Lee cada pregunta. Rodea con un círculo la respuesta que completa mejor cada oración:

1 Cuando Doug escale por encima de los nueve mil pies,

   A   tendrá más sed.

   B   le será más difícil respirar.

   C   no verá ningún animal.

   D   le será más fácil trepar.

2 Doug predijo que cuando llegara al campamento de Gordon,

   F   Gordon estaría bien.   **H** los padres de Gordon estarían allí.

   G Gordon se habría ido.   **J**   Gordon estaría en problemas.

3 Si Doug pensara en la gente que ha muerto escalando la montaña, podría

   A   resbalar y caer.   **C** encontrar la aventura aún más interesante.

   B   decidir volver atrás.   **D**   tomar un rumbo equivocado.

4 Si Doug se hubiera detenido antes del Paso del Miedo, hubiera

   F   tenido más tiempo para vencer su miedo.

   G visto a Gordon bajando la montaña.

   H encontrado una forma menos peligrosa de subir.

   J   estado demasiado asustado para continuar.

LÍNEAS DE RESPUESTAS   **1** Ⓐ Ⓑ Ⓒ Ⓓ   **3** Ⓐ Ⓑ Ⓒ Ⓓ

                            2 Ⓕ Ⓖ Ⓗ Ⓙ   **4** Ⓕ Ⓖ Ⓗ Ⓙ

Nombre _____

Llenar los espacios continuación

5 Si Doug se hubiera caído en el fondo del acantilado,

   A el puma no lo hubiera encontrado.

   B se hubiera matado.

   C sus padres se hubieran desilusionado.

   D hubiera tenido que escalar de nuevo.

6 Si no hubiera seguido al puma por el saliente, Doug

   F se hubiera perdido.

   G hubiera encontrado una vía más segura.

   H no hubiera logrado pasar.

   J el puma lo hubiera perseguido.

7 Si se hubiera atado el cordón del zapato en el saliente,

   A no habría tenido fuerzas para pararse de nuevo.

   B hubiera perdido equilibrio.

   C hubiera provocado que se rompiera el saliente.

   D no habría visto al puma.

8 La próxima vez que Doug vuelva al lugar peligroso, probablemente

   F no sentirá tanto miedo.

   G seguirá al puma

   H tendrá miedo de hacer el viaje.

   J necesitará que Gordon lo ayude a pasar el acantilado.

LÍNEAS DE RESPUESTAS 5 Ⓐ Ⓑ Ⓒ Ⓓ   7 Ⓐ Ⓑ Ⓒ Ⓓ
                       6 Ⓕ Ⓖ Ⓗ Ⓙ   8 Ⓕ Ⓖ Ⓗ Ⓙ

Repaso de ortografía

Utiliza las palabras de la lista para completar las preguntas:

Palabras de ortografía

1. almendra
2. flexibilidad
3. trompetistas
4. maravillosa
5. aprendices
6. avergonzados
7. explorador
8. caña
9. bergantines
10. caracol
11. chimenea
12. apoyar
13. caparazones
14. llorar
15. estrellas
16. proyecto
17. imitaciones
18. hormiga
19. lluvia
20. envasados
21. rascar
22. héroes
23. telones
24. sigla
25. escarlata
26. armario
27. cancha
28. sueño
29. incapaces
30. imposible

1 a 3.   ¿Cuáles de estas palabras son verbos?

_____

_____

_____

4 a 14. ¿Cuáles de estas palabras están en plural?

_____   _____

_____   _____

_____   _____

_____

15 a 19. ¿Cuáles de estas palabras son adjetivos?

_____   _____

_____   _____

_____

20 a 30. Escoge once palabras que tienen sílabas cerradas.

_____   _____

_____   _____

_____   _____

_____   _____

_____

Nombre _____

¡Más ortografía!

Tiempo de rimar **Escribe una palabra de ortografía que rime.**

1. perdices _____

2. baña _____

3. mejillones _____

4. mejorados _____

5. malabaristas _____

6. mirador _____

7. mirar _____

8. sol _____

La tercera palabra **Escribe la palabra de ortografía que corresponde en cada grupo.**

9. submarinos, fragatas _____

10. elasticidad, plasticidad _____

11. estufa, calentador _____

12. planetas, galaxia _____

13. nuez, maní _____

14. sostener, justificar _____

15. extraordinaria, divina _____

Palabras de ortografía

1. almendra
2. flexibilidad
3. trompetistas
4. maravillosa
5. aprendices
6. avergonzados
7. explorador
8. caña
9. bergantines
10. caracol
11. chimenea
12. apoyar
13. caparazones
14. llorar
15. estrellas

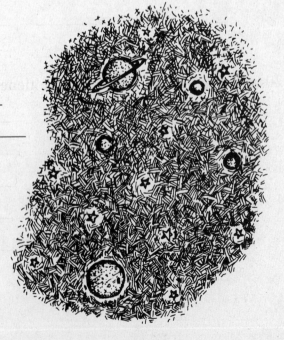

Nombre _____

Corregir y escribir

Corregir Rodea con un círculo las seis palabras de ortografía con errores. Escribe la forma correcta en las líneas.

18 de abril —A pesar de la intensa yuvia, este fin de semana fuimos a ver el prollecto de los estudiantes de teatro. Al lado del escenario, vi niños jugando con los telons. Un niño estaba disfrazado de ormiga y se veía muy gracioso pues le picaba un pie y daba saltitos, ya que no se podía rascal. Yo no soy muy talentosa, pero algún día me gustaría hacer imitasiones y ser famosa.

1. _____   4. _____

2. _____   5. _____

3. _____   6. _____

Revisa una carta Utiliza palabras de ortografía para completar las oraciones.

¡Si me hubieras visto en la _____ de mi escuela! Hicimos realmente lo _____ por ganar. Yo jugué bien, pero el equipo estaba un poco flojo. No es que seamos _____, pero tampoco somos _____ . Mi _____ es jugar en la liga profesional y llevar la _____ del equipo en mi camisa. El color _____ me enloquece. ¡Oye! Casi me olvido, no comas productos _____ en latas que contengan estaño pues éste es peligroso para la salud. Bueno, me voy a guardar las cosas en el _____ antes que mi mamá me regañe.

✏️ **Escribir un artículo En otra hoja de papel, escribe un artículo periodístico breve sobre una carrera u otro deporte que te guste. Utiliza las palabras de la lista.**

Palabras de ortografía

1. proyecto
2. imitaciones
3. hormiga
4. lluvia
5. envasados
6. rascar
7. héroes
8. telones
9. sigla
10. escarlata
11. armario
12. cancha
13. sueño
14. incapaces
15. imposible

Nombre _____

Dos poemas

**Escoge dos poemas: uno que rime y siga un modelo métrico y otro
en verso libre. En la tabla de abajo compara los dos poemas
respondiendo las preguntas.**

	Poema con rima _____ Título	Poema en verso libre _____ Título
¿De qué trata el poema?		
¿Qué tipo de rima y modelo métrico sigue el poema?		
¿Qué escenas verbales crea el poema?		

Nombre _____

Poema del año

Tú eres el editor de la página de poesía de una revista. Escoge un poema de De cerca: Poesía como Poema del año. Di qué lo hace un buen poema y por qué la gente querrá leerlo.

Poema del año

_____

Pienso que este poema es el mejor porque

_____

_____

_____

_____

_____

_____

_____

_____

_____

_____

_____

_____

_____

_____

Nombre _____

Voces de la Revolución

Después de leer cada selección completa el cuadro de abajo, que continúa en la siguiente página, para demostrar lo que has aprendido.

	¿Y entonces qué pasó, Paul Revere?	El baúl de Katie	James Forten
¿Qué clase de escritura o género literario es esta selección?			
¿Por qué es importante contar esta historia?			
¿Qué rasgos del personaje se revelan en sus acciones?			

Nombre _____

Voces de la Revolución

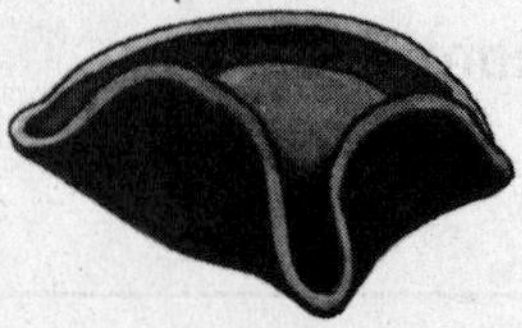	¿Y entonces qué pasó, Paul Revere?	El baúl de Katie	James Forten
¿Qué detalles de la vida colonial has aprendido de esta selección?			
¿Cuál crees que fue el propósito del autor para escribir esta selección?			

¿De qué manera las selecciones de *Voces de la Revolución* mejoran tu comprensión de la vida en esa época?

_____

_____

_____

Nombre _____

Resistir la opresión

Usa las palabras del recuadro para completar los párrafos de abajo.

colonias

impuestos

oponerse

patriotas

revolución

Los residentes de las primeras trece _____ se resintieron por los nuevos _____ que les impuso el gobierno británico. Un grupo de ciudadanos en el área de Boston formó una sociedad secreta para _____ a los métodos ingleses de gobernar a América. Esta organización era conocida como Hijos de la libertad y cada uno de sus miembros era _____. La sociedad ganó un lugar en la historia cuando sus miembros arrojaron un cargamento de té en el puerto de Boston para protestar por el impuesto a ese producto.

Cuando se hizo evidente que Inglaterra nunca permitiría a los colonos tener una voz en su propia administración, los americanos empezaron a considerar la posibilidad de una _____. Como las reuniones para discutirlo eran peligrosas, los mensajes eran enviados secretamente empleando jinetes expresos de una ciudad a otra. Los jinetes tenían que eludir a los centinelas o serían privados de su libertad. La red de comunicaciones que establecieron demostró ser muy valiosa cuando la guerra estalló finalmente.

Escoge una de las palabras del vocabulario y escribe una oración.

_____

_____

¿Hecho u opinión?

Completa la tabla con hechos u opiniones de las páginas indicadas en la primera columna. Donde se indica, explica por qué el punto de vista es un hecho o una opinión.

Página	Afirmación	Hecho u opinión	Punto de vista revelado
263	"De toda las personas ocupadas de Boston, Paul Revere llegaría a ser una de las más ocupadas."	Opinión	Esta afirmación revela que la autora piensa que Paul Revere fue un hombre ocupado toda su vida. Ella parece estar muy impresionada por él.
264		Opinión	
266		Hecho	
269		Hecho	
275		Opinión y hecho	

Nombre _____

¿Cuándo sucedió, Paul Revere?

La linea cronológica siguiente relaciona varias fechas importantes en la vida de Paul Revere. Contesta las preguntas para cada fecha para completar la tabla.

1735 — ¿Cómo es Boston cuando Paul Revere nace?

_____

_____

1756 — ¿Cómo responde Revere a los ataques de franceses e indios a las colonias?

_____

1773 — En la noche del 16 de diciembre, Revere y los otros Hijos de la libertad están muy atareados en el puerto de Boston. ¿Qué hacen?

_____

1776 — En la noche del 18 de abril, Revere es enviado a Lexington y Concord. ¿Qué sucede durante su gran cabalgada?

_____

_____

1783 — Para el final de la guerra, Revere tiene 48 años. ¿En qué trabaja?

_____

_____

1810 — ¿Cómo es Boston ahora que Paul Revere tiene 75 años?

_____

_____

Nombre _____

Observar al autor

Lee el pasaje. Luego, contesta las preguntas de la página 143.

¿Traidor o héroe?

¿Cómo debería recordarse a Benedict Arnold: como un traidor o como un héroe de la Revolución Americana? Yo no creo que esta pregunta tenga una respuesta fácil.

Arnold se unió a los ejércitos patriotas en 1774. Después de iniciada la guerra en 1775, ayudó a tomar Fort Ticonderoga, antes en poder de los ingleses. Ese mismo año, dirigió a más de mil soldados hasta Canadá, fue herido en batalla y ascendido por su valentía. En octubre de 1777 fue herido seriamente de nuevo mientras lideraba a sus soldados contra las fuerzas del general inglés Burgoyne. El valiente liderazgo de Arnold ayudó a los americanos a obtener una de sus más importantes victorias en la guerra.

Sin embargo, en 1780 Arnold elaboró para los británicos, a cambio de dinero, un plan para tomar una importante base militar americana. Una vez que su plan fue descubierto, escapó y se unió al ejército británico. ¿Por qué lo hizo? Muchos historiadores creen que Arnold sentía que su país lo había tratado de manera injusta. Él se sintió muy decepcionado por no haber sido considerado para un ascenso. También fue acusado de ser demasiado blando con americanos que eran fieles a los británicos. Esto pudo haberlo enfurecido.

Los ingleses nunca le pagaron a Arnold lo que él pedía. Las tierras canadienses que le ofrecieron no eran muy útiles para él. Cuando murió, en 1801, se hallaba pobre, descorazonado y solo, pues era un hombre en quien pocos confiaban. Arnold fue un traidor, sin duda. Pero no debemos olvidar que él protagonizó varias acciones heroicas que ayudaron a nuestra nación a obtener la independencia.

Nombre _____

Observar al autor (continuación)

1. ¿Cuál es el punto de vista del autor en este pasaje?

   _____

   _____

2. ¿Qué oraciones revelan el punto de vista del autor?

   _____

   _____

3. ¿Cuál piensas que es el propósito del autor al escribir este pasaje?

   _____

   _____

4. Escribe una oración tomada del pasaje que revele la opinión del autor.

   _____

   _____

5. Escoge un hecho del pasaje que ayude a sostener la opinión del autor.

   _____

   _____

6. Escoge un hecho del pasaje que
   apoyaría un punto de vista diferente
   del asunto.

   _____

   _____

   _____

   _____

Nombre _____

Prefijos *pre-, pro-, per-*

Los *prefijos* son partículas que aparecen en el comienzo de algunas palabras y que hacen posible predecir o aproximarse a su significado. Así, los prefijos *pre-, pro-* y *per-* son muy comunes; *pre-* indica la idea de lo anterior; *pro-* indica delante de, en vez de lo que apoya o fomenta; y *per-* muestra la idea de lo simultáneo, de lo que se mantiene con o pasa a través de. Palabras con estos tres prefijos están implícitas en las oraciones a continuación. Reemplaza las palabras subrayadas de cada oración por un prefijo de la lista para hacer la oración más corta y precisa.

prejuzgar
prometí
prehistórico
prevenir
persuadían
persistió
pernoctar
prólogo

1. Todo lo anterior a la historia es primitivo.

_____

2. Carlos se mantuvo firme en sus ideales.

_____

3. Te ofrecí anteriormente mi auto para ir a la fiesta.

_____

4. Lee el texto que está antes de los poemas.

_____

5. No es bueno hacer juicios previos antes de conocer bien a las personas.

_____

6. Voy a pasar la noche en casa de mi hermano.

_____

7. La misión de Paul era avisar con anterioridad a los colonos.

_____

8. Sus palabras hacían cambiar de opinión a las personas más razonables.

_____

Nombre _____

El sonido /k/

El sonido /k/ es un sonido fuerte que por lo general da inicio a una sílaba por medio de combinaciones de las consonantes *k*, *q* y *c* con diferentes vocales. La letra *k* es inusual en español, pero puede formar sílabas con cualquier vocal; la *q* forma los sonidos /ke/ y /ki/ cuando va seguida de la vocal *u*, que nunca se pronuncia (que, qui); la *c* tiene sonido /k/ delante de las vocales *a*, *o* y *u* y cuando antecede a las consonantes *l* y *r* para formar una sílaba. En raras ocasiones la *c* tiene sonido fuerte al final de una sílaba cuando antecede a las consonantes *c* (doble *c*), *n*, *s* o *t*.

Escribe las palabras de ortografía bajo el sonido /k/ correspondiente.

1. cartel
2. conduzco
3. máquina
4. kilómetro
5. cascabeles
6. koala
7. almanaque
8. queso
9. poco
10. caballo
11. acudió
12. quitar
13. tranquilo
14. actor
15. victorias

ka

_____

_____

_____

ke

_____

_____

ki

_____

_____

_____

_____

ko

_____

ku

_____

ak

_____

ik

_____

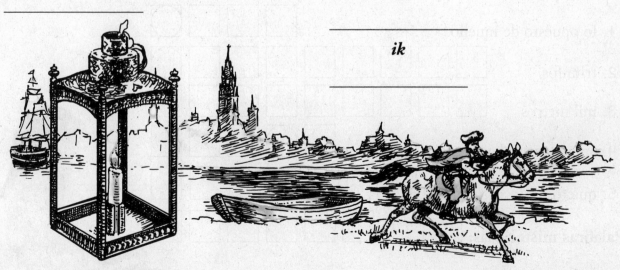

Nombre _____

¡Más ortografía!

Sílabas homófonas Completa cada oración con la palabra de ortografía que contenga una sílaba fonéticamente igual a una de la palabra subrayada.

1. Escribe la palabra <u>kilo</u> en la _____ de escribir.

2. El mesero _____ con una <u>cuchara</u> en la mano.

3. Él es un _____ destacado en películas de <u>acción</u>.

4. Don <u>Quijote</u> deseaba _____ esos gigantes de su camino.

5. <u>Oscar</u> pegó el _____ en el muro de su casa.

6. María comió mucho _____ cuando estuvo en <u>Kenia</u>.

7. Las gatas <u>blancas</u> lucían unos sonoros _____.

Rompecabezas de palabras Escoge del recuadro la palabra de ortografía que corresponde a cada clave. Luego, escribe abajo, en orden, las letras rodeadas por un círculo.

8. calendario

9. manejo un automóvil

10. animal que trota

11. lo opuesto de mucho

12. triunfos

13. mil metros

14. animal australiano

15. quieto

Palabras misteriosas:

Palabras de ortografía

1. cartel
2. conduzco
3. máquina
4. kilómetro
5. cascabeles
6. koala
7. almanaque
8. queso
9. poco
10. caballo
11. acudió
12. quitar
13. tranquilo
14. actor
15. victorias

146   Tema 3: **Voces de la Revolución**

Nombre _____

Corregir y escribir

Corregir Rodea con un círculo las cinco palabras de ortografía mal escritas en la nota y escríbelas correctamente.

16 de abril de 1775
Del Cuartel General de Boston:

Estamos planeando una gran marcha a las zonas rurales en la noche del 18. La actual fase lunar, según el almanake, nos asegurará luna llena, así que tendremos mucha luz para adentrarnos un quilómetro en la zona de las granjas. Si todo marcha bien, podremos tomar las municiones, la pólvora y algún que otro kaballo de los rebeldes. Que cada uno permanezca trancilo y ante situaciones desagradables reaccionen más bien con humor que con ira. Les haremos llegar más detalles en poko tiempo.

Palabras de ortografía

1. cartel
2. conduzco
3. máquina
4. kilómetro
5. cascabeles
6. koala
7. almanaque
8. queso
9. poco
10. caballo
11. acudió
12. quitar
13. tranquilo
14. actor
15. victorias

1. _____ 3. _____ 5. _____

2. _____ 4. _____

✏️ **Escribir preguntas para una entrevista** Si pudieras entrevistar a Paul Revere, ¿qué preguntas le harías? ¿Te gustaría saber más sobre su vida como platero o sobre su famosa cabalgada?

En una hoja aparte escribe algunas preguntas que te gustaría hacer a este famoso patriota sobre su vida y los sucesos históricos en que participó. Usa palabras de ortografía.

Nombre _____

Cambios de sinónimos

Busca un sinónimo en el cuadro para cada palabra subrayada. Reescribe las oraciones usando los sinónimos.

arribaban
partían
descubrió
jalaron
ganado
se apresuró
tocó
escurrió
arrojaron
despertó

1. En el puerto de Boston, los barcos <u>llegaban</u> y <u>salían</u> constantemente.

   _____

2. Paul <u>supo</u> que la gente había <u>obtenido</u> dinero de muchas formas.

   _____

   _____

3. Los hombres <u>arrastraron</u> las arcas hasta cubierta y <u>lanzaron</u> el té al mar.

   _____

   _____

4. Paul se escabulló de los centinelas y <u>se lanzó</u> a través de la nieve.

   _____

   _____

5. Paul <u>golpeó</u> en las puertas de Lexington y <u>levantó</u> a los ciudadanos.

   _____

   _____

148   Tema 3: **Voces de la Revolución**

Nombre _____

¿Dónde está tu casa, Paul Revere?

Concordancia entre sujeto y verbo Todo verbo debe concordar con el sujeto correspondiente. La terminación del verbo denota esta concordancia, indicando el número (singular o plural) y la persona del sujeto. Los sustantivos colectivos (*la gente*, *la familia*, *el grupo*) son singulares de tercera persona y como tales deben concordar con el verbo.

Completa cada oración con la forma del presente del verbo entre paréntesis. Pon atención a la concordancia del verbo con el sujeto.

1. Nosotros _____ la casa de Paul Revere en Boston. (visitar)

2. Mi primo _____ la tetera de plata en la vitrina. (mirar)

3. Yo _____ las jarras que fabricó Paul Revere. (ver)

4. Una campana de 900 libras _____ en el patio de la casa. (encontrarse)

5. La taza y la bandeja de plata _____ en el aparador. (brillar)

6. Tú _____ hasta la vieja Iglesia del Norte. (caminar)

7. La gente _____ mirando la torre del campanario de la Iglesia, donde cuelgan las lámparas. (estar)

8. Yo _____ la cabalgada de medianoche de Revere. (imaginar)

9. Los turistas _____ por el Paseo de la Libertad. (caminar)

10. Mi amigo y yo _____ mucho sobre los patriotas americanos. (aprender)

Nombre _____

¿Cómo le fue en la cabalgada, Paul Revere?

Verbos regulares e irregulares Las conjugaciones de los verbos en las dos formas del pasado (imperfecto y pretérito definido) y en el futuro siguen un patrón que suele tener en cuenta la terminación del verbo *ar, er o ir*). Todos los verbos que siguen el patrón son verbos regulares. Los demás, son verbos irregulares y debes aprenderlos. En esta página vas a repasar las conjugaciones del pretérito.

Tracy y Kim han escrito una entrevista imaginaria. Escribe las formas correctas del pretérito de los verbos entre paréntesis. Debes poner atención a la concordancia entre el sujeto y el verbo y verificar la conjugación de los verbos irregulares si es necesario.

Reportero: Estamos con el patriota Paul Revere. Señor, usted acaba de regresar de una misión importante. ¿Cómo le fue en esa cabalgada?

Paul Revere: Mi cabalgada _____ (ser) emocionante. ¡Yo

_____ (cabalgar) tan rápido como _____ (poder)!

¡Mi caballo nunca _____ (correr) tan velozmente!

Reportero: Hemos oído que usted _____

(olvidar) sus espuelas. ¿Es cierto?

Paul Revere: Es verdad. Yo _____ (hacer) todo

tan de prisa que hasta dejé mis espuelas. Pero

mi fiel perro me las _____ (traer).

Reportero: Usted también _____

(atravesar) el río remando, ¿verdad?

Paul Revere: Sí, yo _____ (tener) que remar, correr y cabalgar,

y luego _____ (alertar) a la gente sobre los ingleses.

Reportero: Paul Revere, patriota, su país le está muy agradecido.

Nombre _____

¿Qué viste, Shirley Jensen?

Escoger la forma verbal correcta Es muy importante para un escritor saber escoger la forma correcta de un verbo. Para los verbos irregulares, tú puedes consultar el diccionario.

Shirley lleva un diario en su computadora. Recientemente, viajó a Boston y ahora desea escribir un ensayo sobre esa experiencia. Para empezar, ella ha impreso las páginas de su diario. Corrige la página del diario que se reproduce abajo y dibuja un círculo alrededor de las formas verbales incorrectas. Luego, escribe la forma correcta encima del error.

Julio 15

Llegamos al aeropuerto Logan esta mañana. Fuemos en el

metro hasta el apartamento de mi abuelita en Boston. Una vez

yo veí el metro en Nueva York, pero nunca podí viajar en él.

Mi abuelita ponió la mesa para el almuerzo, pero yo no

tenía hambre porque comé cacahuates en el avión. Nosotros no

sabimos cómo era la playa porque en lugar de ir a la playa

fuimos al centro con un tío que venió de Nueva York. Mi

abuelita y mi tío nos dijieron que podíamos conocer la playa

después. También visitamos la Casa del Gobierno, que era muy

bonita, pero como yo quería ver el mar esta visita no me

satisfació. Pero luego la visita a la casa de Paul Revere fue

maravillosa y mis parientes tenieron que apresurarme para

salir.

Nombre _____

La descripción de un personaje

¿Y entonces qué pasó, Paul Revere? presenta muchos detalles sobre la vida de Paul Revere, un héroe de la Revolución Americana. Estos detalles te ayudan a entender qué clase de persona fue. Usar detalles vívidos en tus textos te ayudará a dar vida a una persona. La **descripción de un personaje** es un perfil escrito que describe cómo es, actúa, piensa y siente una persona.

Escoge a una persona de la vida real de otra selección que hayas leído. Usa la red para hacer una lluvia de ideas sobre la apariencia física, los rasgos de personalidad, las acciones y los pensamientos de tu personaje.

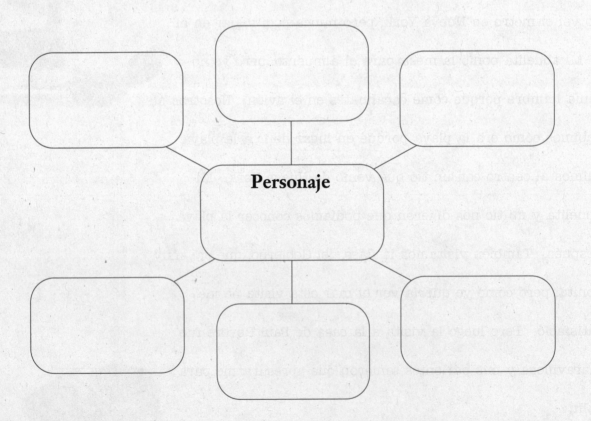

Personaje

Nombre _____

Usar sustantivos y verbos precisos

¿Qué sustantivo, *luces* o *candelabro*, es más preciso? ¿Qué verbo, *galopó* o *cabalgó*, es más exacto? Un buen escritor evita usar sustantivos o verbos vagos o imprecisos. Usar sustantivos y verbos como *candelabros* y *galopó* puede hacer más clara tu composición y ayuda a los lectores a crear una representación mental más vívida de la gente, los lugares y los hechos que describes.

Una estudiante de quinto grado anotó las oraciones siguientes para una descripción del personaje Paul Revere. ¿Puedes ayudarle a hacer su boceto más claro y vívido? Escribe nuevamente cada oración en las líneas, reemplazando los verbos y sustantivos vagos que están subrayados por unos más precisos de la lista a continuación.

Sustantivos y verbos más exactos

fabricó	oficios
ferretería	colonos
abrió	avisó
té	plata
realizó	disfrazó

1. Durante su vida Paul Revere <u>hizo</u> muchas y muy variadas <u>cosas</u>.

_____

2. Él <u>hizo</u> jarras, candelabros y hebillas de <u>metal</u>.

_____

3. Con otros patriotas, se vistió de indio, subió a bordo de un barco británico y arrojó la <u>mercancía</u> al mar.

_____

_____

4. Se convirtió en héroe cuando <u>dijo</u> a <u>unas personas</u> que venían tropas británicas.

_____

_____

Nombre _____

Revisar tu cuento

Vuelve a leer tu cuento. ¿Qué necesitas para mejorarlo? Usa esta página como ayuda para decidirlo. Marca una "equis" en el recuadro de cada frase que describa tu cuento.

¡Al máximo!

- [ ] El ambiente, los personajes y la trama están bien definidos.
- [ ] Mi cuento tiene un comienzo, un desarrollo y un final definido.
- [ ] El personaje principal tiene un conflicto interesante que resolver.
- [ ] Uso diálogos y verbos precisos para hacer claras las acciones del cuento.
- [ ] Casi no hay errores.

Casi, casi

- [ ] El ambiente, los personajes y la trama podrían ser más claros.
- [ ] La trama no siempre es fácil de seguir.
- [ ] El conflicto del personaje principal podría ser más interesante.
- [ ] Puedo usar más diálogos y verbos más precisos para hacer claras las acciones del cuento.
- [ ] Hay pocos errores.

Prueba otra vez

- [ ] El ambiente y la trama no son fáciles de identificar.
- [ ] No está claro cuál es el problema.
- [ ] No he incluido detalles ni diálogos.
- [ ] Hay muchos errores.

Nombre _____

Usar verbos precisos

Reemplaza cada verbo subrayado. Rodea con un círculo la letra correspondiente al verbo que mejor complete cada oración.

1. Nina <u>reorganizó</u> las cartas de la baraja.

   a. movió   b. arrugó   c. barajó   d. ordenó

2. —<u>Toma</u> una carta —le dijo a Ted—. Luego, ponla de nuevo en la baraja.

   a. Pide   b. Saca   c. Destapa   d. Muestra

3. —¿Ésta es tu carta? —le preguntó, <u>señalando</u> la reina de corazones.

   a. mostrando   b. demostrando   c. ocultando   d. presentando

4. Ted <u>movió</u> la cabeza decepcionado. —No, no es mi carta —dijo.

   a. desplazó   b. tornó   c. paralizó   d. meneó

5. —Oh no —dijo Nina—. <u>Me equivoqué</u> otra vez.

   a. Acerté   b. Fallé   c. Prejuzgué   d. Malinterpreté

6. Luego, Nina <u>levantó</u> la mano hasta detrás de la oreja y sacó una carta.

   a. giró   b. alzó   c. agarró   d. sostuvo

7. —¡Ésa es mi carta! —<u>dijo</u> Ted—, ¡el dos de bastos!

   a. explicó   b. contó   c. exclamó   d. comentó

8. —Muchas gracias —dijo Nina. Saludó al auditorio y <u>se fue</u>
   del escenario.

   a. desapareció   b. se escondió   c. escapó   d. saltó

Nombre _____

Palabras de ortografía

Errores ortográficos comunes Busca algunas reglas básicas de la ortografía de las palabras para ayudarte a recordar cómo deletrear correctamente las palabras de ortografía de esta página. Reflexiona acerca de las letras que te parecen difíciles de deletrear en cada palabra.

Escribe las letras que faltan en las palabras de ortografía que siguen.

1. gara _____ e

2. tar _____ eta

3. indí _____ enas

4. esco _____ er

5. feli _____ es

6. cono _____ co

7. qui _____ o

8. hi _____ e

9. ta _____ a

10. empie _____ e

11. do _____ cientos

12. ahog _____ e

13. con _____ iencia

14. dis _____ iplina

15. almuer _____ o

Palabras de ortografía

1. garaje
2. tarjeta
3. indígenas
4. escoger
5. felices
6. conozco
7. quiso
8. hice
9. tazas
10. empiece
11. doscientos
12. disciplina
13. conciencia
14. ahogue
15. almuerzo

Lista de estudio En una hoja aparte escribe cada una de las palabras de ortografía. Verifica tu ortografía comparando con las palabras de la lista.

Nombre _____

¡Más ortografía!

Rellenos de frase   Escoge del recuadro la palabra de
ortografía que mejor completa cada frase.

1. fue educado con _____ militar
2. todavía no _____ a tu novio
3. pagué con mi _____ de crédito
4. él no _____ prestarme dinero
5. _____ a escribir ahora mismo
6. pon las _____ sobre la mesa
7. puedes _____ el vestido que te guste

1. _____   5. _____
2. _____   6. _____
3. _____   7. _____
4. _____

Revoltijo de sílabas   Vuelve a ordenar las sílabas para formar
una palabra de la lista de palabras de ortografía.   Una sílaba
sobra en cada caso.

8. pre cien dos tos   8. _____
9. zo muer al tro   9. _____
10. hi cuen ce   10. _____
11. ge in es nas dí   11. _____
12. ra je bra ga   12. _____
13. fe ces li ce   13. _____
14. en cien con cia   14. _____
15. a bar gue ho   15. _____

Nombre _____

Corregir y escribir

Corregir **Rodea con un círculo las cinco palabras de ortografía que están mal escritas en la carta siguiente. Luego, escribe correctamente cada palabra.**

Queridos compatriotas:

He decidido escribirles esta carta porque creo que es hora de tomar consiencia de nuestra situación. ¡Esta tierra no puede continuar un minuto más bajo la tiránica diciplina y gobierno de Inglaterra! Nuestro pueblo quizo en muchas ocasiones dialogar con la corona británica, pero los ingleses no escuchan razones. Así que ahora, en vez de dialogar tenemos que escojer la lucha armada antes de que Inglaterra nos aogue con más impuestos. En poco tiempo seremos libres para dirigir nuestro propio destino.

1. garaje
2. tarjeta
3. indígenas
4. escoger
5. felices
6. conozco
7. quiso
8. hice
9. tazas
10. empiece
11. doscientos
12. disciplina
13. conciencia
14. ahogue
15. almuerzo

1. _____
2. _____
3. _____
4. _____
5. _____

Escribir un lema **Escoge tres palabras de ortografía del recuadro. Luego, escribe con cada una un eslogan (como "No me pises" o "Libertad o muerte") que pudo haber sido usado durante la Guerra de Independencia.**

Nombre _____

Algo sobre la revolución

Contesta cada una de las siguientes preguntas con la palabra apropiada del recuadro.

1. ¿Qué palabra significa "recto" o "razonable"?

   _____

2. ¿Qué palabra se refiere a las personas que luchan contra sus propios gobiernos? _____

3. ¿Qué palabra significa "entregando armas a otro u otros"?

   _____

4. ¿Qué palabra significa "fieles"? _____

5. ¿Qué palabra es un sinónimo de "adiestraban"? _____

Escribe una pregunta diferente usando una de las palabras del vocabulario.

_____

_____

Nombre _____

¿Por qué pasó?

Llena las columnas donde se indica con la causa o el efecto de los sucesos descritos en el cuadro.

Causas	Efectos
_____ _____ _____	Los rumores y los combates hacen que la familia de Katie esté inquieta, nerviosa y preocupada.
_____ _____ _____	La familia ha perdido amigos y vecinos.
Los rebeldes armados llegan a la casa de Katie.	_____ _____
Katie siente que no es justo que sus vecinos entren a la fuerza en su casa y arruinen sus cosas.	_____ _____
_____ _____ _____	Katie se oculta dentro del baúl de bodas de su madre.
Cuando John Warren registra el baúl y encuentra a Katie, hace salir a los rebeldes y deja la tapa abierta para que ella pueda respirar.	_____ _____ _____

160   Tema 3: **Voces de la Revolución**

Nombre _____

Con palabras del personaje

Lee las palabras de los personajes en la columna izquierda. En la columna derecha escribe por qué el personaje dijo eso.

Lo que dijo el personaje	Por qué lo dijo
Mamá: ". . . me tienen nerviosa como un novillo".	
Papá: "¡Trae a tu madre! ¡Escóndanse en el bosque!"	
Katie: "No era correcto, no era justo y no estaba bien".	
Los rebeldes: "¡Será un buen botín!"	
John Warren: "¡Fuera! ¡Vienen los leales! ¡Vuelvan al camino! ¡Pronto!"	
Katie: "Dejó unas puntadas de bondad allí y todos quedamos atados a ella".	

Nombre _____

Hacer conexiones

Lee el cuento y completa la actividad en la página siguiente.

Un día peligroso

Mi nombre es Margaret Tompkins. Trabajo
como enfermera en un hospital de campaña aquí
en Virginia. Cuando mi hermano se alistó como
soldado en el ejército de la Unión, yo también
quise unirme y ayudar a la causa. Decidí
entonces volverme enfermera. Vine a esta
región hace tres meses cuando la compañía de
mi hermano fue enviada a este lugar.

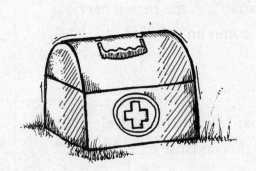

En las últimas horas nuestros soldados se
han visto envueltos en una feroz batalla.
Después de casi diez horas de combate, ellos están extenuados y hambrientos.
Algunos de los heridos han sido traídos al hospital, donde las otras enfermeras
y yo hemos estado atendiéndolos. Es un trabajo duro y que parte el corazón.

Ahora son justamente las tres de la tarde. En medio del ruido, escucho
de repente la voz de mi hermano que llama: "¡Margaret!". Agarro un maletín
y corro hacia el campo. Cuando llego hasta James, él está sentado junto a un
cañón y se sujeta el hombro izquierdo.

—¿Qué ha sucedido? —le pregunto.

—El cañón dio un culatazo y me dislocó el hombro —me cuenta. Le
digo que lo llevaré al hospital para que pueda ser atendido. Él sacude su
cabeza. —No puedo irme de aquí —replica—. Alguien tiene que disparar el
cañón.

Yo miro alrededor y me doy cuenta de que no hay nadie cerca.
Finalmente digo: —James, tú no puedes disparar un cañón con el hombro
dislocado. Vete tú. Yo he visto cómo se dispara un cañón. Yo te reemplazaré.
James se marcha.

Estoy asustada. Pero preparo el cañón. Ésta es una oportunidad de
hacer algo más por ganar la guerra que desenrollar vendas.

Nombre _____

Hacer conexiones continuación

Completa la cadena causa-efecto mostrando cuál fue la causa de los sucesos descritos en la página anterior y qué pasó luego como consecuencia.

Causas	Efectos
Margaret quiere ayudar a la causa de la Unión.	_____ _____
_____ _____	Margaret va a Virginia para trabajar en un hospital de campaña y estar cerca de su hermano.
_____ _____ _____	El hombro de James queda dislocado.
James se niega a que le presten asistencia a su herida porque él es el único soldado en esa posición.	_____ _____ _____
_____ _____	Margaret prepara el cañón a pesar de que se siente asustada.

Nombre _____

Palabras compuestas

Vuelve a escribir cada oración usando la palabra compuesta que se forma de las palabras subrayadas.

1. El abogado abrió el sobre con un instrumento para <u>cortar</u> <u>papeles</u>.

   _____

2. Necesito una buena actividad para <u>pasar</u> el <u>tiempo</u>.

   _____

3. El muñeco para <u>espantar</u> los <u>pájaros</u> estaba en el medio del maizal.

   _____

4. Laura corregía sus ensayos con lapiceros de <u>portar</u> <u>minas</u>.

   _____

5. El viejo aparato que <u>tocaba</u> los <u>discos</u> estaba dañado.

   _____

6. Para el detective, resolver este caso era como <u>romperse</u> la <u>cabeza</u>.

   _____

Nombre _____

Palabras con *g* suave

La letra *g* toma un sonido suave de acuerdo con la letra que la sigue. El sonido suave de la *g* ocurre cuando precede las vocales *a*, *o* y *u*, o cualquier consonante.

Separa las palabras de ortografía en grupos según si contienen los sonidos *ga*, *go*, *gu*, *gue*, *gui*.

1. gorra
2. laguna
3. guía
4. guerra
5. gusano
6. rogar
7. psicóloga
8. gusto
9. llegar
10. manga
11. gobierno
12. águila
13. amargo
14. guitarra
15. gota

ga

_____
_____
_____

go

_____
_____
_____

gue

_____
_____

gu

_____
_____

gui

_____
_____
_____

Tema 3: **Voces de la Revolución**   165

Nombre _____

¡Más ortografía!

Sílabas homófonas Encuentra entre las palabras de ortografía una que contenga una sílaba con el mismo sonido suave de la *g* que la palabra proporcionada a la izquierda.

1. guisante _____

2. ganar _____

3. pegar _____

4. guijarro _____

5. agua _____

6. gorila _____

7. gordo _____

8. golpe _____

9. goma _____

10. cabalgar _____

1. gorra
2. laguna
3. guía
4. guerra
5. gusano
6. rogar
7. psicóloga
8. gusto
9. llegar
10. manga
11. gobierno
12. águila
13. amargo
14. guitarra
15. gota

Sílabas desordenadas Ordena las sílabas para formar una palabra de ortografía. Escríbela sobre la línea.

11. rra-gue _____

12. no-sa-gu _____

13. to-gus _____

14. gar-lle _____

15. la-gui-á _____

Nombre _____

Corregir y escribir

Corregir **Rodea con un círculo las palabras de ortografía mal escritas en el discurso siguiente y escribe cada palabra correctamente.**

¡Queridos compatriotas!

Los acontecimientos recientes lo hacen muy claro: seguir izando la bandera inglesa en nuestras tierras nos ha hecho llegrar al servilismo. Algunas personas prefieren no dar la cara a la realidad y aceptan el amarjo decreto extranjero. Esto nos enoja mucho, no debemos riogar por nuestros derechos. Si la gerra nos ha hecho libres no debemos soportar la hostilidad de los leales, quienes todavía hoy se oponen a nuestro justo govierno. Si amamos la libertad, debemos restablecer la calma en nuestros vecindarios y demandar que se nos trate con equidad y respeto.

1. gorra
2. laguna
3. guía
4. guerra
5. gusano
6. rogar
7. psicóloga
8. gusto
9. llegar
10. manga
11. gobierno
12. águila
13. amargo
14. guitarra
15. gota

1. _____ 3. _____ 5. _____

2. _____ 4. _____

Escribir un aviso de tablero de anuncios Deseas que tus compañeros de clase te apoyen en cierta actividad, tal vez para organizar una reunión informal o para juntar dinero destinado a un fondo de apoyo a las víctimas de algún desastre o para cualquier otra causa noble. ¿Cómo llamarías su atención?

En una hoja aparte, escribe un aviso para fijar en el tablero de anuncios de una escuela, en el cual des razones para que los estudiantes se unan a tu actividad.

Nombre _____

Otra vuelta de llave

Usa la tabla de pronunciación para averiguar cómo pronunciar las palabras subrayadas abajo. Luego, encuentra una palabra del recuadro que contenga una sílaba que se pronuncie igual a una de la palabra subrayada y escríbela en la línea.

Vocabulario

- guerra
- madre
- tacón
- izquierda
- gente
- centro

Sonidos	Combinaciones silábicas posibles	Ejemplos
/k/	ka, ke, ki, ko, ku, ca, co, cu, que, qui, c antes de consonante	*kilo, casa, queso*
/s/	sa, se, si, so, su, za, ze, zi, zo, zu, ce, ci, s final	*salir, cenar, zorro*
/g/ suave	ga, gue, gui, go, gu	*gato, guitarra*
/j/	ja, je, ji, jo, ju, ge, gi	*viaje, gitano*
/rr/	ru, rra, dr, ar, nre, lre	*jarra, ladrón, ruido, cantar, enredo, alrededor*
/r/	ro, re	*coro, eres*

1. A pesar de la <u>urgencia</u>, Pablo conservaba la calma.

_____

2. La <u>adrenalina</u> es una hormona producida por las glándulas suprarrenales.

_____

3. Los papeles estaban tirados por <u>doquier</u>.

_____

4. Tu hermana lloraba con mucho <u>sentimiento</u>.

_____

5. <u>Pague</u> la cuenta y salga en silencio.

_____

6. Los ciudadanos habían perdido la <u>confianza</u> en sus gobernantes.

Nombre _____

La aventura de Katie

Poder y tener Los verbos *poder* y *tener* se emplean como auxiliares delante de otros verbos en infinitivo. Usa *poder* para significar opción, posibilidad o derecho de hacer algo; usa *tener* con la palabra *que* para indicar obligación, deber o urgencia.

Completa las oraciones con la forma verbal adecuada.

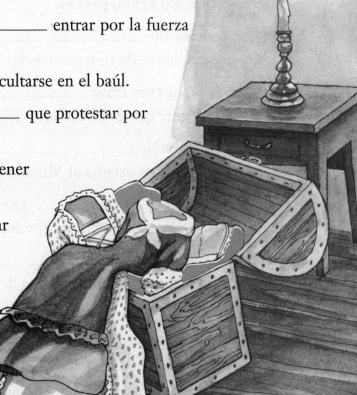

1. Katie y su familia _____ visitar a sus vecinos antes de la Revolución.

2. La hostilidad entre vecinos _____ que acabarse inmediatamente.

3. Las diferencias políticas _____ desenlazarse en una guerra.

4. Ningún ciudadano _____ entrar por la fuerza a la casa de su vecino.

5. Katie _____ que ocultarse en el baúl.

6. Ella siente que _____ que protestar por el abuso de los vecinos.

7. La familia _____ tener diferentes ideas.

8. Nadie _____ acusar a otras personas sin tener pruebas.

9. John Warren _____ haber delatado a Katie ante sus compañeros.

10. Katie _____ que ocultarse para no poner en riesgo su vida.

Nombre _____

Aprendamos sobre Lexington

Saber y conocer Los verbos *saber* y *conocer* tienen un significado semejante, pero sus usos son diferentes. *Saber* se emplea para disciplinas, habilidades y destrezas para hacer algo; *conocer* para referirte a la relación con personas, lugares y sitios en general, y para indicar familiaridad con algo.

Escoge entre los dos verbos entre paréntesis el que completa de manera correcta la oración.

1. Al final de esta clase _____ (sabremos, conoceremos) muchas cosas sobre la Revolución Americana.

2. _____ (Sé, Conozco) muy bien Lexington porque estuve allí el año pasado.

3. Mis compañeros no _____ (sabían, conocían) nada sobre la Guerra de Independencia.

4. En Lexington, nuestra clase _____ (supo, conoció) a un guía que es historiador del museo.

5. En Lexington también _____ (supimos, conocimos) la famosa estatua al Minuteman.

6. Antes de _____ (saber, conocer) a los habitantes de Lexington, yo pensaba que eran todos ancianos y aburridos.

7. La profesora Amata _____ (sabe, conoce) explicar muy bien los acontecimientos de esa época.

8. Ahora ya _____ (sabemos, conocemos) por dónde pasó Paul Revere en su gran cabalgada.

9. Es muy interesante _____ (saber, conocer) cómo cambian las ciudades a través de los siglos.

10. La profesora va a ayudarme porque no _____ (sé, conozco) investigar en las fuentes originales.

El baúl de Katie

Destreza de gramática
Escribir el verbo correcto:
saber o *conocer*

Nombre _____

El baúl del tío Warren

Elegir correctamente: *saber* o *conocer*   **Michael escribe una carta
a su amiga, pero siempre duda con los verbos *saber* y *conocer*.
Conjuga el verbo correcto para llenar los espacios en blanco.**

Querida Kenya:

     Leí un cuento acerca de una muchacha que tuvo que esconderse en un baúl. Eso me recordó el baúl del tío Warren, a quien tú _____ la primera vez que tu familia vino a visitarnos. ¿Te acuerdas? Tío Warren prometió mostrarnos el baúl el próximo domingo. Nosotros _____ cómo abrir la buhardilla, pero nunca _____ cómo abrir el candado inmenso que el tío Warren le había puesto. ¡Yo espero que haya una espada patriota en su interior! Yo _____ al nieto de uno de nuestros mayores héroes de la Revolución cuando era niño y aún no _____ nada sobre nuestra historia.

     ¿Podrías venir el próximo sábado? Si no _____ bien la zona, yo podría esperarte en la estación del tren. Ya _____ que tú no _____ manejar, así que puedo ir a buscarte. Por cierto, vas a _____ mi nuevo carro. Como tú _____ mucho sobre los antiguos moradores de esta región, me ayudarás a escribir un cuento sobre el baúl de mi tío. Avísame pronto si vas a venir.

                       Tu amigo,
                       Michael

Nombre _____

La carta amistosa

En *El baúl de Katie*, Katie Gray es un personaje que vivió en el siglo XVIII y durante la época de la Guerra de Independencia estadounidense. Si ella hubiera querido compartir su experiencia de esconderse en el baúl, no habría podido telefonear a un amigo ni enviarle un correo electrónico. Sin embargo, ella podría haber escrito una carta amistosa. Una **carta amistosa** es una carta que escribes a un amigo para contarle las cosas que te han sucedido recientemente.

Usa esta página para organizar tu carta amistosa. Sigue estos pasos:

1. Escribe el **encabezado** (tu dirección y la fecha) en la esquina superior derecha.
2. Escribe el **saludo** (*Querido/a* y el nombre de la persona seguido por dos puntos) en el margen izquierdo.
3. Usa la tabla de abajo para planear el **cuerpo** de la carta. En la columna Sucesos, enumera las cosas importantes que sucedieron. ¿Qué detalles importantes recuerdas? Enuméralos en la columna Detalles.

Sucesos	Detalles

4. En el extremo inferior derecho, escribe una **despedida** informal, como "Te quiere" o "Tu amigo", seguida de una coma.
5. Pon tu firma debajo de la despedida.

Nombre _____

Voz

Todo escritor tiene una **voz** o manera propia de expresarse. La voz del escritor refleja en parte quién es él o ella como persona. A veces puedes "oír" también una voz narrativa o una voz del personaje cuando lees una obra literaria. Por ejemplo, trata de "escuchar" la voz de Mamá mientras lees esta frase de *El baúl de Katie*: "¡Té! ¡En el puerto! Desperdiciando el buen alimento de Dios".

Tú puedes afirmar tu propia voz de escritor cuando expresas lo que piensas y sientes y cuando incluyes expresiones que usas comúnmente, como "*¡Ni modo!*" o "*Estoy acosado*" o "*¡No puede ser cierto!*".

En las líneas provistas abajo, escribe diez expresiones coloquiales que usas con frecuencia.

Mis expresiones comunes

_____   _____
(expresión de miedo)   (expresión de disgusto)

_____   _____
(expresión de sorpresa)   (expresión de vergüenza)

_____   _____
(expresión de ánimo)   (expresión de afecto)

_____   _____
(expresión de confusión)   (expresión de placer)

_____   _____
(expresión de duda)   (expresión de preocupación)

Cuando revises tu carta amistosa, usa estas expresiones para reafirmar tu voz personal escrita. Al añadir algunas de estas expresiones, conseguirás que tu escrito suene más natural, como si hablaras personalmente con tu amigo.

Nombre _____

Drama en altamar

Completa cada oración con la palabra apropiada del recuadro.

Vocabulario

abolicionistas

asistía

conflicto

corsario

influyente

1. Aquellos que se oponían a la esclavitud fueron llamados

   _____.

2. Un grupo cuyas ideas son muy importantes para algunos

   líderes se considera _____.

3. La enfermera _____ al médico en el

   quirófano.

4. Un argumento es un tipo de _____.

5. Un barco _____ ataca barcos de otros

   países.

Escoge una de las palabras del vocabulario y escribe una oración.

_____

_____

Nombre _____

James Forten y la Guerra de Independencia

Completa la tabla mientras lees la selección.

Lo que sé	Lo que quiero saber	Lo que aprendí

Nombre _____

¿Sucedió realmente?

Las oraciones a continuación nos hablan de James Forten.
Escribe una V si la oración es verdadera, o una F si es falsa.
Si es falsa, corrígela para hacerla verdadera.

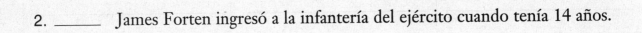

1. _____ Nueva York, la ciudad donde nació James Forten, era la residencia de muchos abolicionistas.

   _____

   _____

2. _____ James Forten ingresó a la infantería del ejército cuando tenía 14 años.

   _____

   _____

3. _____ James Forten y la tripulación del Royal Louis fueron apresados a bordo del barco de prisioneros británico Jersey.

   _____

4. _____ James tenía miedo de morir a manos de los británicos.

   _____

5. _____ Probablemente la victoria de George Washington sobre los ingleses salvó a Forten.

   _____

6. _____ Después de la guerra, James Forten se convirtió en un político rico y un influyente abolicionista.

   _____

   _____

Nombre _____

Paso a paso

Lee las instrucciones y contesta las preguntas de la página 178.

"Serpiente salvaje" Juego de canicas

Este juego de canicas constituye una buena práctica de lanzamiento de canicas.

Jugadores: Dos o más.

Materiales: Una canica por jugador; un palo o una tiza.

Objetivo: El ganador es el último jugador que quede en el juego.

Cómo jugar:

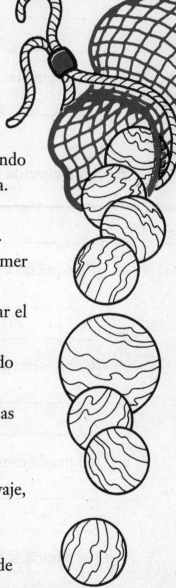

1. Si el juego se lleva a cabo sobre la arena, haz siete círculos formando una ruta. Si se juega sobre cemento, dibuja siete círculos con tiza. La ruta puede ir en cualquier dirección.

2. Marca una línea de salida y coloca todas las canicas detrás de ella.

3. Por turnos, los jugadores tratan de alcanzar con sus canicas el primer círculo dándoles un golpe con sus pulgares o con otro dedo.

4. Un jugador que alcance el primer círculo debe proceder a alcanzar el segundo y así sucesivamente.

5. El jugador que llega al séptimo círculo debe completar el recorrido de vuelta.

6. Los jugadores que completen el recorrido de ida y de vuelta son las "serpientes salvajes". Eso significa que pueden dispararles a las canicas de los otros jugadores.

7. Si la canica de un jugador es golpeada por la de una serpiente salvaje, ese jugador sale del juego (incluso si ese jugador es también una serpiente salvaje).

8. Si la canica de una serpiente salvaje queda en un círculo al tratar de golpear la canica de otro jugador, la serpiente salvaje sale del juego.

Nombre _____

Paso a paso continuación

Contesta estas preguntas sobre las instrucciones de la página 177.

1. ¿Qué enseñan las instrucciones a los lectores?

_____

_____

2. Para seguir las instrucciones, ¿qué debes hacer primero?

_____

_____

3. ¿Qué necesita cada jugador antes de que empiece el juego?

_____

_____

4. ¿Por qué necesitas tiza si vas a jugar sobre cemento?

_____

_____

5. ¿Cómo se convierte un jugador en "serpiente salvaje"?

_____

_____

6. ¿Qué puede causar que una serpiente salvaje quede fuera del juego?

_____

_____

7. ¿Qué pasaría si hicieras el segundo paso sin haber hecho el primero?

_____

_____

James Forten

Análisis estructural
Las palabras base y las
terminaciones -ando, -iendo

Nombre _____

Las terminaciones -ando, -iendo

Las palabras base son las raíces de los verbos, esto es, la palabra que queda al quitar la terminación del infinitivo (*ar, er, ir*) y las terminaciones -*ando* y -*iendo* se agregan a estas raíces para indicar que una acción está en progreso. Agrega -*ando* a los verbos terminados en –*ar* y -*iendo* a los verbos terminados en –*er* e –*ir*. Los verbos reflexivos (levantarse, caerse) llevan el pronombre unido a la terminación (*levantándome*). Algunos verbos tienen terminaciones irregulares (*ir-yendo; traer-trayendo; leer-leyendo*).

Vuelve a escribir las oraciones, usando -*ando* o -*iendo* con el verbo subrayado.

1. Los Hijos de la libertad <u>arrojan</u> el té al mar.

   Los Hijos de la libertad están _____ el té al mar.

2. Los rebeldes están <u>escondidos</u> detrás de las arcas.

   Los rebeldes están _____ detrás de las arcas.

3. Los rebeldes <u>protestaron</u> por la creación de nuevos impuestos.

   Los rebeldes estaban _____ por la creación de

   nuevos impuestos.

4. Por esos días, los ingleses <u>temían</u> escaramuzas.

   Por esos días, los ingleses estaban _____ escaramuzas.

5. Cuando se iban a dormir, los colonos <u>pensaban</u> en el futuro.

   Los colonos se iban a dormir _____ en el futuro.

6. Algunos creían que la zona <u>iba</u> a la ruina.

   Algunos creían que la zona estaba _____ a la ruina.

7. Los barcos británicos <u>traen</u> más esclavos de África.

   Los barcos británicos están _____ más esclavos de África.

Nombre _____

Palabras con el sonido /s/

El sonido /s/ en español corresponde a las letras *s*, *z* y *c* suave, delante de las vocales *i* y *e*. La *s* y la *z* combinan con todas las vocales y tienen sonido sonoro a final de sílaba.

Escribe cada una de las palabras de ortografía del recuadro bajo una de las dos categorías, dependiendo del lugar que ocupa el sonido /s/ en la sílaba donde se encuentra.

Palabras de ortografía

1. pasadizo
2. zona
3. enlace
4. cocer
5. rapidez
6. azar
7. cima
8. nacido
9. atroz
10. cianuro
11. cereal
12. acceder
13. hechizo
14. languidecer
15. zurdo

Sonido /s/ inicial de sílaba

_____

_____

_____

_____

_____

_____

_____

_____

_____

_____

Sonido /s/ final de sílaba

_____

_____

_____

_____

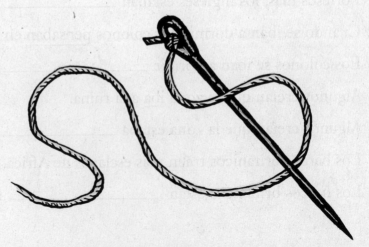

Nombre _____

¡Más ortografía!

Sílabas homófonas **Escribe a la derecha de la palabra numerada una palabra de ortografía que contenga una sílaba fonéticamente igual a la sílaba subrayada en la palabra de la izquierda.**

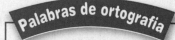

Palabras de ortografía

1. pasadizo
2. zona
3. enlace
4. cocer
5. rapidez
6. azar
7. cima
8. nacido
9. atroz
10. cianuro
11. cereal
12. acceder
13. hechizo
14. languidecer
15. zurdo

1. ac<u>os</u>o: _____

2. <u>dés</u>pota: _____

3. ar<u>roz</u>: _____

4. na<u>cer</u>: _____

5. <u>á</u>cido: _____

6. cober<u>tizo</u>: _____

7. <u>cere</u>bro: _____

Completa la progresión **Las sílabas con el sonido /s/ en las siguientes palabras pueden formar tres tipos de progresiones:**

/sa/-/se/-/si/   /se/-/si/-/so/   /si/-/so/-/su/

Agrega la palabra de ortografía que contenga el sonido que permita la progresión. La primera está hecha como ejemplo.

_____silencio_____, paso, sucio

8. _____, fusil, mazo

9. sacar, _____, zinc

10. _____, zodíaco, azul

11. goce, cinta, _____

12. francés, _____, mozo

13. Brasil, soldado, _____

14. _____, mecer, asir

15. caza, _____, difícil

Nombre _____

Corregir y escribir

Corregir **Rodea con un círculo las cinco palabras de ortografía del recuadro mal escritas en el siguiente aviso. Luego, escribe cada palabra correctamente.**

¿Está cansado de hacer el mismo y rudimentario trabajo de coser un lienzo con pésimo hilo y agujas viejas? Tal vez esté harto de un trabajo atros. Buscamos un joven trabajador surdo y sencillo natural de la sona, para ser aprendiz del negocio de fabricación de velas para barco. Seguramente usted ha nasido para fabricar las mejores velas del mundo. No necesita ningún nivel de estudios, solamente el ansia de mejorar con rapides y hacer algo útil por la comunidad.

Favor presentarse en horas de oficina en el despacho del señor James Forten, fabricante de velas.

1. pasadizo
2. zona
3. enlace
4. cocer
5. rapidez
6. azar
7. cima
8. nacido
9. atroz
10. cianuro
11. cereal
12. acceder
13. hechizo
14. languidecer
15. zurdo

1. _____   4. _____

2. _____   5. _____

3. _____

✏ **Escribir un esquema de un personaje** James Forten tuvo una vida poco común. Fue un marinero en la Guerra de Independencia, un fabricante de velas para barcos, un comerciante exitoso y un abolicionista. ¿Hay algo en su personalidad que creas que pudo haberle ayudado en las diferentes etapas de su vida?

En una hoja aparte, escribe un breve esquema de los rasgos de James Forten. Usa algunas palabras de ortografía tomadas del recuadro.

Nombre _____

Un diario de opuestos

Lee el diario. En cada espacio en blanco escribe el antónimo de la pista.

31 de diciembre de 1781

Este verano me hice a la vela a bordo del Royal Louis.

Estábamos listos para combatir a la _____ armada
(debilitada)

británica. Muy pronto nos vimos envueltos en batalla contra el

_____ armado barco *Active*. Yo llevé la pólvora que
(ligeramente)

estaba _____ de cubierta hasta los cañones. Al poco
(encima)

tiempo, el *Active* se rindió _____ su bandera. Nunca
(izando)

olvidaré la _____ de la tripulación al regresar a Filadelfia.
(tristeza)

Sin embargo, nuestra siguiente salida fue _____ .
(afortunada)

Nuestro barco se rindió ante tres buques británicos y nosotros fuimos

_____ . Al menos se nos _____ jugar a
(liberados)   (prohibía)

las canicas. El hijo del capitán solía jugar con nosotros y nos hicimos

_____ . Me pregunto si esta amistad me salvó de ser
(enemigos)

_____ como esclavo.
(comprado)

Nombre _____

¿Qué clase? ¿Cuántas? ¿Cuál?

Adjetivos Una palabra que describe o califica un sustantivo o un pronombre es un **adjetivo**. Éste revela cosas como qué clase o qué cantidad. *Un, una, unos, unas* y *el, la, los, las* son en cierta forma adjetivos llamados **artículos**. *Un, una, unos, unas* se refieren a cualquier objeto indefinido. *El, la, los, las* se refieren a un objeto particular y específico. *Este, estos, esta, estas, ese, esa, esos, esas* y *aquel, aquella, aquellos* y *aquellas* son adjetivos demostrativos y especifican de cuál objeto se está hablando. *Este, estos, esta, estas* se refieren a objetos cercanos; los otros demostrativos se refieren a objetos lejanos.

Rodea con un círculo todos los adjetivos que encuentres en las oraciones siguientes, incluyendo los artículos y los adjetivos demostrativos.

1. James hacía costuras perfectas en velas grandes y cuadradas .

2. Aquellos barcos necesitaban muchas velas.

3. Seis marineros estaban ajustando las cuerdas gruesas.

4. Esta enorme nave es impresionante .

5. Cansados comerciantes cerraban las tiendas.

6. Ciudadanos agradecidos levantarían una ovación para estos marineros.

7. Un ancla es arrojada fuera de borda.

8. Una blanca gaviota se lanza a cazar el resbaloso pez.

9. Esa tienda vende velas y otros equipos para barcos.

10. Filadelfia tiene una herencia gloriosa .

James Forten

Destreza de gramática
Concordancia entre género
y número

Nombre _____

¿Quién se estableció dónde?

Concordancia entre género y número El adjetivo tiene que concordar
en género y número con el sustantivo al que describe.

**Elige el adjetivo correcto para cada oración. Ten cuidado con la
concordancia del sujeto con el adjetivo.**

1. El estado de Louisiana fue alguna vez una colonia

   _____. (francés, francesa)

2. La Revolución _____ consiguió la

   independencia de Inglaterra. (Americana, Americano)

3. El rey Jorge III recaudó impuestos muy

   _____. (altas, altos)

4. Había colonos _____ en Nueva York.

   (holandeses, holandés)

5. Exploradores _____ se establecieron en

   algunos lugares de Florida. (valientes, valiente)

6. Los antepasados _____ de Margaret se

   establecieron en Pensilvania. (alemanas, alemanes)

7. Muchos inmigrantes _____ llegaron a

   Estados Unidos en el siglo XIX. (perseguida, perseguidos)

8. Los antepasados de James Forten eran _____.

   (pobres, pobre)

9. Alaska fue anteriormente un territorio _____.

   (desierto, desiertos)

10. George Washington combatió contra soldados

   _____. (armado, armados)

Nombre _____

Canicas maravillosas

Oraciones con adjetivos Los buenos escritores ponen interés en sus escritos por medio de adjetivos que ayudan a los lectores a visualizar una escena o una situación.

Agrega adjetivos a las siguientes frases para hacerlas más vivas e interesantes. ¡Usa tu imaginación!

1. Estos _____ niños están jugando con canicas.

2. Esa _____ bolsa contiene canicas _____.

3. Alfred se sienta en el _____ suelo para jugar.

4. Carla le muestra a Tony una canica _____.

5. Los jugadores disfrutan de la _____ luz del sol.

6. Kinley no juega canicas pero colecciona cartas _____.

7. Esa niña _____ gana casi siempre.

8. ¡El niño _____ que lleva una chaqueta

_____ ganó hoy!

Nombre _____

Escribir una biografía

En *James Forten* leíste acerca de un afroamericano que prestó sus servicios en la Guerra de Independencia. Una biografía es un recuento escrito de sucesos importantes y experiencias significativas en la vida de una persona. Antes de que escribas una biografía por tu propia cuenta, sigue los siguientes pasos:

► Escoge una persona que haya vivido durante la Revolución Americana.

► Investiga sobre hechos importantes, fechas, lugares, acontecimientos y logros en la vida de esta persona. Emplea la Internet y libros de referencia o de historia de tu biblioteca para reunir información.

Anota y organiza la información de fechas, lugares y sucesos en la vida de esta persona en la tabla cronológica de abajo.

La vida de _____

FECHA	EVENTO
_____	
_____	
_____	
_____	
_____	

Nombre _____

Mayúsculas en nombres de personas y lugares

Los buenos biógrafos corrigen sus textos verificando el uso correcto de las mayúsculas para los sustantivos propios. Imagina que has escrito una biografía de James Forten. La portada del libro incluirá información para atraer a los lectores.

Corrige las siguientes oraciones de la portada del libro. Subraya los nombres de personas, lugares y cosas que deben escribirse con mayúsculas y escríbelos correctamente en las líneas provistas.

El marinero afroamericano james forten nació en filadelfia en 1766.

_____

Mientras vivía en las costas del océano atlántico soñaba con una vida gloriosa en alta mar.

_____

Cuando tenía sólo catorce años, se unió a la tripulación de un navío dirigido por el capitán stephen decatur.

_____

El royal louis era un corsario, un barco privado que el gobierno de los estados unidos usaba en la guerra contra inglaterra.

_____

En 1781, el adolescente marinero fue encerrado en la sucia bodega de un barco, el jersey, anclado frente a new york.

_____

Este joven patriota sólo temía ser enviado a las indias occidentales como esclavo.

_____

Nombre _____

Escribir una respuesta personal

Usa la estrategia de tomar pruebas y la de buscar pistas que has aprendido como ayuda para contestar las preguntas personales. Toma el tiempo que necesites para decidir sobre qué tema vas a escribir y para escribir tu respuesta. Después, lee tu respuesta y mira cómo puedes mejorarla. Esta práctica puede ayudarte cuando tomes esta clase de prueba.

Escribe uno o dos párrafos acerca de uno de los siguientes tópicos.

a. Muchos patriotas durante la Guerra de Independencia realizaron acciones extremas, como botar el té, para protestar por los impuestos ordenados por los británicos. Si hubieras vivido en la época de Paul Revere, ¿habrías protestado contra las leyes británicas? Si tu respuesta es sí, ¿qué habrías hecho? Si es no, ¿por qué no?

b. Paul Revere interrumpió su trabajo cotidiano como platero para dedicarse al peligroso oficio de servir de jinete expreso para los Hijos de la libertad. ¿Piensas que interrumpir tu rutina para ayudar a otros es una buena definición de heroísmo? Explica por qué sí o por qué no.

_____

_____

_____

_____

_____

_____

_____

_____

Nombre _____

Escribir una respuesta personal continuación

Lee tu respuesta y verifica que

- se centra en el tópico
- está bien organizada
- contiene detalles que apoyan e ilustran tu respuesta
- contiene palabras vívidas y precisas
- no parece tener errores de mayúsculas, puntuación, gramática u ortografía

Ahora piensa en cómo puedes mejorar tu respuesta. Escribe tus cambios abajo.

_____

_____

_____

_____

_____

_____

_____

_____

_____

_____

_____

_____

_____

_____

_____

Nombre _____

Repaso de ortografía

Escribe palabras de ortografía tomadas del recuadro para contestar las preguntas.

1-12. ¿Cuáles doce palabras de ortografía contienen el sonido /k/?

1. _____   7. _____
2. _____   8. _____
3. _____   9. _____
4. _____   10. _____
5. _____   11. _____
6. _____   12. _____

13-23. ¿Cuáles once palabras contienen el sonido suave de la *g*?

13. _____   19. _____
14. _____   20. _____
15. _____   21. _____
16. _____   22. _____
17. _____   23. _____
18. _____

24-30. ¿Cuáles siete Palabras de ortografía contienen el sonido /s/

24. _____   28. _____
25. _____   29. _____
26. _____   30. _____
27. _____

1. laguna
2. victorias
3. gusano
4. zona
5. guitarra
6. máquina
7. enlace
8. caballo
9. amargo
10. águila
11. psicóloga
12. hechizo
13. azar
14. actor
15. gobierno
16. guerra
17. quitar
18. cascabeles
19. kilómetro
20. languidecer
21. gusto
22. conduzco
23. pasadizo
24. gota
25. almanaque
26. cereal
27. queso
28. cocer
29. tranquilo
30. nacido

Nombre _____

¡Más ortografía!

Sílabas homófonas Escribe la palabra de ortografía del recuadro que contenga una sílaba con sonido idéntico al de cada una de las sílabas listadas abajo.

1. ke _____

2. gu _____

3. kas _____

4. zo _____

5. ki _____

6. go _____

7. sar _____

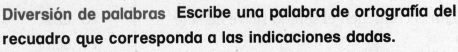

1. tranquilo
2. pasadizo
3. conduzco
4. azar
5. languidecer
6. amargo
7. queso
8. máquina
9. gusto
10. guitarra
11. gota
12. kilómetro
13. cascabeles
14. hechizo
15. caballo

Diversión de palabras Escribe una palabra de ortografía del recuadro que corresponda a las indicaciones dadas.

8. Verbo en primera persona con sonido /k/ que describa la acción de guiar un auto _____

9. Instrumento musical de cuerda formado por una caja de madera, contiene el sonido suave de la *g* _____

10. Verbo con el que se describe la acción de perder el espíritu, con el sonido suave de la *g* suave _____

11. Animal que se utiliza como una forma de transporte, con el sonido /k/

_____

12. Acción mágica que se realiza para influir sobre una persona o para hacerle daño, tiene el sonido /s/_____

13. Conjunto de piezas y de mecanismos que una fuerza o energía hacen que funcionen juntos, tiene el sonido /k/ _____

14. Que produce mucha pena o disgusto, contiene el sonido suave de la *g*

_____

15. Es una palabra que mide mil metros y tiene sonido /k/ _____

Nombre _____

Corregir y escribir

Corregir **Rodea con un círculo las cinco palabras de ortografía mal escritas en el siguiente reporte y escribe cada palabra correctamente.**

Betsy Ross estaba sentada a la orilla de la lagruna, pensando en restos de tela, aguja e hilos. Había nasido cerca de esa sona y se dedicaba a confeccionar vestidos de novia. Pero ese día Betsy pensaba con ansia en una bandera que llevaría el ejército de la Unión a bictorias en la gerra.

1. gusano
2. guerra
3. cocer
4. nacido
5. gobierno
6. actor
7. zona
8. cereal
9. enlace
10. almanaque
11. quitar
12. laguna
13. águila
14. psicóloga
15. victorias

1. _____ 4. _____

2. _____ 5. _____

3. _____

Problema de títulos **Corrige los siguientes títulos de libros. Reemplaza las palabras subrayadas por una que rime tomada del recuadro de las palabras de ortografía.**

6. *El soprano del árbol* _____

7. *Un audaz deshace con lo desconocido* _____

8. *Hay que multar la puerta rota* _____

9. *Quiero un plato de celebrar* _____

10. *Tuve que roer una sopa* _____

11. *Los días en el empaque* _____

12. *El factor principal en la comedia* _____

13. *El materno aplicó medidas económicas* _____

14. *El tequila de la montaña* _____

15. *La cardióloga atendió al paciente* _____

▬▬▬ **Escribir una entrada de diario** **En una hoja aparte, describe un día en la época colonial. Usa las palabras de ortografía.**

Tema 3: **Voces de la Revolución** 193

Nombre _____

De persona a persona

Los personajes de este tema aprenden de ellos mismos y también de los otros. Después de leer cada cuento, completa el cuadro siguiente para demostrar qué has aprendido acerca de los personajes.

	Mariah conserva la calma	La mejor amiga de Mamá
¿Cuál o cuáles son los personajes principales?		
¿Qué hacen los personajes de este cuento para ayudarse unos a otros?		
¿Cómo se comunican entre ellos?		

Nombre _____

De persona a persona

continuación

	Yang Segunda y sus admiradores secretos	Querido señor Henshaw
¿Cuál o cuáles son los personajes principales?		
¿Qué hacen los personajes de este cuento para ayudarse unos a otros?		
¿Cómo se comunican entre ellos?		

¿Qué has aprendido en este tema, de lo que significa trabajar con otras personas?

_____

_____

_____

Nombre _____

Huésped de honor

Contesta cada una de las siguientes preguntas escribiendo una palabra de vocabulario.

1. ¿Cuál de esas palabras significa "hacer que algo luzca bien"?

   _____

2. ¿Cuál de estas palabras significa una persona que ayuda a otra, no por obligación sino porque quiere? _____

3. ¿Qué otra palabra podemos utilizar para referirnos a una fiesta,

   o un acontecimiento? _____

4. ¿Cuál es el adverbio de modo de increíble? _____

5. ¿Cuál de esas palabras significa disputar entre sí dos o más personas

   para alcanzar algo? _____

6. ¿Qué palabra describe el trabajo que hace una persona, sin recibir

   dinero a cambio? _____

7. ¿Cuál de esas palabras se relaciona con inverosímil?

   _____

8. Si tuvieras que preparar una fiesta, ¿cuál sería una de las tareas

   a hacer? _____

9. La acción de quienes participan en un concurso. _____

Ahora toma una sílaba de cada una de las palabras que escribiste en las tres primeras oraciones para contestar esta pregunta.

¿Qué siente una persona que respeta, ama o admira a otra?

_____

Nombre _____

Ésta fue su solución

Lee los problemas que aparecen en la columna de la izquierda y completa la columna de Solución con información de la selección.

Problema		Solución
Lynn escucha cuando Mariah le dice a Denise: "hasta luego", y quiere saber por qué se van a encontrar.	→	Mariah le dice a Lynn que _____ _____
Lynn llega inesperadamente a la casa de Brandon mientras ellos están haciendo las decoraciones.	→	Mariah, Brandon y las muchachas _____ _____
Lynn no quiere una fiesta de cumpleaños; lo que quiere es quedarse todo el día en cama.	→	Mariah le pide a su madre que _____ _____
Mariah se olvida de conseguir la música para la fiesta.	→	El padre de Mariah llama al padre de Brandon porque _____ _____
Mariah y el resto de las Cinco Amigas no tienen a nadie con quien bailar.	→	Mariah sugiere que _____ _____

Nombre _____

Consejos para una fiesta sorpresa

Basándote en la selección, completa las oraciones con un consejo para organizar una fiesta sorpresa.

► En las invitaciones, asegúrate de que todos sepan que

_____

_____

_____

► Habla con cuidado cuando te encuentres cerca del invitado de honor para

_____

► Si dices algo que ocasione que el invitado de honor sospeche lo que se está

haciendo, procura tener una historia que _____

► Algunos días antes de la fiesta, consigue otras personas para que te ayuden

_____

► Si el homenajeado se aparece inesperadamente, mientras ustedes están haciendo los

preparativos, imagina _____

► En el día de la fiesta, pídele a otros que te ayuden _____

► Si la fiesta va a hacerse en la casa del invitado de honor, pídele a alguien

_____

► Asegúrate de tener suficiente _____ para los invitados.

► Si deseas poner música en la fiesta, asegúrate de tener _____

_____

► Y recuerda _____ tú también.

Nombre _____

Piénsalo otra vez

Lee el pasaje y luego completa la actividad de la página 201.

¡A masticar hojas!

Pablo, el hermano pequeño de Julia, estaba obsesionado con la película "Insectos". Ése no era un problema, excepto que la tía Elena le había comprado la música de la película y él no podía dejar de escuchar "La oruga se arrastra". El coro decía, "Felizmente, nosotras sólo nos arrastramos, sólo nos arrastramos masticando hojas todo el día". Tenía la canción uno de esos tonos pegajosos que se te quedan en la mente aunque esa fuera la única canción del mundo que no quisieras cantar. La semana pasada, Diana, la amiga de Julia, la miró extrañada y le preguntó: —¿Qué estás cantando? ¿Algo sobre cómo masticar hojas?

Julia supo que tenía que hacer algo.

—¡Ya no puedo oír ese CD una vez más! —le dijo a su papá—. Ni una vez más. Si lo escucho otra vez, voy a gritar.

El papá asintió. —Sí, yo sé —dijo—. Ayer en la oficina comencé a cantar "No me molestes", mientras estaba en una reunión.

—¿Le puedes decir que no lo ponga más?

—Bueno, ¿sería justo que yo te dijera que no pusieras alguno de tus CD?

—Sí lo sería, si yo pusiera el mismo una y otra vez.

—¿Recuerdas aquella vez que te pedí que no pusieras "Los gritos del rinoceronte violeta"? —Julia pudo ver que su papá tenía razón.

Ella fue a la biblioteca y buscó un casete de música popular que le había encantado cuando tenía seis años. Lo sacó de la biblioteca y lo trajo a su casa. Comenzó a ponerlo en su grabadora. Cuando Pablo le preguntó qué era, ella dijo, "no te importa". Y cerró su puerta.

Pronto ella escuchó que él tocaba la puerta. —¿Puedo escuchar eso?

—No, es mío. Ve y escucha tu CD "Los insectos". —Ella oyó cómo él se quejaba ante su padre. Julia salió de su cuarto y dijo: —Está bien, tú puedes escucharlo pero me lo tienes que devolver en cuanto termines. Por supuesto, él no lo devolvió. Ése había sido el plan de ella desde un principio.

Cuando ya Julia estaba cansada de oír el casete de las canciones populares, era tiempo de devolverlo a la biblioteca.

Nombre _____

Piénsalo otra vez continuación

Responde a las siguientes preguntas relacionadas con el pasaje de la página 200.

1. ¿Qué problemas tiene Julia en el cuento? _____

_____

2. ¿Cuál es la primera solución que Julia piensa? _____

_____

3. Después de pensar en esa solución ¿qué decide hacer Julia?

_____

_____

4. ¿Cuál es la próxima solución que Julia imagina?

_____

_____

5. ¿Piensas que es una buena solución? ¿Por qué?

_____

_____

6. Piensa en los pasos para resolver un problema. ¿Cuáles de ellos sigue

Julia? _____

_____

_____

Nombre _____

Adjetivos y sus terminaciones

Lee las oraciones. Luego, escoge una de las dos palabras que mejor completa cada oración.

1. Julia fue muy _____ al decidir qué solución tomar.

   ingeniosa/ingeniosas

2. Compra los limones más _____. **jugosos/jugosas**

3. Los invitados eran _____ **generosos/ generoso**

4. Sus amigos hicieron comidas muy _____.

   picantes/picante

5. Fue un momento muy _____ para todos los

   graduados. **emotiva/emotivo**

6. El agua estaba increíblemente _____.

   barrosa/barroso

7. La mamá de la niña estaba _____.

   emocionadísimas/emocionadísima

8. Era _____ entretener a Lynn mientras ellos

   preparaban la fiesta sorpresa. **trabajoso/trabajosas**

Nombre _____

Más adjetivos

La *g* es sonora antes de las vocales *a*, *o* y *u*, y antes de las consonantes. Sin embargo, la *g* y la *x*, en muchos casos, pueden sonar como *j*.

Escribe las palabras de ortografía de la lista en la columna que le corresponde. Pronúncialas para asegurarte.

Con *g* fuerte	**Con *j* y *x***
_____	_____
_____	_____
_____	_____
_____	_____
_____	_____
_____	_____
	_____
	_____
	_____

1. refugio
2. privilegiado
3. exigente
4. dijo
5. trajes
6. México
7. generoso
8. diligencia
9. mejor
10. déjame
11. bandeja
12. juntas
13. mágico
14. jardín
15. jóvenes

Nombre _____

¡Más ortografía!

Añade sílabas Combina las primeras sílabas de la primera palabra con las últimas sílabas de la segunda palabra para formar palabras de ortografía.

1. tradición + equipajes = _____   1. _____

2. médico + léxico = _____   2. _____

3. dibujo + produjo = _____   3. _____

4. dijo + inteligencia = _____   4. _____

5. junquillo + puntas = _____   5. _____

6. déjalo + dame = _____   6. _____

1. refugio
2. privilegiado
3. exigente
4. dijo
5. trajes
6. México
7. generoso
8. diligencia
9. mejor
10. déjame
11. bandeja
12. juntas
13. mágico
14. jardín
15. jóvenes

Palabras con pistas Escribe la palabra de ortografía que se relaciona con las siguientes pistas.

7. les encanta escuchar música a todo volumen

8. lugar con muchas flores

9. lo opuesto a peor

10. que sorprende o fascina, maravilloso

11. los meseros la usan para servir

12. ahí se ayuda a las personas sin hogar

13. alguien que le gusta dar a los demás

14. alguien que está mejor que los demás

15. alguien que exige mucho

7. _____   12. _____

8. _____   13. _____

9. _____   14. _____

10. _____   15. _____

11. _____

Nombre _____

Corregir y escribir

Rodea con un círculo las seis palabras incorrectas en esta tarjeta de cumpleaños. Luego escríbelas correctamente.

Querida Lynn,

Dégame decirte por qué te hicimos una fiesta sorpresa.
Aunque mamá digo que querías quedarte en cama,
decidimos hacer algo para demostrarte que te queremos.
Como puedes imaginar, sólo la dilijencia de nuestros
amigos permitió este jeneroso gesto. En cuanto a las
donaciones, le pedimos a los invitados que las trajeran
para tus amigos del refujio, para así darles a ellos una
vida megor. Espero que ésta sea tu más hermosa fiesta
de cumpleaños. ¡Incluso si llegas a los cien!

Tu querida hermana,

Mariah

1. refugio
2. privilegiado
3. exigente
4. dijo
5. trajes
6. México
7. generoso
8. diligencia
9. mejor
10. déjame
11. bandeja
12. juntas
13. mágico
14. jardín
15. jóvenes

1. _____   4. _____

2. _____   5. _____

3. _____   6. _____

Escribir sobre una experiencia ¿Has trabajado alguna vez con tu familia o amigos para sorprender a alguien? ¿Cuál fue la sorpresa? ¿Cómo la organizaron? ¿Mantuvieron el secreto hasta el final? ¿Cuál fue la reacción de la persona?

En una hoja aparte, escribe un párrafo donde describas la experiencia. Usa las palabras de ortografía de la lista.

Mariah conserva la calma

Destreza de vocabulario
Diccionario: Palabras con
terminaciones que indican
género y número

Diccionarios y terminaciones

**Lee las palabras y su definición. Presta atención a las terminaciones
-oso, -osa, -ivo, -iva, -ísimo, -ísima y *-ante*. Luego completa las
oraciones con los adjetivos.**

> **hermosa** *adj.* Bella, extraordinaria, excelente.
> **delicioso** *adj.* Agradable o ameno
> **apetitosas** *adj.* Que excitan el apetito.
> **expresivo** *adj.* Que manifiesta con viveza un sentimiento o emoción.
> **contentísimos** *adj.* Muy contentos, alegres.

1. Todos afirmaron que la fiesta había sido _____.

2. Lynn dijo que los bollitos habían quedado _____.

3. En el encuentro que las amigas le prepararon a Lynn había comidas

   _____.

4. Su rostro fue muy _____ cuando la vio aparecer.

5. Al final, todos quedaron _____.

Nombre _____

Fuerte, más fuerte, la más fuerte

Comparar con adjetivos Para comparar con adjetivos se usan las palabras *más / menos* + el adjetivo + *que*. Algunos adjetivos usan la fórmula adjetivo + *es mejor / peor* + *que*. En ocasiones el orden de estas palabras varía.

1. **Comparar dos elementos**
   Añadir *más* + adjetivo + *que*

   Tania es fuerte.
   Cora es **más fuerte que** Tania.
   Patricia es **la más fuerte**.

2. **Comparar tres o más elementos**
   Añadir *la más* + adjetivo

   Esto tiene una vista hermosa.
   La vista desde aquí es **más hermosa que** desde allá.
   La vista desde aquí es **la más hermosa**.

Completa cada oración comparando los adjetivos que aparecen entre paréntesis.

1. Ella es _____ de las hermanas. (generosa)

2. Denise es _____ que yo. (capaz)

3. Su madre era la persona _____ que yo había visto. (tranquila)

4. Esa fue la noche _____ del año. (larga)

5. Yo envié un regalo _____ que Mirta. (gracioso)

6. La Toya es _____ que he conocido. (caritativa)

7. La fiesta de Katia fue _____ que la de Mariah. (ruidosa)

8. La cantante Martha es _____ que Carlos. (talentosa)

9. Sin embargo, Carlos es _____ de los cantantes. (creativo)

10. Pablo es _____ cuando lee que cuando escribe. (rápido)

Nombre _____

Es mejor dar que recibir

Comparar con bueno y malo Los adjetivos *bueno* y *malo* tienen formas comparativas irregulares. Se recomienda usar *mejor que*, para comparar dos cosas y *el mejor* o *mejor* para comparar tres o más elementos. Utilice *peor que* para comparar dos cosas y *el peor* o *peor* para comparar más de tres elementos.

	Bueno	**Malo**
Comparar dos	Este almuerzo es **mejor que** el de ayer.	En este examen, me fue **peor que** en el último.
Comparar tres o más	Este es **el mejor** almuerzo que hemos tenido.	Definitivamente, éste fue **el peor**.

Llene los espacios en blanco con las formas comparativas correctas de *bueno* y *malo*.

1. Donar la ropa usada es _____ tirarla.

2. De hecho, ésa es _____ cosa que puedes hacer

   con tu ropa vieja.

3. Caminar sobre hielo es _____ para las personas

   ancianas que para las jóvenes.

4. El último invierno fue _____ de la historia.

5. ¡Oye! La comida de este mes estuvo _____ que

   la del mes pasado.

6. De hecho, ésta fue _____ comida que hemos tenido.

7. ¿Cuál es _____ cosa que te ha sucedido?

8. Tío Sal tiene un jardín _____ que el de mi mamá.

9. De hecho, él ganó un premio por _____ jardín

   del vecindario.

10. Ella está _____ que yo.

Nombre _____

Más claro y más cálido

Combinar oraciones con adjetivos Para evitar oraciones muy cortas, puedes combinarlas con adjetivos. Si antepones *tan* al adjetivo y seguido de esto utilizas *como*, formas un adjetivo de igualdad. Para los de desigualdad, la fórmula es *menos + adjetivo + que*. El superlativo se forma anteponiendo el artículo definido y *más/menos*. Cuatro adjetivos tienen comparativos/superlativos irregulares que no usan *más* ni *menos: bueno-mejor; malo-peor; grande-mayor; pequeño-menor*.

Dos oraciones: Este equipo de natación es **más entusiasta** que el del año pasado.
Este equipo es también **más fuerte**.

Una oración: Este equipo de natación es **más entusiasta y fuerte** que el del año pasado.

Mark escribió un borrador para el periódico de la escuela. Revisa las cinco oraciones subrayadas. Combínalas para formar oraciones con más de un adjetivo comparativo.

Yo soy miembro del equipo de natación. Estar en este equipo ha hecho que mi vida sea más ocupada. También ha hecho que mi vida sea mejor. Yo me levanto a las 6:00 para practicar. En el invierno, era más oscuro afuera, no como en el otoño. Eso era más difícil, pero cuando fui a la escuela vi a mis compañeros. Pat decía bromas cómicas. Diego las hacía más cómicas todavía. Diego contaba también chistes tontos.

Ahora que el verano ya está aquí, los días más cálidos han llegado. Y los días más claros también han llegado. Es fácil practicar mucho cuando hay luz. En la próxima competencia, nosotros tendremos un equipo más fuerte. También tendremos un equipo más rápido. Me encanta nadar, pero lo que más me gusta de ser parte del equipo es trabajar con mis grandes amigos.

1. _____

2. _____

3. _____

4. _____

5. _____

Nombre _____

El relato de ficción

Un **relato de ficción** es una historia que contiene personajes, ambientes y sucesos que son similares a las personas, los lugares y los sucesos de la vida real.

Usa esta tabla para planear tu relato de ficción. Sigue estos pasos:

► **Nombra a los personajes y describe el ambiente.**

► **Resume los sucesos principales del cuento. Asegúrate de incluir el conflicto que enfrentan los personajes y el desenlace.**

► **Asegúrate de incluir adjetivos adecuados para describir a los personajes, el ambiente y crear la atmósfera del relato.**

Personajes	Ambiente

Trama

Conflicto:

Sucesos:

Desenlace:

Cambiar la posición de los adjetivos

Un **adjetivo** describe un sustantivo o un pronombre. Los adjetivos pueden colocarse antes o después de los sustantivos o pronombres que describen. Los buenos escritores ubican los adjetivos en diferentes posiciones dentro de la oración para lograr mayor variedad en su texto.

Primero, subraya los adjetivos que aparecen en el siguiente fragmento de un cuento sobre Denise y los demás organizadores de la fiesta. Luego, escribe nuevamente el cuerpo del relato sobre las líneas, cambiando la posición de los adjetivos para lograr mayor variedad. Ubica los adjetivos antes o después de los sustantivos que describen.

Denise y sus amigos se encontraron el miércoles en la casa de Brandon. Habían decidido hacer decoraciones para la fiesta que fueran bonitas pero baratas. Denise llevó tijeras y papel para hacer flores y carteles artesanales. Mariah quería hacer carteles grandes y vistosos, y Brandon tenía muchos marcadores que eran coloridos. Denise dijo que suele hacer decoraciones sencillas y fáciles. ¡Estaba contenta porque sabía que el patio luciría como un jardín hermoso y que los demás invitados de la fiesta estarían felices!

_____

_____

_____

_____

_____

_____

Nombre _____

Revisar tu narración personal

Lee tu narración personal otra vez. ¿Qué necesitas hacer para mejorarla? Usa esta página de ayuda. Haz una marca en las casillas de cada una de las oraciones que describen tu narración personal.

¡Al máximo!

☐ Mi historia llama la atención desde el principio.

☐ Mi voz sale a través de lo que cuento en mi historia.

☐ Incluyo detalles para que el lector pueda imaginar lo que sucedió.

☐ Mi uso del lenguaje hace más interesante mi historia.

☐ Yo varío el tipo de oración en mi historia.

☐ Hay muy pocos errores.

Casi casi

☐ Podría tener un comienzo más fuerte.

☐ La mayor parte me describe, pero otra no.

☐ Aunque incluyo detalles, podría incorporar otros.

☐ Tal vez debería incluir más diálogos.

☐ Debería variar un poco más las oraciones.

☐ Hay bastantes errores que necesito corregir.

Prueba otra vez

☐ Mi comienzo necesita trabajo.

☐ Esto no suena como lo quiero contar.

☐ Necesito añadir más detalles para que no sea tan difícil imaginarse lo que sucede.

☐ Yo no he variado el tipo de oración en mi escrito.

☐ Hay tantos errores que la lectura se hace difícil.

Nombre _____

Variar los tipos de oraciones

Lee el párrafo. Todas estas son oraciones declarativas.

Ayer tuve un mal día. Me quedé dormido. No tuve tiempo para desayunar. Perdí el autobús. Le grité pero no paró. Nadie me escuchó. Caminé hasta la escuela. Me preguntaba qué había hecho yo para merecer esto. Llegué tarde y no traía una nota de mi mamá. Desde ese momento, el día fue un desastre.

Ahora, escribe nuevamente el párrafo, variando el tipo de oración. Incluye al menos, una pregunta, una exclamación y una orden. Para corregir las oraciones, necesitarás añadir o eliminar algunas palabras.

_____

_____

_____

_____

_____

_____

_____

_____

_____

_____

_____

_____

Nombre _____

Palabras de ortografía

Errores ortográficos comunes Busca patrones ortográficos que te sean familiares para recordar la ortografía de las palabras del vocabulario. Piensa cuidadosamente en la parte de cada palabra que te resulte difícil.

Escribe la letra que falta en las palabras de ortografía que aparecen abajo.

1. o _____ os

2. i _____ ual

3. _____ ovial

4. yo _____ ó

5. espe _____ uelo

6. reci _____ ir

7. _____ abilidad

8. ta _____ bién

9. _____ arato

10. hermo _____ o

11. feli _____

12. empe _____ ar

13. comen _____ ar

14. na _____ er

15. apre _____ úrate

Lista de estudio En una hoja aparte, escribe cada una de las palabras de ortografía. Verifica tu ortografía contra las palabras de la lista.

¡Más ortografía!

Ponle o quítale el sombrero Corrige la palabra de ortografía subrayada. Coloca el acento en la sílaba que corresponda o quítalo si no va acentuada.

1. Leo tiene <u>hábilidad</u> para resolver ejercicios matemáticos.

_____

2. Pero Ana <u>tambien</u> es muy inteligente.

_____

3. Luis está <u>felíz</u> al <u>comenzár</u> la clase. _____

4. La <u>jóvial</u> maestra observó a todos. _____

5. Ella mostró un <u>hermóso</u> libro. _____

6. <u>Apresurate</u> para terminar este ejercicio.

_____

Descifra el código Algunas palabras de ortografía han sido escritas en código. Usa la clave que aparece abajo para descifrarlas y escribirlas correctamente.

CÓDIGO:	Z	P	M	N	T	B	C	E	R	L	A	S	Y	U	J	G	I	O	H
LETRA:	o	i	g	j	u	y	s	a	l	r	e	c	b	t	n	m	p	z	ó

7. ZNZC _____

8. PMTER _____

9. BZBH _____

10. ACIANTARZ _____

12. LASPYPL _____

13. YELEUZ _____

14. JESEL _____

15. AGIAOEL _____

Palabras de ortografía

1. ojos
2. igual
3. jovial
4. yoyó
5. espejuelo
6. recibir
7. habilidad
8. también
9. barato
10. hermoso
11. feliz
12. empezar
13. comenzar
14. nacer
15. apresúrate

Tema 4: **De persona a persona** 215

Nombre _____

Corregir y escribir

Corregir **Rodea con un círculo las cinco palabras de
ortografía que tengan errores ortográficos. Luego, escribe
cada una de estas palabras correctamente.**

¿Ha pasado tanto tiempo desde que viste a tu mejor
amiga? Me parece que tú tanbien deberías ir
a visitarla, y no esperar a que ella venga a verte
a ti. Dicen que el lugar donde ella vive
es ermoso y muy varato. ¿Por qué
no la llamas? ¡Alguien tiene que
comensar! Sabes que es algo
que te hará felis.

1. ojos
2. igual
3. jovial
4. yoyó
5. espejuelo
6. recibir
7. habilidad
8. también
9. barato
10. hermoso
11. feliz
12. empezar
13. comenzar
14. nacer
15. apresúrate

1. _____   4. _____

2. _____   5. _____

3. _____

✎ **Escribir una conversación** **Trabaja con uno o más de
tus compañeros de clase y creen una conversación. Primero,
uno escribe una oración usando una palabra de ortografía.
Después, otro escribe la próxima oración, utilizando también
una de estas palabras. A partir de aquí se turnan para escribir,
incluyendo siempre una de las palabras de la lista.**

Amiga y ayudante

Usa las palabras del cuadro para completar el siguiente párrafo.

Una persona que no puede ver puede usar una

_____ como ayudante cuando va de un lugar

a otro. Para poder hacer este trabajo, el perro tiene que pasar

un _____ de obediencia. Él tiene que aprender

a ignorar su _____ de perseguir a otros perros.

Además, tiene que aprender a ayudar a su dueño a evitar

_____ y a cruzar las calles de manera segura.

Por si fuera poco, tiene que _____ todas las rutas

que su amo recorre. Este tipo de entrenamiento lo ofrecen

escuelas especializadas donde enseñan a las perras guías a

_____ las destrezas necesarias.

Los perros son útiles de diferentes maneras. Sin embargo,

para una persona que no puede ver, una perra guía es aún más

importante.

Nombre _____

¡Dime todos los detalles!

Busca detalles en la selección y llena con ellos cada una de las columnas. Lee las anotaciones de la columna de la izquierda para determinar si los detalles sucedieron *antes*, *después* o *mientras* Mamá estuvo en *The Seeing Eye*.

	Detalles sobre Mamá	Detalles sobre el narrador	Detalles sobre Úrsula
Antes que Mamá regresa a *The Seeing Eye*			
Mientras Mamá está en *The Seeing Eye*			
Después que Mamá regresa de *The Seeing Eye*			

Escribe una oración que incluya detalles relacionados con *The Seeing Eye*.

_____

Nombre _____

Sigue la "ruta" de la selección

Completa las oraciones de los recuadros de abajo para demostrar los pasos en el adiestramiento de Úrsula.

1. Mamá regresa

   _____

   _____

   _____

   donde recibe a Úrsula,
   su nueva perra guía.

2. Después de los errores en las primeras lecciones, Úrsula

   _____

   _____

3. Además del adiestramiento con Úrsula, mamá dedica su tiempo en *The Seeing Eye* a

   _____

   _____

4. Cuando Mamá trae a Úrsula a casa, continúa

   _____

   _____

   _____

5. Cuando Úrsula, finalmente, se siente bien en su nueva casa, Mamá comienza el _____

   _____

   _____

6. Úrsula muy pronto se convierte en

   _____

   _____

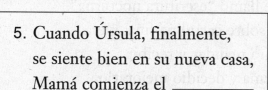

Nombre _____

Leer cuidadosamente

Lee el pasaje. Luego, completa la actividad en la página 221.

Louis Braille

Louis Braille nació en Francia, en 1809. A los tres años, tuvo un accidente en el taller de su padre y se quedó ciego. El padre quería que su hijo fuera educado y exitoso. Es por eso que, cuando Louis tenía diez años, lo matriculó en el Instituto Real para Jóvenes Ciegos, de París. Este instituto era una escuela especializada en enseñar a estudiantes ciegos.

Louis demostró que era un estudiante sobresaliente. Aprendió a leer aun cuando los libros para personas ciegas eran difíciles de conseguir y de leer. El Instituto sólo tenía tres libros en su biblioteca. Cada uno de estos libros estaba dividido en veinte partes y, cada parte, pesaba más de veinte libras. Las personas leían el texto tocando unas letras grandes a relieve que estaban en cada página.

Al poco tiempo de haber llegado Louis al instituto, un oficial militar, Charles Barbier, atrajo la atención del instituto a su propio sistema de escritura. Él había inventado un sistema que llamó "escritura nocturna". Éste consistía en puntos levantados y rayas sobre cartulina fina, y era usado por los serenos, durante las noches, para mandar y recibir mensajes. Louis estaba fascinado con el sistema y decidió mejorarlo.

Louis trabajó día y noche. Él usó solamente los puntos y encontró que una célula, que tenía seis puntos, podía ser cambiada para formar 63 diferentes patrones. Usando esta célula de seis puntos, Louis hizo patrones diferentes para cada letra del alfabeto, para números, marcas de puntuación e, inclusive, notas musicales. Este sistema, que es conocido como Braille, es usado en todo el mundo.

Nombre _____

Leer cuidadosamente continuación

**Lee cada una de las oraciones siguientes. Escribe un detalle
del pasaje de la página 220 para apoyar la oración.**

Conclusiones	Detalles de apoyo
1. Louis era inteligente y trabajador.	1. _____ _____
2. Louis tenía dedos sensitivos y podía aprender nuevas cosas.	2. _____ _____
3. Antes de que se inventara el Braille, los libros para las personas ciegas eran muy difíciles de leer.	3. _____ _____
4. Louis era creativo y le gustaba probar cosas nuevas.	4. _____ _____
5. Louis era paciente y decidido.	5. _____ _____
6. La invención del Braille cambia la vida de muchas personas.	6. _____ _____

Nombre _____

¡Vivan los prefijos!

Lee la carta. Los prefijos van siempre al comienzo de una palabra y pueden cambiar el significado de la nueva palabra que se forma. Los prefijos *im-*, *in-*, *dis-* y *des-* suelen significar "no" o "lo opuesto de". Rodea con un círculo los prefijos en las palabras subrayadas.

desobedeció
intranquila
independiente
impaciente
disculpa
injusticia
discapacitada
imposible
desanimado
descubrieron

Queridos niños,

¡Hoy estuve a punto de enloquecer! Imagínense que Úrsula casi <u>desobedeció</u> las señales, y no se dio cuenta de la luz roja. Ya sé que el adiestramiento es muy seguro, pero yo me sentí muy <u>intranquila</u>. Sin embargo y curiosamente, no me sentí <u>discapacitada</u>. Creo que fui un poco <u>impaciente</u> con ella y en realidad, ella todavía está aprendiendo. Bueno, un abrazo de mi parte y también, por supuesto, de mi simpática, pero aún no tan <u>independiente</u>, Úrsula.

Cariños, Mamá

Ahora use las palabras del cuadro, para completar las oraciones.

1. Úrsula parecía _____, se ponía nerviosa y se perdía.

2. Ellos _____ que el amor es muy importante para los

   perros guía.

3. La _____ es siempre dolorosa.

4. Es _____ olvidarse de su cara.

5. Me debe una _____ por su comportamiento.

6. El niño estaba _____.

7. Este adiestramiento le posibilita vivir en forma _____.

Nombre _____

El raudal del río

En español, generalmente, la letra *r* está precedida de otra consonante *b, c, d, f, g, p* o *t.* Sin embargo, cuando esa consonante es *n, s,* o *l,* la *r* suena como /rr/. Una palabra que comienza con *r,* siempre suena como /rr/.

re - cor -da - ba   ra - ma   al - re - de - dor

► La *r* en la palabra alrededor está precedida por la consonante *l,* por lo tanto suena como /rr/. La palabra ruido, aunque tiene una sola *r,* suena como si tuviera dos.

Llena los espacios en blanco, escribiendo *r* o *rr* según corresponda.

_____ ecordaba

_____ egresaba

_____ uta

al _____ ededor

_____ uido

_____ epasaron

reco _____ ieron

_____ esiste

_____ evoltosa

escu _____ idiza

_____ ama

_____ ojo

_____ epartíamos

co _____ al

pe _____ a

1. recordaba
2. regresaba
3. ruta
4. alrededor
5. ruido
6. repasaron
7. recorrieron
8. resiste
9. revoltosa
10. escurridiza
11. rama
12. rojo
13. repartíamos
14. corral
15. perra

Nombre _____

¡Más ortografía!

Relleno de oraciones Escribe la palabra de ortografía que complete mejor cada oración.

1. Si siempre sigues la misma _____ no te perderás.
2. _____ de la casa hay flores de varios colores.
3. El _____ en la calle es insoportable.
4. Los niños _____ la lección para el día siguiente.
5. Si él _____ , triunfará.
6. El árbol tiene una _____ florecida.
7. El tulipán _____ da buena suerte.
8. La _____ guía era su amiga inseparable.
9. Todos nosotros _____ caramelos.

1. _____
2. _____
3. _____
4. _____
5. _____

6. _____
7. _____
8. _____
9. _____

1. recordaba
2. regresaba
3. ruta
4. alrededor
5. ruido
6. repasaron
7. recorrieron
8. resiste
9. revoltosa
10. escurridiza
11. rama
12. rojo
13. repartíamos
14. corral
15. perra

Revoltijo de sílabas Reordena las sílabas para escribir palabras de ortografía. En cada caso, hay una sílaba extra.

10. cor–ba–da–re–bas _____

11. rral–co–me _____

12. re–sa–vol–to–sol _____

13. gre–re–ba–sa–tan _____

14. rrie–co–ron–re–ta _____

15. di–es–rri–za–cu–la _____

Nombre _____

Corregir y escribir

Corregir En las siguientes instrucciones, rodea con un círculo las palabras que tengan errores de ortografía.

Palabras de ortografía

1. recordaba
2. regresaba
3. ruta
4. alrededor
5. ruido
6. repasaron
7. recorrieron
8. resiste
9. revoltosa
10. escurridiza
11. rama
12. rojo
13. repartíamos
14. corral
15. perra

Claves para el cuidado de tu nueva perra guía

1. Asegúrate de que su pera esté calmada y tranquila.

2. Repite varios días la misma rruta hasta que tu

    perra la memorice.

3. Si tu perra se rresiste a pasar por un camino que

    rrecorrieron anteriormente, busca otra vía.

4. Evita el rruido durante el entrenamiento.

5. No encierres a tu perra en un coral.

1. _____   4. _____

2. _____   5. _____

3. _____   6. _____

➤ **Escribir un anuncio** ¿Qué cualidades tiene un buen perro guía? ¿Qué instintos naturales tiene que aprender a vencer?

En una hoja aparte, escribe un anuncio para el semanario *Perros Trabajadores,* **describiendo el trabajo de un perro guía. Usa las palabras de ortografía de la lista.**

La mejor amiga de Mamá

Destreza de vocabulario
Palabras con diversos
significados

Nombre _____

Una palabra significante

**Lee el anuncio. Después, usa cada una de las palabras subrayadas
para completar las oraciones numeradas. Ten cuidado, las palabras
subrayadas tienen más de un significado.**

Se necesita
caminador de perro

   Ayuda canina, la escuela más grande de perros guía en el <u>estado</u>,
está buscando personas jóvenes. Necesitamos tu ayuda en una tarea
no muy <u>dura</u>, adiestrar futuros perros guía. Elige un perro de la
enorme <u>lista</u> que tenemos. Puedes jugar, o <u>enseñar</u> a tu perro y
ayudarlo a deshacerse de los malos <u>hábitos</u>. Adiestra a tu perro para
que <u>oriente</u> a su nuevo dueño. Recibirás un <u>botón</u> con la <u>cara</u> de
tu perro. Si lo deseas, <u>llama</u> ahora mismo, o manda una <u>hoja</u> con
tus datos.

1. La _____ es un animal de los Andes.

2. Ella había _____, nerviosa.

3. El sol sale por el _____.

4. Ven, te quiero _____ las fotos.

5. La _____ muestra que la planta está enferma.

6. Esa blusa es muy _____.

7. Los _____ no hacen al monje.

8. Úrsula es una perra muy _____.

9. Si quieres que te atiendan, aprieta el _____.

10. Esa película _____ tres horas.

Nombre _____

¡Comas, comas
y más comas!

Comas en una serie Una **serie** es una lista de tres o más elementos.
Usa comas para separar los elementos en una serie. Coloca comas
después de cada elemento de una serie, pero no antes del último cuando
éste es precedido por *y, o, e* o *u*.

   Me gustan los gatos, los perros, los conejos **y** todos los animales.

**Añade las comas a las oraciones que aparecen a continuación.
Si la oración no tiene una serie, escribe *ninguna* al final de la misma.**

1. Pastores alemanes labradores golden retrievers y otros tipos de
   perros pueden ser adiestrados como perros guía.

2. Los perros y los monos son adiestrados para ayudar a las personas
   con impedimentos.

3. Nuestro perro se llamará Canelo Motica u Ocambo.

4. Mi primo lleva su perro a visitar asilos retiros y hospitales.

5. Compra periquitos pericos o cacatúas para que puedas enseñarlos
   a hablar.

6. En nuestro salón de clases hay peces tortugas y una culebra.

7. Otros salones de clase tienen guineas hámsters y algunos colibríes.

8. Nuestro gato es negro marrón blanco y naranja.

9. En el Zoo vimos cocodrilos lagartos e iguanas.

10. El gato de Tom es negro gris y blanco.

Nombre _____

Sí, yo puedo

Más usos para las comas Se usan comas después de *sí*, *no* y *bien*, cuando están al principio de la oración, como palabras introductoras. También se usan siguiendo el nombre de una persona a la que nos dirigimos.

> Te repito, **Kristin,** el perro del Señor Baxter es devoto de él.
>
> **Sí, Kristin,** es el señor Baxter.
>
> Ayuda al Señor Baxter con la puerta, **Kristin.**

Añadir comas a las siguientes oraciones, siempre que sean necesarias.

1. Todavía no me siento bien Jaime.

2. Bueno Señor Baxter yo caminaré por usted.

3. Gracias a ti Jaime.

4. Kristin ¿está el señor Baxter?

5. Bueno yo creo que Jaime quiere ayudarlo.

6. Es bueno para usted Jaime ayudar al Señor Baxter.

7. Kristin el Señor Baxter es un vecino servicial.

8. Sí es así Jaime.

9. Kristin lleva a Buster.

10. No Myron yo no.

Nombre _____

Yo alimento, cuido y peino a mi gato

Combinar oraciones para crear una serie. Un buen escritor coloca diferentes elementos de una serie en una oración en vez de mencionarlos en forma separada.

> **Oración fragmentada:** Los perros son buenas mascotas. Los gatos son buenas mascotas. Los pájaros también lo son.

> **Oración corregida:** Los perros, los gatos y los pájaros son buenas mascotas.

Sofía está preparando un ensayo. Revísalo y colócale los elementos en una serie, siempre que sea necesario.

Mi gato, Buzz, me recibe en la puerta cuando llego de la escuela a casa. Él me saluda cuando llego de una cita a casa. Él me saluda cuando llego del apartamento de un amigo. Buzz maúlla. Él ronronea. Él se acurruca junto a mis piernas. Entonces, yo lo levanto mientras le comento acerca del examen de ortografía. Él maúlla mientras le comento acerca del gato de mi amigo o acerca de otros hechos del día.

Me gusta cuidar a Buzz. Yo lo alimento. Yo lo cuido. Yo juego con él. Él puede lograr que yo me sienta una persona calmada. Él puede lograr que me sienta amado. Él puede lograr que yo me sienta una persona especial. Buzz es como una persona paciente con pelaje. Él es como una persona con largos bigotes. Él es como una persona con rabo.

_____

_____

_____

_____

_____

_____

Nombre _____

El resumen

Si tuvieras que resumir la segunda parte de *La mejor amiga de Mamá*, probablemente contarías qué pasó cuando Mamá trajo a Úrsula a casa y cómo la familia llegó a quererla. Un resumen es una explicación breve de un cuento o una selección. Escribir un resumen es una buena manera de contar de qué se trata una selección y de recordar los sucesos, las ideas y los personajes principales.

Piensa en los sucesos o las ideas más importantes de la segunda parte de *La mejor amiga de Mamá*. Luego, úsalos para completar la ayuda gráfica de abajo.

Idea/Suceso	Idea/Suceso	Idea/Suceso

Nombre _____

Combinar oraciones usando frases y cláusulas introductorias

Los buenos escritores evitan usar oraciones cortas y descoordinadas para expresar sus ideas. Una forma de ordenar sus escritos es combinar una o más oraciones cortas con una frase o cláusula introductoria.

> Mamá caminará sola con Úrsula.
>
> Ella hará esto después de diez prácticas de carrera con Pete.
>
> **Después de diez prácticas de carrera con Pete,** Mamá caminará sola con Úrsula.

Lee las instrucciones sobre cómo guiar a una persona que no puede ver. Vuelve a escribirlas en las líneas en blanco, combinando dos oraciones cortas para formar una sola.

Técnicas para guiar a una persona ciega

Deje que la persona tome su brazo, justo arriba del codo. Haga esto al comienzo. Diríjase hacia donde la persona desea ir. No camine rápido. Manténgase unos pasos delante. Guíe con palabras y con el movimiento de su cuerpo. La persona debe saber qué tiene delante, como una escalera o el borde de la acera. Avísele cuándo se aproximan a un obstáculo. La persona debe saber cuándo doblar a la derecha o a la izquierda. Avísele justo antes de doblar. Llegarán a destino. La persona soltará su brazo.

Técnicas para guiar a una persona ciega

_____

_____

_____

_____

_____

_____

_____

Nombre _____

Éste es un secreto

**Escribe la palabra del cuadro que corresponda
a cada definición.**

combina música y acción dramática _____

se trasmiten de generación en generación

_____

**la música, las costumbres y los
valores de los pueblos**

_____

Adivina, adivinador

1. ¿Qué es un conjunto de
   tradiciones que se pasan de
   generación en generación?

   _____

2. ¿Qué es cantada y actuada pero no
   bailada?

   _____

3. ¿Qué es lo que tus abuelos pasaron a tus padres y ellos a ti, y tú sin
   saberlo se lo pasarás a tus hijos? _____

Selecciona dos palabras del cuadro y escribe con ellas una oración.

_____

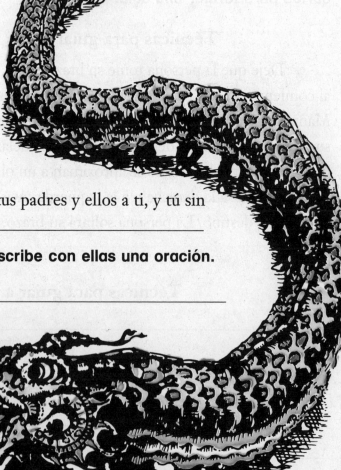

Nombre _____

Diferentes y parecidos

**Usa el Diagrama Venn para comparar y contrastar a la Hermana
Segunda y a Yingtao.**

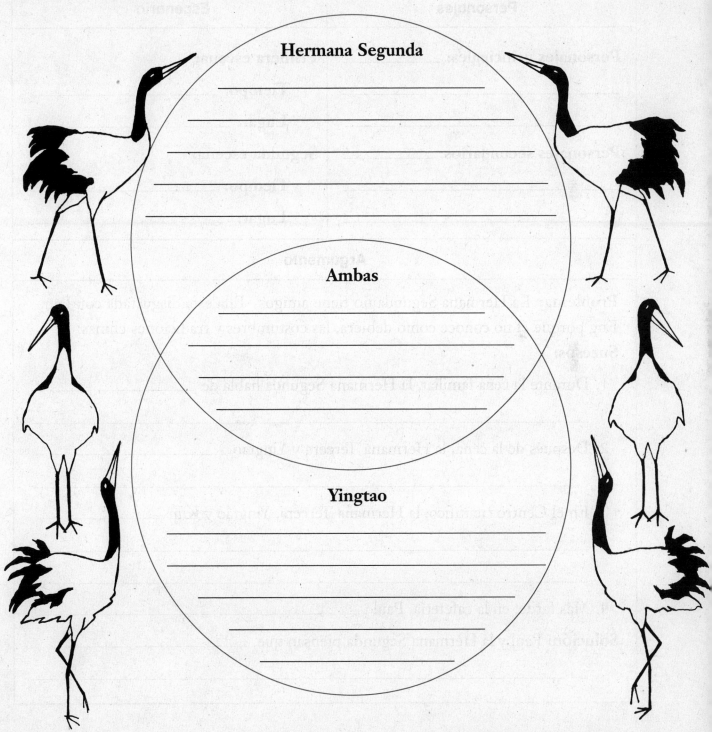

Hermana Segunda

_____

_____

_____

_____

_____

Ambas

_____

_____

_____

_____

Yingtao

_____

_____

_____

_____

_____

Nombre _____

Trama la travesura

Completa el mapa del cuento para mostrar sus elementos principales.

Personajes	Escenario
Personajes principales: _____ _____ _____ **Personajes secundarios:** _____ _____	**Primera escena:** **Tiempo:** _____ **Lugar:** _____ **Segunda escena:** **Tiempo:** _____ **Lugar:** _____

Argumento

Problema: La Hermana Segunda no tiene amigos. Ella está disgustada con Paul Eng porque él no conoce como debiera, las costumbres y tradiciones chinas.

Sucesos:

1. Durante la cena familiar, la Hermana Segunda habla de _____
_____

2. Después de la cena, la Hermana Tercera y Yingtao _____
_____

3. En el Centro científico, la Hermana Tercera, Yingtao y Kim _____
_____
_____

4. Más tarde, en la cafetería, Paul _____

Solución: Paul y la Hermana Segunda piensan que, _____
_____

Nombre _____

Investigar semejanzas

Lee el pasaje. Completa luego la página 236.

Los maestros favoritos de Trevisa

Trevisa tenía dos maestros favoritos. El maestro de tercer grado, el señor Yetto, y la maestra de quinto grado, la señora McIlvaine, quien era su actual maestra.

El señor Yetto era joven y atlético. Él había jugado fútbol en la universidad y todavía le gustaban los deportes, al igual que a Trevisa. Era bondadoso. Usualmente, le pedía a Trevisa que respondiera a las preguntas en las discusiones en clase, para así ayudarla con su timidez. Pero el señor Yetto era también estricto, no aceptaba excusas. Si un estudiante no entregaba la tarea a tiempo, le bajaba la nota. Los viernes, durante el almuerzo, el señor Yetto hacía trucos de yoyó para la clase. Guardaba los trucos nuevos para enseñárselos durante las semanas en que trabajaban muy duro.

Al contrario del señor Yetto, la señora McIlvaine era una persona mayor. A ella no le gustaban los deportes pero le gustaban los cuentos y las obras de teatro. Los viernes, ella permitía que sus estudiantes hicieran representaciones en clase. Una vez Danny Pine y David Ginsburg hicieron una comedia en la cual Danny se puso una peluca blanca para imitar a la señora McIlvaine. Él imitó su voz y recordó ciertas frases que ella usa. La señora McIlvaine rió y rió. Pero, al igual que el señor Yetto, la señora McIlvaine podía ser estricta. Una vez, cuando Trevisa trató de escribir un reporte con una letra muy pequeñita, la señora McIlvaine hizo que lo volviera a escribir. "Yo no puedo leer esto", escribió ella sobre la página con tinta roja. Pero después que Trevisa volvió a escribir el reporte y se lo entregó, ella le escribió: "¡Estoy feliz de poder leerlo ahora, porque está... maravilloso!".

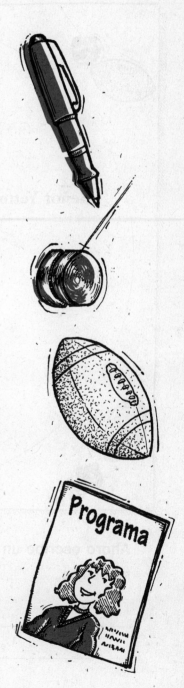

Tema 4: **De persona a persona**   235

Nombre _____

Buscar semejanzas continuación

Llena el Diagrama Venn para mostrar en qué se parecen y en qué se diferencian el Señor Yetto y la Señora McIlvaine.

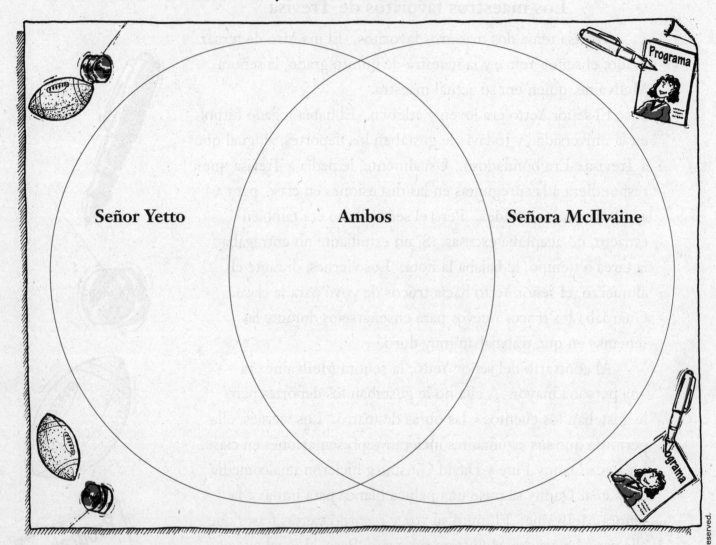

Señor Yetto   Ambos   Señora McIlvaine

Ahora escribe un párrafo en el cual describas en qué se parecen los dos maestros.

_____

_____

Nombre _____

Raíces y sus ramas

Rodea con un círculo la raíz de cada una de las siguientes palabras. Luego, haciendo uso de esa raíz, forma dos palabras nuevas de la caja abajo.

Banco de palabras

impresión	expresión	perfectamente
terminó	emprendimos	perfeccionista
probarlo	interminable	desprender
	improbable	

1. aprobar _____

2. determinar _____

3. aprendo _____

4. imperfecto _____

5. compresión _____

6. _____

7. _____

8. _____

9. _____

10. _____

Llena los espacios en blanco con algunas de las palabras que aparecen arriba.

Tengo la _____ de que es _____ lógico

lo que Kim dijo. No les sería tan difícil _____. Al fin y al cabo,

el tiempo de las dudas no es _____. Fíjate si es así

que ya _____ la retirada. ¡Hasta la Hermana Tercera

tuvo la misma _____! Yo no me atreví ni a mirar

la _____ de Paul para ver cómo se sentía. ¿Será

que también el tiempo de sus dudas _____?

Nombre _____

Palabras con sonido de *r* suave

En nuestro idioma español hay muchas palabras con *r*, pero algunas se pronuncian con una *r* fuerte y otras con una *r* suave. La *r* suena fuerte si va al comienzo de la palabra, como en *risa* y *rosa* o cuando aparece duplicada entre dos vocales, como en *perro* y *gorro*. Pero cuando la *r* está después de una vocal o consonante y se pronuncia suave (parecida al sonido de una *d*), se escribe con una sola *r* como en *merienda* y *maduro*.

Escribe las palabras de ortografía de la lista en la columna que le corresponde. Pronúncialas para asegurarte.

Con una *r* suave solamente

_____

_____

_____

_____

_____

_____

_____

_____

Con *r* fuerte y *r* suave

_____

_____

_____

Palabras de ortografía

1. favorito
2. mayoría
3. interés
4. murmuró
5. suspiro
6. postura
7. comentarios
8. parado
9. retirada
10. parecía
11. marcharon
12. aroma
13. averiguado
14. diferencia
15. restaurantes

Nombre _____

¡Más ortografía!

Sigue la pista **Escribe la palabra de ortografía por la que podrías sustituir la pista subrayada.**

1. La <u>mayor parte</u> de la gente estaba allí. _____

2. Es mi equipo <u>preferido</u>. _____

3. Él <u>dijo algo bajito</u> pero alcancé a escucharlo.

   _____

4. Sentí que un <u>aire comprimido</u> en el pecho estallaba con

   emoción. _____

5. Estaba <u>de pie</u> muy cerca de mí. _____

6. Había varios <u>lugares para comer</u>. _____

7. El <u>olor</u> me pareció muy agradable. _____

8. Lamenté no haber <u>preguntado</u> si tenía novia.

   _____

Palabras de ortografía

1. favorito
2. mayoría
3. interés
4. murmuró
5. suspiro
6. postura
7. comentarios
8. parado
9. retirada
10. parecía
11. marcharon
12. aroma
13. averiguado
14. diferencia
15. restaurantes

Encuentra palabras **Cada palabra de abajo es de la misma familia que una palabra de ortografía. Escribe la palabra de ortografía.**

9. comentar   _____

10. marcha   _____

11. diferente   _____

12. posición   _____

13. interesante   _____

14. parecer   _____

15. retiro

Tema 4: **De persona a persona**   239

Nombre _____

Corregir y escribir

Rodea con un círculo las seis palabras incorrectas en esta nota de diario que Yinglan pudo haber escrito. Luego escribe cada palabra correctamente.

Querido diario:

Todos los días suspirro por Paul Eng. Aún no he aveliguado mucho sobre él. Hoy lo vi y me puse muy nerviosa. Estaba palado frente a mí y parresía contento. Aunque yo tenía interrés en hablarle, preferí la retirrada. ¿Por qué seré tan tímida?

Palabras de ortografía

1. favorito
2. mayoría
3. interés
4. murmuró
5. suspiro
6. postura
7. comentarios
8. parado
9. retirada
10. parecía
11. marcharon
12. aroma
13. averiguado
14. diferencia
15. restaurantes

1. _____ 4. _____

2. _____ 5. _____

3. _____ 6. _____

✏ Escribir una descripción ¿Has querido tener alguna vez un admirador secreto? ¿Cómo luciría esa persona? ¿Qué cualidades debería tener? ¿Qué intereses tendrían en común?

En una hoja aparte, haz una descripción de tu admirador secreto ideal. Usa las palabras de ortografía de la lista.

Nombre _____

Ahorro de letras

Los diccionarios usan muchas abreviaturas en sus entradas. Usa las abreviaturas del recuadro para sustituir las palabras subrayadas en las siguientes oraciones. Escribe las abreviaturas sobre la línea al final.

adj.	Ilmo.	adv.
Sra.	Dr.	Cía.
Fdez.	admón.	Avda.
Uds.		

1. La <u>señora</u> López hizo el papel de Yerma en la obra del <u>ilustrísimo</u>

   Lorca. _____

2. En sus diálogos usó muchos <u>adjetivos</u> y <u>adverbios</u> desconocidos

   para mí. _____

3. El señor <u>Fernández</u> hizo una excelente interpretación

   del <u>doctor</u> Teo. _____

4. Todos disfrutamos, tanto <u>ustedes</u> como nosotros, expresó

   el director de la <u>compañía</u> de teatro al finalizar la obra.

   _____

5. La <u>administración</u> del teatro de la <u>avenida</u> Morelos

   estaba muy complacida con la presencia de tanto público.

   _____

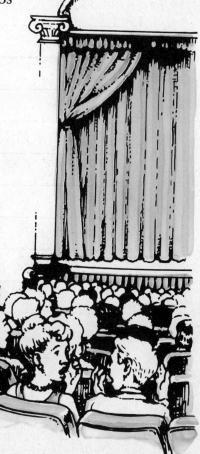

Nombre _____

¡Caramba! ¡Qué bien bailas samba!

Interjecciones Una *interjección* es una o más palabras que expresan un sentimiento intenso. Una interjección suele aparecer al inicio de una oración. Generalmente la interjección va entre signos de exclamación o seguida de coma, según sea la intensidad del sentimiento expresado.

Interjecciones comunes

¡Ey!   ¡Huy!   ¡Híjole!   ¡Caramba!   ¡Ay!   ¡Oh, no!   ¡Vaya!   ¡Bueno!

Escribe una interjección con la puntuación apropiada en cada espacio en blanco.

1. _____ tú, incorpórate a la orquesta.

2. _____ qué bien tocas la trompeta.

3. _____ por fin llega el guitarrista.

4. _____ Esa nota quedó demasiado aguda.

5. _____ ¡Qué mal suena el bajo!

6. _____ Me di un golpe contra el piano.

7. _____ empecemos ya.

8. _____ no es ésa la melodía.

9. _____ ¡Atiendan todos!

10. _____ qué bien tocan.

Nombre _____

—¿Qué música te gusta? —pregunté.

Las comillas Suelen usarse para enmarcar una frase exacta que alguien ha dicho en el pasado o lo que alguien pensó. Si la frase va después de *dijo* o *pensó* se usan los dos puntos.

> Pepe pensó: "Me gusta la música".
>
> Clara dijo: "Tengo que lograrlo".

Si la frase va antes de *dijo* o *pensó*, se usa una coma después de las comillas.

> "Me gusta la música", pensó Pepe.

El guión largo En español, suele usarse el guión largo, en lugar de las comillas, para los diálogos.

> —¿Crees que llegarás a la meta? —preguntó Pepe.

Escribe las comillas o el guión largo según se indica. Recuerda que la oración enmarcada entre comillas debe comenzar con mayúscula.

1. Sara dijo: me gusta la música caribeña. *(comillas)*

   _____

2. Sí, a mí me encanta el son y el danzón, dijo el Sr. Pérez *(guión largo)*

   _____

   _____

3. Yo prefiero el merengue, pensó Carla. *(comillas)*

   _____

   _____

4. A mí me gusta la plena dijo José. *(guión largo)*

   _____

5. Yo prefiero el mambo dijo Terry. *(guión largo)*

   _____

Nombre _____

Abuela dijo: "Sí".

Las comillas Se usan generalmente para referirse a las frases exactas que alguien dijo.

> **Incorrecta:** Martí dijo ser cultos para ser libres.
>
> **Correcta:** Martí dijo: "Ser cultos para ser libres".
>
> (Fíjate que el punto final se coloca después de las comillas; no antes.)

El guión largo En español, se suele usar el guión largo en los diálogos, en vez de las comillas. Fíjate en el ejemplo.

> —La alimentación balanceada es importante —dijo Luis—. A mí me gusta la comida saludable.

Corrige los errores en el uso de las comillas o el guión largo que encuentres.

Me gustan las ensaladas —dijo Carlos.

—A mí me encantan dijo Luis Son muy nutritivas.

¿Sabes qué lechugas son las mejores? preguntó Carlos.

No sé dijo Luis.

Las que tienen un color verde más opaco —dijo Carlos.

Antes de despedirse, Carlos dijo: Ojalá podamos compartir

la próxima ensalada .

Nombre _____

Escribir un párrafo con instrucciones

Cuando quieras decirles a los lectores cómo hacer algo, escribe **instrucciones**.

Usa esta página para planear y organizar un conjunto de instrucciones. Primero, escoge un tema como: cómo lavar platos, cómo hacer una pizza o cómo anudar bien una corbata. **Luego, haz una lista de los materiales que necesitas. Después, haz un esquema con cada paso y amplía con detalles cada uno.**

Instrucciones para: _____

Materiales: _____

| Paso 1 |
| Paso 2 |
| Paso 3 |
| Paso 4 |
| Paso 5 |

Nombre _____

Usar palabras que indican orden

Un escritor cuidadoso usa las palabras que indican un orden, como: *primero*, *luego* y *finalmente* en un conjunto de instrucciones. Las palabras que indican orden ayudan a los lectores a entender un proceso y a seguir la secuencia de los pasos.

Lee las siguientes instrucciones. Luego vuelve a escribirlas en las líneas. Añade las palabras o frases que indican orden de la lista para clarificar la secuencia de los pasos y ayudar a los lectores a seguir el proceso. Asegúrate de usar las mayúsculas y la puntuación correctas cuando añadas palabras o frases que indican orden, o cuando combines dos oraciones.

Para limpiar los palillos, necesitarás una gran cacerola, agua caliente y detergente líquido. Llena la cacerola con agua caliente. Añade una cucharadita de detergente líquido. Mete los palillos dentro del agua caliente y jabonosa. Agarra un puñado de palillos en cada mano y frótalos unos con otros como si fueran dos pilas de lápices. Escuchas un sonido como un *birrrr*. ¡Lo cual significa que los palillos han quedado relucientes! Enjuaga los palillos con agua limpia.

Palabras que indican orden

hasta que

luego

después

finalmente

primero

ahora

_____

_____

_____

_____

_____

_____

_____

Nombre _____

Las palabras de un escritor

Escribe cada palabra del cuadro al lado de la oración que la describe

1. escritos que no son poesía _____

2. explicacion de cómo es algo _____

3. un libro que no debe ser leído por otros sin permiso

   _____

4. cosas que uno sabe por haber vivido _____

Ahora escribe tres oraciones sobre lo que es ser un escritor. Usa al menos una de las palabras del vocabulario en cada oración.

_____

_____

_____

_____

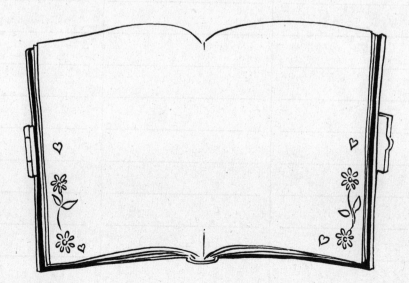

Nombre _____

Leer entre líneas

Lee la pregunta en la primera columna. Usa evidencias del cuento y
tus propias experiencias para hacer inferencias sobre Leigh.

	Evidencia del cuento	Experiencias propias	Inferencias
• ¿Qué tipo de persona es Leigh?			
• ¿Qué siente Leigh sobre su casa?			

Nombre _____

Las conexiones del escritor

¿Qué relaciones tenía cada persona con Leigh en _Querido señor Henshaw_? Responde con oraciones completas.

Señorita Neely _____

_____

_____

El papá de Leigh _____

_____

_____

Barry _____

_____

La mamá de Leigh _____

_____

_____

Angela Badger _____

_____

Nombre _____

Conectar pistas

Lee los párrafos del diario que pudieron ser escritos por Julia.
Completa después la actividad de la página 251.

Lunes 1 de octubre

Hoy fue mi primer día en la escuela primaria George Washington. El nombre de mi escuela pasada era mejor: Woodside. Extraño el pasaje de árboles cercano donde mi mejor amiga Laura y yo íbamos a tirar piedras al río y a buscar ranas. El área alrededor de esta escuela está hecha de concreto, incluso el patio de juego. Me senté sola en el almuerzo.

Martes 2 de octubre

Hoy la Srta. Langley, mi profesora, me pidió pararme en frente de la clase y contar un hecho interesante sobre el lugar donde yo vivía. Mi cara se sintió como en fuego. Dije que era de Illinois y en la placa del auto dice "La tierra de Lincoln". Me pareció que vi a la Srta. Langley esconder una risa bajo su manga, pero no puedo estar segura. Después me puso contenta el tener un escritorio en el fondo del salón. Cuando llegué a casa, mamá me preguntó cómo me fue en la escuela. Le di la misma respuesta que le había dado el día anterior: "Bien".

Jueves 4 de Octubre

Hoy en el almuerzo tenían budín de chocolate. Me comí dos porque el budín de chocolate es mi favorito. Estaba sentada sola (de nuevo) leyendo un libro (de nuevo) cuando oí a alguien decir: "¿Julia?" Era Megan, la chica con la risa fuerte, pidiéndome que me sentara con ella. Megan también comió dos porciones de budín de chocolate. Ella contó una historia de su hermano mayor que fue tan divertida que casi me ahogué con mi bróculi. Cuando hoy mamá me preguntó cómo me fue en la escuela dije: "Bastante bien".

Martes 9 de octubre

Hoy después de la escuela Megan y yo llevamos a su perrito al parque. Ella me mostró cómo hacer una voltereta en la hierba. Cuando mamá me preguntó cómo había sido mi día le dije: "Divertido". Ella se veía feliz.

Nombre _____

Conectar pistas continuación

Responde cada pregunta sobre el pasaje en la página 250. Abajo de tu respuesta escribe las pistas y lo que sabes por tu experiencia, que te haya ayudado a hacer la inferencia.

1. ¿Cómo se siente Julia después del primer día en su nueva escuela?

_____

Pistas del cuento		Mi propia experiencia
	+	

2. ¿Qué siente Julia sobre hablar en frente de la clase?

_____

Pistas del cuento		Mi propia experiencia
	+	

3. ¿Cómo cambian los sentimientos de Julia después de la primera semana de escuela?

_____

Pistas del cuento		Mi propia experiencia
	+	

Nombre _____

Gracias con sufijos

Lee esta carta que Leigh pudo haber escrito. En las palabras subrayadas rodea con un círculo los sufijos -dad, -ción, -sión y -xión.

3 de abril

Querida Sra. Badger:

No lo pude creer cuando vi la <u>comunicación</u> donde me invitaban a ir al almuerzo de escritores. Su <u>presentación</u> fue excelente. Sentí una gran <u>emoción</u> al conocerla. Antes de hoy no estaba seguro de mi <u>capacidad</u> para ser escritor. Tenía dudas sobre la <u>seriedad</u> de mis ideas, me parecía que no tenían <u>conexión</u>. Pero usted, con su <u>autoridad</u>, me devolvió la confianza y redujo mi <u>tensión</u>. Ahora me siento sin <u>aprensión</u> para escribir. Pienso que accederé al mundo de los escritores con <u>integridad</u> y por largo tiempo.

Sinceramente,
Leigh Botts

Ahora escribe cada palabra con sufijo al lado de la definición correcta.

1. _____ : nota escrita

2. _____ : sentimiento fuerte

3. _____ : honradez

4. _____ : acto de unir

5. _____ : preocupación

6. _____ : presión

7. _____ : habilidad

8. _____ : sensatez; juicio

9. _____ : disertación

10. _____ : prestigio

Nombre _____

Palabras con sufijos
(-dad, -ción, -sión, -xión)

Un **sufijo** es la parte de una palabra añadida al final de la palabra
base. Un sufijo añade significado a la palabra. Las partes de la
palabra *-dad, -ción, -sión y -xión* son sufijos.

felici + dad = felici**dad**   compren + sión = compren**sión**

compara + ción = compara**ción**   ane + xión = ane**xión**

Escribe cada palabra de ortografía bajo su sufijo.

1. aprensión
2. articulación
3. seriedad
4. redacción
5. presentación
6. reflexión
7. capacidad
8. autoridad
9. canción
10. emoción
11. ilusión
12. conexión
13. comunicación
16. integridad
15. tensión

-dad	-ción
_____	_____
_____	_____
_____	_____
	_____
-sión	_____
_____	_____
_____	**-xión**
_____	_____
	_____

Nombre _____

¡Más ortografía!

Añadir sufijos Escribe la palabra de ortografía que contenga cada una de las siguientes palabras base.

1. articula _____

2. integri _____

3. redac _____

4. can _____

5. presenta _____

6. apren _____

7. comunica _____

1. aprensión
2. articulación
3. seriedad
4. redacción
5. presentación
6. reflexión
7. capacidad
8. autoridad
9. canción
10. emoción
11. ilusión
12. conexión
13. comunicación
17. integridad
15. tensión

Pistas de contraste La segunda parte de cada pista contrasta con la primera parte. Escribe una palabra de ortografía para cada pista.

Ejemplo: no es enemistad sino *amistad*

8. no es insensatez, sino _____

9. no es incapacidad sino _____

10. no es flojedad sino _____

11. no es desilusión sino _____

12. no es insensibilidad sino _____

13. no es falta de poder sino mucho _____

14. no es irreflexión sino _____

15. no es desconexión sino _____

Corregir y Escribir

Nombre _____

Corregir **Rodea con un círculo las cinco palabras de ortografía que tienen errores. Luego, escríbelas correctamente.**

Palabras de ortografía

1. aprensión
2. articulación
3. seriedad
4. redacción
5. presentación
6. reflexión
7. capacidad
8. autoridad
9. canción
10. emoción
11. ilusión
12. conexión
13. comunicación
17. integridad
15. tensión

Escritores jóvenes conocen un escritor famoso

Los ganadores del concurso del Anuario de escritores jóvenes, almorzaron con la señora Ángela Badger. Algunos estudiantes perdieron su articulasión natural al enfrentarse con la famosa escritora. Otros hablaron, sobre los problemas de la redación, con la esperanza de que la escritora les ayudara. La señora Badger, comentó qué alegría fue para ella ver la hilusion en los ojos de los jóvenes escritores. Ángela Badger también fue impactada por la capasida oral y escrita de estos escritores. Pueden leer cuentos los que ganaron, en la biblioteca del colegio. Podrán, además, encontrar el texto de una cancion compuesta en honor de la señora Badger.

1. _____   4. _____

2. _____   5. _____

3. _____

Escribir una opinión Leigh se desilusionó porque su cuento recibió una mención en vez de un premio. Al final, sin embargo, es su cuento el que la señora Ángela Badger recuerda. Si hubieras estado en el lugar de Leigh, ¿hubieras preferido ganar el premio o ser apreciado por la señora Badger?

En una hoja aparte, escribe un párrafo que describa cómo te hubieras sentido en lugar de Leigh y por qué. Usa palabras de ortografía de la lista.

Nombre _____

¿Está bien o mal?

Un guión para *Querido señor Henshaw* podría contener una escena en la que Leigh le cuente a su mamá acerca de su encuentro con Ángela Badger. Vuelve a escribir cada oración. Primero reemplaza la palabra subrayada por una connotación positiva. Luego, vuelve a escribir la oración pero reemplazando la palabra por una connotación negativa. Escoge tus palabras de la casilla de abajo.

aburrido	aroma	charlaron	desconocida
famosa	ocurrente	peste	chismearon

1. ¡Mamá, la señora Badger dijo que mi cuento era <u>original</u>!

_____

_____

2. Ella me dijo que yo escribí sobre el <u>olor</u> de las uvas al sol.

_____

_____

3. Le preguntamos qué se siente al ser una autora <u>reconocida</u>.

_____

_____

4. Los demás chicos <u>hablaron</u> más que yo con la Sra. Badger.

_____

_____

¡Achícalo!

Abreviatura Una **abreviatura** es una forma acortada de una palabra. La mayoría de las abreviaturas comienzan con mayúscula y terminan con un punto. La mayoría de las abreviaturas se deben usar solamente en determinados tipos de escritura, como en cartas o listas.

Abreviaturas comunes					
Sr.	señor	Col.	colonia	Cía.	compañía
Sra.	señora	Ave.	avenida	Ltda.	limitada
Srta.	señorita	Apto.	apartamento	NY	Nueva York
Dr.	doctor	C.P.	código postal	TX	Texas
Lic.	licenciado	D.F.	distrito federal	CA	California
Ud.	usted	No.	número	FL	Florida

Vuelve a escribir cada grupo de palabras. Usa abreviaturas donde sea posible.

1. Versal Editorial Group, limitada _____

2. El señor David Mallick _____

3. Puede usted enviar su carta. _____

4. 2557 Avenida Primavera, apartámento 4 _____

5. La Habra, California _____

6. Código postal 100043 _____

7. Firma: doctor Torres _____

8. Edificio número 9, Colonia Francisco Villa, Guadalajara

_____

Nombre _____

Títulos, "Títulos" y
más títulos

Los títulos En español, *sólo la primera* letra del título va en mayúscula, ya sea el título de una película, un artículo de periódico o un libro. Se exceptúan los casos en que el título incluye nombres propios, los cuales *sí* irían con mayúscula. Los títulos deben ir en tipografía itálica o subrayados. Los títulos de trabajos breves, como cuentos cortos, poemas, artículos, canciones y capítulos de libros van entre comillas.

Periódico: Mi madre lee cada día <u>La Opinión</u>.

Libro: Yo le leí <u>¡Qué familión!</u> a mi hermanito.

Capítulo: El primer capítulo se titulaba "Éramos tres".

**Cada una de las siguientes oraciones incluye un título.
Vuelve a escribir cada una correctamente.**

11. Érase Una Vez fue mi libro favorito durante mi infancia.

_____

12. Diana leyó un libro titulado la edad de oro.

_____

13. Uno de los poemas que incluye es los dos príncipes.

_____

14. Carlos vio la película los viajes de Gulliver.

_____

15. Elena escribió una reseña para la revista escolar Adelante, Estudiantes.

_____

16. ¿Conoces la canción tradicional De Colores?

_____

17. En mi cumpleaños me cantaron Las Mañanitas.

_____

Aplica lo que sabes: Abreviaturas

Un buen escritor usa las abreviaturas sólo en determinados tipos de escritura, como listas y direcciones. David usó las abreviaturas donde debió haber escrito la palabra entera, y escribió palabras enteras donde pudo abreviarlas.

Vuelve a escribir y corregir la dirección. Luego, corrige el cuerpo de la carta. Corrige cada error sobre la línea.

señor David Oliva _____

Avenida Martí, apartamento 20 _____

Miami, Florida _____

Querido señor López:

    Soy un admirador de su trabajo. La última vez que estuve en México, distrito federal, fui a una de sus conferencias. También estuve en la que dio en CA. Pero cuando estuvo en NY, apenas pude entrar. La ave. estaba llena de gente. Todos querían que Ud. les firmara un libro.

    De todas formas, yo seré el primero en llegar a su próxima conferencia. Hablaré con mi maestra, la señorita Elena Fonseca, para que luego organice una charla literaria.

    Hasta entonces, reciba mis más cordiales saludos.

                Su admirador,

                David Oliva

                David Oliva

Nombre _____

Escribir una nota de diario

Usa el siguiente diagrama de flujo para organizar tu nota de diario. Primero, escoge un tema. Luego, escribe los sucesos principales en orden cronológico, uno en cada casilla. Por último, escribe detalles sobre cada suceso. Incluye opiniones, sensaciones, reacciones, preguntas e ideas personales.

Tema: _____

Suceso:

Detalles:

↓

Suceso:

Detalles:

↓

Suceso:

Detalles:

Nombre _____

Ampliar oraciones usando adjetivos

Un **adjetivo** como *animado o aburrido* puede describir a un sustantivo o pronombre. Los buenos escritores usan adjetivos para crear una imagen clara y vívida de lo que están describiendo o narrando.

Lee esta nota de diario que Leigh Botts pudo haber escrito después de una excursión. Luego vuelve a escribirla, pero añade adjetivos de la lista para que la descripción cobre más vida. Usa tantos adjetivos como te sea posible. Enlázalos con una y, o con comas cuando sea necesario. Puedes cambiarlos de género y número para hacerlos concordar o usarlos tal y como aparecen en la lista.

Sábado, 10 de marzo

    Hoy di una caminata por el bosque. Una nube de mariposas monarcas flotaban en el aire. Cuando yo me recliné tranquilamente en el tronco de un árbol, ellas se posaron sobre las hojas. Al llegar la tarde, el sol parecía una moneda incrustada contra las lomas. Sabía que ya era tiempo de irme a casa, pero la gasolinera es demasiado ruidosa comparada con el silencio del bosque.

Adjetivos

oscuras	solitario
distantes	anaranjadas
enorme	verdes
delicadas	breve
frescas	congestionada
dorada	húmedo
bulliciosa	pequeña
brillante	

_____

_____

_____

_____

_____

_____

_____

Nombre _____

Escoger la palabra correcta

Usa las estrategias y los consejos para tomar una prueba para responder las siguientes preguntas. Esta práctica te ayudará cuando tomes este tipo de prueba.

Lee los siguientes pares de oraciones. Luego, selecciona una palabra que complete correctamente ambas oraciones. Para responder, rellena el círculo correspondiente en la parte inferior de la página.

1   Leigh Botts podía ser un experto en este tipo de _____.
     Las instrucciones debían incluir una _____ del trabajo.

    A patrimonio   **C** diferencia

    B descripción   **D** celebración

2   La perra evitaba que Mamá tropezara con los _____.
     Los principales _____ aparecían el día que recogían la basura.

    F ruidos   **H** obstáculos

    G instintos   **I** diarios

3   La ópera es parte del _____ chino.
     Los pueblos deben cuidar su _____.

    A referencias   **C** patrimonio cultural

    B adiestramiento   **D** costumbre

4   Para Lynn era importante el trabajo _____ que ella hacía en el refugio.
     Como es _____, lo ejecutas por tu propia voluntad.

    F increíblemente   **H** diario

    G prosa   **I** voluntario

LÍNEAS DE RESPUESTAS   **1** Ⓐ Ⓑ Ⓒ Ⓓ   **3** Ⓐ Ⓑ Ⓒ Ⓓ

                      2 Ⓕ Ⓖ Ⓗ Ⓘ   **4** Ⓕ Ⓖ Ⓗ Ⓘ

Nombre _____

Escoger la palabra
correcta continuación

5   Úrsula llegó a convertirse ¡en la mejor _____ del mundo!

Una _____ debe memorizar todas las rutas de su dueño.

A ópera   **C** referencia

B perra guía   **D** tradición

6   Leigh Botts escribía cartas al Señor Henshaw y hacía descripciones

en su _____ .

El _____ de un escritor puede contener interesantes
tradiciones.

F diario   **H** patrimonio cultural

G tradiciones   **J** experiencias

7   Para la Hermana Segunda era muy importante conocer la

_____ .

La _____ une el canto y la actuación.

A diferencia   **C** ópera

B celebración   **D** prosa

8   Entre Mariah y Yang Segunda pudiera haber una gran _____ .
Tal vez, ¡la calma!

La _____ entre los hermanos gemelos es muy poca.

F competir   **H** prosa

G decorar   **J** diferencia

Nombre _____

Repaso de ortografía

Utiliza las palabras de ortografía que aparecen en la lista para responder las siguientes preguntas.

1-8. ¿Qué ocho palabras tienen *g, j, x?*

1. _____ 5. _____

2. _____ 6. _____

3. _____ 7. _____

4. _____ 8. _____

9-14. ¿Qué seis palabras tienen *r* fuerte?

9. _____ 12. _____

10. _____ 13. _____

11. _____ 14. _____

15-22. ¿Qué ocho palabras tienen *r* suave?

15. _____ 19. _____

16. _____ 20. _____

17. _____ 21. _____

18. _____ 22. _____

23-30. ¿Qué ocho palabras tienen sufijos *-dad, -ción, -sión,*
o *-xión?*

23. _____ 27. _____

24. _____ 28. _____

25. _____ 29. _____

26. _____ 30. _____

Palabras de ortografía
1. privilegiado
2. exigente
3. favorito
4. México
5. diligencia
6. generoso
7. capacidad
8. jóvenes
9. bandeja
10. postura
11. redacción
12. murmuró
13. ruta
14. mayoría
15. conexión
16. parecía
17. reflexión
18. ilusión
19. diferencia
20. marcharon
21. corral
22. trajes
23. recorrieron
24. perra
25. revoltosa
26. presentación
27. integridad
28. ruido
29. retirada
30. tensión

Nombre _____

¡Más ortografía!

Completar frases **Escriba la palabra de ortografía que mejor se ajuste a cada frase.**

1. La _____ ladró toda la noche.

2. Me gustan la playas de _____ .

3. Un hombre noble también es _____

4. Alguien que es capaz, tiene _____

5. Si no hay plato, comemos en _____

6. Los _____ deben respetar a los mayores.

7. Reflexionar viene de _____

Palabras de ortografía
1. mayoría
2. marcharon
3. corral
4. capacidad
5. bandeja
6. México
7. reflexión
8. perra
9. exigente
10. ruta
11. diferencia
12. jóvenes
13. generoso
14. redacción
15. presentación

Detective de palabras **Usa las pistas para describir las palabras de ortografía. Luego escríbelas en la línea.**

8. lo opuesto de minoría _____

9. que exige mucho _____

10. camino o trayectoria _____

11. lo opuesto de similitud _____

12. se fueron, se _____

13. lugar donde se encierra el ganado _____

14. viene de presentar _____

15. viene de redactar _____

Nombre _____

Corregir y escribir

Corregir En el párrafo siguiente, rodea con un círculo las seis palabras mal escritas. Luego escríbelas sobre la línea.

Eres un privilejiado ya que puedes manejar tu carro favorrito y usar trages elegantes todos los días. Además, tienes una hija que aunque es revoltoza, es muy inteligente.

Te aconsejo que cuides tu intejridad y mantengas una posturra correcta en todo momento.

1. _____   4. _____

2. _____   5. _____

3. _____   6. _____

Completa los espacios en blanco con las palabras de ortografía que quedan.

7. Por su gran _____ todo le sale bien.

8. Algo _____ que no le pude oír.

9. Perdió la _____ con el vuelo siguiente.

10. _____ que todo saldría bien, mas no fue así.

11. Tenía gran _____ con su nuevo juguete.

12. Los turistas _____ el museo.

13. Con tanto _____ es imposible entender lo que dice.

14. En su _____ abandonaron el armamento.

15. Con tanta _____ nadie estaba tranquilo.

✏️ **Escribir una carta** En una hoja aparte, escribe una carta a alguien a quien desees visitar. Usa las palabras de ortografía.

Palabras de ortografía

1. favorito
2. trajes
3. revoltosa
4. privilegiado
5. postura
6. integridad
7. tensión
8. ruido
9. ilusión
10. conexión
11. diligencia
12. murmuró
13. parecía
14. retirada
15. recorrieron

Nombre _____

Establecer la escena

Piensa en una secuela para *El caso del apetito escapado* en el cual Joe
Giles visita a la Princesa Verónica en su propio país. ¿Qué personajes
nuevos incluirías? Haz una descripción del ambiente, los personajes y
el problema en la tabla que sigue. Sé tan preciso como sea posible.

Escena inicial	Descripción:

Ambiente
 	
  Tiempo:
  Lugar:	

Personajes:	
Problema:	

Nombre _____

Comparar producciones

**Piensa sobre una película, obra de teatro o programa de televisión que
hayas disfrutado. Compáralo con *El caso del apetito escapado*.
Asegúrate de pensar sobre los personajes, el ambiente, la trama y otros
detalles. Escribe sobre cada producción en el diagrama Venn que
sigue. Recuerda usar la parte de los círculos que se cruzan para lo que
ambas producciones tienen en común.**

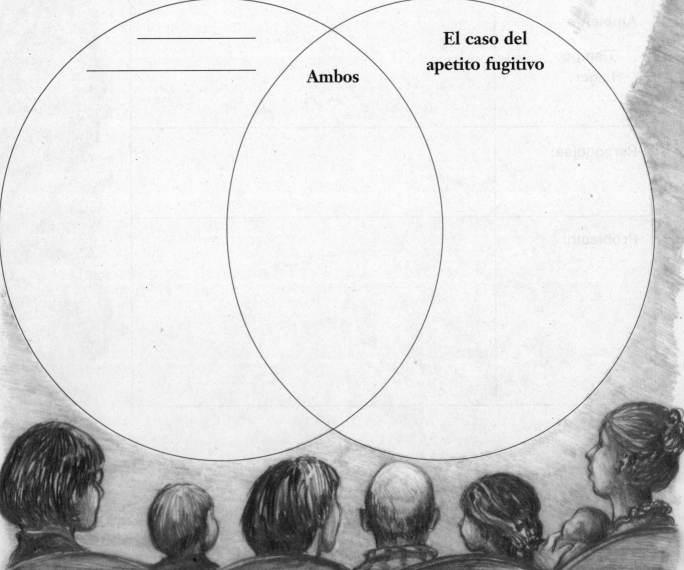

_____
_____

Ambos

**El caso del
apetito fugitivo**

Nombre _____

Un territorio, muchos senderos

Después de leer cada selección, llena la tabla para mostrar lo que aprendiste sobre la gente que vivía en la frontera estadounidense hace tiempo.

	La pequeña pionera	Un niño llamado Lento
Di cuál es el personaje principal de esta selección y proporciona un dato importante sobre esa persona.		
¿Cuáles desafíos especiales enfrentó esta persona en la selección?		
¿Qué atributos ayudaron a esta persona a sobreponerse exitosamente a los desafíos?		
¿Cómo contribuyeron los esfuerzos de esta persona al pasado de Estados Unidos?		

Nombre _____

Un territorio, muchos senderos

	Vaquero negro, caballos salvajes	Elena
Di cuál es el personaje principal de esta selección y proporciona un dato importante sobre esa persona.		
¿Cuáles desafíos especiales enfrentó esta persona en la selección?		
¿Qué atributos ayudaron a esta persona a sobreponerse exitosamente a los desafíos?		
¿Cómo contribuyeron los esfuerzos de esta persona al pasado de Estados Unidos?		

¿Qué has aprendido sobre las contribuciones que las distintas personas han hecho a la cultura y al patrimonio estadounidense?

_____

_____

Nombre _____

Camino del guerrero

Lee el párrafo a continuación. Usa las palabras en el cuadro para llenar el espacio en blanco.

Vocabulario

costumbres

reputación

asaltos

determinación

respeto

Las habilidades físicas mayormente son heredadas de los padres y abuelos, pero el carácter se desarrolla a través de las experiencias de la vida. ¿Cómo ganaría un joven guerrero la _____ de un guerrero valiente? Una manera era dirigir _____ contra el campamento enemigo. Otra era librar una batalla contra un grupo rival y tocar a su líder con una macana. Otra aún era mostrar _____ al completar una misión difícil. Ganar el _____ de la familia era muy importante para los jóvenes guerreros. Esto sólo podía hacerse al observar fielmente las tradiciones y _____ que se extendían a través de generaciones. Una tradición importante era ir solo en una excursión por terreno silvestre en busca de una visión. A veces esto podía proporcionar un nuevo nombre al joven guerrero, uno que tenía fuerza y poder.

Nombre _____

Tabla de conclusiones

Pistas sobre el cuento		Conclusiones
página 471	+	=
páginas 472 a 475	+	= Lento probablemente cuenta con lo que es necesario para ser un buen líder.
páginas 476 a 479 Lento practica la lucha y la caza. Se hace fuerte. Mata a un búfalo a los diez años.	+ Lento es cuidadoso y pausado. La gente deja de bromear sobre él. Decide sumarse a la batalla contra los crow.	=
página 480 a 483 Lento anuncia que tomará parte en el ataque. En vez de esperar, se adelanta rápidamente hacia los crow.	+ Lento toca a un guerrero crow con su macana y saca una flecha de su mano. Los guerreros crow huyen.	=

¿Qué predicciones puedes hacer sobre el tipo de persona que Lento será cuando sea adulto?

_____

_____

Nombre _____

Los primeros años de la vida de Lento en una línea

La línea de tiempo a continuación muestra algunos eventos importantes en los primeros años de la vida de Toro Sentado. Responde a cada pregunta y habla sobre cada suceso.

1. **1831:**
   ¿Quién tiene un hijo?

1. _____
   _____
   _____

2. **Los primeros meses de vida:**
   ¿Qué nombre le dan El que Vuelve y su esposa a su hijo? ¿Por qué?

2. _____
   _____
   _____
   _____

3. **Siete años de edad:**
   ¿Qué piensa Lento sobre su nombre? ¿Qué anhela hacer?

3. _____
   _____
   _____
   _____

4. **Expedición de cacería:**
   ¿Qué pasa cuando El que Vuelve se va de cacería?

4. _____
   _____
   _____
   _____

5. **Diez años de edad:**
   ¿Qué cosa grandiosa hace Lento? ¿Qué más hace para prepararse para la edad adulta?

5. _____
   _____
   _____
   _____

6. **Catorce años de edad:**
   ¿Qué decide hacer Lento? ¿Cuál es el resultado?

6. _____
   _____
   _____
   _____

Nombre _____

¿Por qué piensas que...?

Lee el siguiente fragmento. Luego realiza la actividad en la página 277.

Sequoyah

Cuando Sequoyah era niño, pocas personas podrían haber adivinado que sería aclamado un día como un genio y un salvador de la nación cherokee. Nació alrededor de 1760 y se crió en Tennessee, siguiendo las costumbres cherokees y usando la vestimenta tradicional del pueblo cherokee. Una enfermedad infantil lo dejó parcialmente discapacitado, pero logró obtener aptitudes de orfebre y herrero.

Sequoyah nunca aprendió a hablar, leer o escribir en inglés. Sin embargo, llegó a fascinarle la escritura en inglés. Es más, creía que el secreto del éxito de los colonos blancos era su lenguaje escrito.

Sequoyah se dio cuenta que cada letra del alfabeto en inglés representaba un sonido. En 1809 empezó a crear un alfabeto similar en el idioma cherokee. En pedazos de corteza de árbol, rayó símbolos que representaban los sonidos del cherokee. Su esposa no estaba de acuerdo.

— ¿Por qué estás perdiendo el tiempo? — se quejaba—. ¡Deberías estar trabajando, no haciendo dibujos!

Sequoyah la ignoró. Sabía que su labor podía ser importante para el pueblo cherokee. Finalmente, después de muchos años, había creado un conjunto de ochenta y cinco caracteres para representar todos los sonidos del idioma cherokee. Cuando los mostró a los miembros de su tribu, sin embargo, éstos se rieron de él.

— ¿Para qué necesitas un alfabeto? — dijeron.

Sequoyah no perdió la fe, sin embargo. Viajó a Georgia para mostrar su trabajo a los principales jefes cherokees. Quedaron impresionados. El alfabeto era fácil de aprender y permitía que la gente se comunicara por escrito. Pronto, los cherokees publicaban su propio diario. Sequoyah fue elogiado como un gran hombre tanto por los cherokees como por el gobierno estadounidense. Se hizo maestro y pasó a ser un líder muy respetado del pueblo cherokee.

Nombre _____

¿Por qué piensas que...? continuación

Responde a estas preguntas sobre el fragmento en la página 276.

1. ¿Por qué piensas que Sequoyah era considerado un genio?

_____

_____

2. ¿En qué maneras posiblemente haya contribuido el alfabeto a preservar las costumbres y el estilo de vida de los cherokees?

_____

_____

3. ¿Por qué crees que Sequoyah continuó trabajando en el alfabeto a pesar de que otros miembros de su tribu no estaban de acuerdo?

_____

_____

4. ¿Por qué crees que la gente cherokee cambió de opinión acerca del alfabeto?

_____

_____

5. ¿Qué cualidades tenía Sequoyah? Usa detalles del fragmento como ayuda para responder.

_____

_____

_____

Nombre _____

Emparejar las partes de las palabras

Lee cada oración. Empareja cada prefijo del cuadro de la izquierda con una palabra base del cuadro de la derecha que complete la oración. Escribe la palabra en el espacio en blanco. (Los prefijos pueden usarse más de una vez).

ex- *sub-* *super-*	estudiantes poner baratos raya
	presidente desarrollados título siguiente

1. La reunión de los _____ será en el auditorio de la escuela.

2. El aniversario no es hoy sino el día _____ a la boda.

3. Es necesario _____ el papel de calcar.

4. El hambre y las enfermedades son problemas graves en los países _____.

5. El congreso acusó al _____ de traición.

6. En el segundo renglón, escribe un _____ que describa el tema.

7. Luego _____ en rojo los párrafos más importantes.

8. Conseguí regalos _____ en el rastro.

Nombre _____

Así mismo suena

El sonido de la *s* puede escribirse con varias letras: *s, c, z y x*.

Escribe las palabras de ortografía y si alguna letra es la razón por la cual escogiste *c*, *z* o *x* en vez de *s*, subráyala.

_____   _____

_____   _____

_____   _____

_____   _____

_____   _____

_____   _____

_____   _____

_____

Palabras de ortografía

1. esclavo
2. luces
3. sencilla
4. escuela
5. cruces
6. lápiz
7. hortalizas
8. planicie
9. escribir
10. parecen
11. cabezas
12. iniciar
13. recibir
14. baloncesto
15. necesitaba

Nombre _____

¡Más ortografía!

Más de uno **Forma el plural de las siguientes palabras:**

1. cruz _____

2. lápiz _____

3. planicie _____

4. escuela _____

5. esclavo _____

Palabras de ortografia

1. esclavo
2. luces
3. sencilla
4. escuela
5. cruces
6. lápiz
7. hortalizas
8. planicie
9. escribir
10. parecen
11. cabezas
12. iniciar
13. recibir
14. baloncesto
15. necesitaba

Palabras escondidas **Escribe la palabra de ortografía que está escondida en cada hilera de letras. ¡No dejes que las otras letras te confundan!**

6. a l e s c a b e z a s a l e

7. s i n n e c e s i t a b a

8. s e n c i l l a m i e n t e

9. r e s e s c r i b i r e v i r s e

10. i r e n r e c i b i r t e r i r

11. o t b a l o n c e s t o e s

12. t e p e p a r e c e n e n t e s

13. r e l u c e s c i t a s

14. c h o r t a l i z a s e s t

15. p r o t i n i c i a r

6. _____

7. _____

8. _____

9. _____

10. _____

11. _____

12. _____

13. _____

14. _____

15. _____

Nombre _____

Corregir y escribir

Rodea con un círculo cinco de las palabras de ortografía que tienen errores ortográficos en estas oraciones. Luego, escribe cada palabra correctamente.

Lento: ¿Cuánto tiempo más tendremos que ser llamados por estos nombres? Los ancianos menean sus cabesas y piensan que soy un niño. ¿Cómo podré inisiar mi época de adulto, y podré cambiar mi nombre?

Boca hambrienta: Sé lo que dices. Yo pienso igual que tú. Yo quiero resivir un nombre que demuestra determinación y no uno que dice que estoy hambriento todo el tiempo. ¡Y los ancianos parezen comprendernos!

Lento: Es cierto, pero ellos esperan que nos merezcamos un nuevo nombre. Tenemos que hacer algo que se sepa en toda la planisie . La próxima vez que se forme una partida de guerreros nos presentaremos.

Palabras de ortografía

1. esclavo
2. luces
3. sencilla
4. escuela
5. cruces
6. lápiz
7. hortalizas
8. planicie
9. escribir
10. parecen
11. cabezas
12. iniciar
13. recibir
14. baloncesto
15. necesitaba

1. _____   4. _____

2. _____   5. _____

3. _____

Escribir un resumen Si un amigo te preguntara de qué trata *Un niño llamado Lento*, ¿qué dirías? ¿Qué sucede en el cuento? ¿Quiénes son los personajes principales? ¿Cuáles son los detalles más importantes para entender los sucesos del cuento?

En una hoja aparte, escribe un breve resumen del cuento. Procura usar las palabras de ortografía de la lista.

Nombre _____

Lento es a niño como...

Lee cada analogía. Escribe la palabra que mejor completa cada analogía.

1. *Compartir* es a *acaparar* como *ganar* es a _____

   recolectar   perder   pesado   rendición

2. *Heredado* es a *recibido* como *chillado* es a _____

   callado   ira   discutió   gritado

3. *Hijo* es a *familiar* como *potro* es a _____

   crin   montura   animal   estribos

4. *Valentía* es a *guerreros* como *prudencia* es a _____

   ancianos   bebés   inteligente   escuela

5. *Retirar* es a *avanzar* como *hablar* es a _____

   charla   escuchar   silenciosos   orden

6. *Lento* es a *nombre* como *invierno* es a _____

   verano   congelado   nieve   estación

7. *Seguir* es a *rastrear* como *proteger* es a _____

   cuidar   advertir   asalto   observar

Usa tres palabras del cuadro para escribir una analogía incompleta en una hoja aparte. Desafía a una pareja a que la complete con una de las palabras que queden. Se muestra una respuesta posible.

profundo	montañas	puntiagudas	nadar
planas	océanos	llanuras	

8. *Llanuras* es a *planas* como *montañas* es a *puntiagudas*.

Un niño llamado Lento

Destreza de gramática
Pronombres en función de
sujeto y de complemento

Nombre _____

Objetamos

Pronombres en función de sujeto y de complemento Un pronombre es
una palabra que reemplaza un sustantivo. *Yo, tú, ustedes, él, ella, ello, nosotros,
nosotras, ellos* y *ellas* son pronombres en función de sujeto. Además, *me, te, le,
la, lo, nos, los, las, les, mí, ti, conmigo, contigo, se* y *sí* son pronombres en función
de complemento. Usa un pronombre en función de sujeto como sujeto de
una oración. Usa un pronombre en función de complemento como el objeto
de un verbo de acción.

**Subraya el pronombre en paréntesis que completa correctamente cada
oración.**

1. (Yo/me) tengo un apodo.

2. Mi mamá (mi/me) hizo un postre.

3. ¿Quieres ir con (mí/conmigo) a la fiesta?

4. La gente (le/lo) da manzanas todo el tiempo.

5. ¿Josefina (se/le) vistió así?

6. Mi hermana Cheryl es llamada Cookie por

   (nos/nosotros).

7. Él (la/le) llama a cada rato.

8. Cheryl (los/les) agradece.

9. Dame las peras a (yo/mí).

10. Ellos piensan que Michael (los/les)

    acompañó.

Nombre _____

¿Debe ser tú o usted?

Usar tú y usted Corrige las oraciones usando **tú** la primera vez y
usted la segunda vez.

1. Dígale a tu mamá que debe venir a hablar con el director.

   _____

   _____

   _____

2. Es usted muy amable. Te lo agradezco mucho.

   _____

   _____

Llena el espacio en blanco con el pronombre correspondiente.

1. María, no sabes cuánto _____ quiero.

2. Srta. Martínez, ¿a _____ le parece apropiado quitar

   _____ los zapatos?

3. Señores, les quiero agradecer, porque han luchado _____

   por una noble causa.

4. _____ no tienes la culpa.

5. Sr. Presidente, _____ no tiene derecho a maltratarlos.

Nombre _____

Profesionales de los pronombres

Los buenos escritores son cuidadosos de usar pronombres de la manera adecuada y de usar usted cuando es requerido.

Gloria está escribiendo para el periódico de la escuela. Corrige su borrador. Tacha cada pronombre incorrecto y escribe el correcto encima.

El presidente del consejo estudiantil se dirigió a los alumnos la semana pasada para hablar sobre la propuesta de los uniformes. Le dijo: "Tú deben respaldarme a mí y al vicepresidente. Ambos necesito toda tu ayuda".

Los estudiantes le aplaudieron.

Carlos Pérez levantó su mano y se dirigió a yo. Srta. Secretaria, ¿contamos también con tú? Mi respuesta fue rotunda. Les respondí mirándolo a los ojos: "Puedes contar mi".

La mayoría de los alumnos están de acuerdo con el presidente. Ponerte uniforme es pésima idea. ¿Qué te parece a tú?

Nombre _____

Escribir un discurso persuasivo

En *Un niño llamado Lento*, un niño lakota de catorce años de edad valientemente protege a su pueblo de una banda guerrera crow y se gana un nuevo nombre. Su padre, El que Vuelve, pronuncia un breve discurso sobre la valentía de Lento. Ahora tú escribirás un discurso persuasivo donde El que Vuelve describe la valentía de su hijo en la batalla contra los crow y convence a su audiencia de que Lento merece un nuevo nombre.

Usa la tabla siguiente para comenzar. Primero, identifica el propósito del discurso y la audiencia ante la cual lo pronunciarás. Luego enumera dos o más razones por las que Lento merece un nuevo nombre. Incluye pruebas para justificar tus razones.

Propósito	Audiencia	Razones

Nombre _____

Usar citas

Los buenos escritores de discursos hacen sus discursos más animados y convincentes al incluir citas directas e importantes sobre el tema. Cuando uses una cita directa, haz lo siguiente:

► Escribe las palabras exactas que dijo la persona.

► Usa comillas para separar la cita del resto de la oración.

► Nombra a la persona responsable por la cita.

► Asegúrate de deletrear correctamente el nombre de la persona citada.

Lee cuidadosamente estas citas de conocidos indígenas norteamericanos.

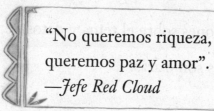

"No queremos riqueza, queremos paz y amor".
—*Jefe Red Cloud*

"La tierra y yo somos uno en mente".
—*Jefe Joseph*

Ahora corrige los extractos de los discursos en que se usan estas citas. En las líneas, vuelve a escribir cada extracto. Usa las pautas listadas arriba como ayuda.

1. Scott Franklin ahora compartirá las asombrosas transparencias de su excursión de campamento alrededor del mundo. El experimento sobre la vida del Sr. Franklin hace eco a la creencia del Jefe Joseph de que La tierra y yo somos uno en mente.

_____

_____

_____

2. Nuestro grupo de vecinos se opone a la urbanización propuesta porque, como alguien dijo, No queremos riqueza, queremos paz y amor.

_____

_____

_____

Nombre _____

Revisar tu informe de investigación

Vuelve a leer tu informe de investigación. ¿Qué necesitas hacer para mejorarlo? Usa esta página como ayuda para decidir. Pon una marca en el cuadro de cada oración que describa tu informe de investigación.

¡Al máximo!

☐ Elegí un tema interesante para investigar.

☐ Utilicé fuentes diversas y confiables para encontrar información.

☐ Tomé notas cuidadosamente y las utilicé para escribir mi informe.

☐ Mis párrafos contienen oraciones sobre el tema y datos de apoyo.

☐ Mis referencias pronominales son claras.

☐ Hay muy pocos errores.

Casi, casi

☐ Podría hacer que el tema sonara más interesante al lector.

☐ Quizá el uso de más fuentes me ayudaría a obtener los datos correctos.

☐ Tengo que seguir mis notas más de cerca.

☐ Algunas de mis referencias pronominales no están claras.

☐ Hay varios errores que se deben corregir.

Prueba otra vez

☐ Mi tema no es muy interesante.

☐ No usé suficientes fuentes para encontrar datos.

☐ No tomé notas cuidadosas sobre lo que descubrí.

☐ Demasiados errores hacen que el informe sea difícil de leer.

Nombre _____

Referencias pronominales

Los pronombres son palabras que reemplazan a los sustantivos o a otras palabras. Escribe la palabra o palabras a los cuales se refiere el pronombre subrayado en cada ejercicio.

1. Las piedras preciosas son difíciles de encontrar. Usualmente, <u>ellas</u> están incrustadas en rocas con apariencia ordinaria.

2. Las piedras preciosas sin impurezas serían sólo cristales incoloros. El color de la piedra preciosa depende del tipo de impurezas que <u>ésta</u> contenga.

3. El metal cromo da un color verde a un tipo de cristal, lo cual <u>lo</u> convierte en una esmeralda.

4. Las piedras preciosas pueden ser más duras que la roca que <u>las</u> rodea.

5. Los buscadores de rocas a menudo encuentran piedras preciosas en los bancos de los ríos. <u>Ellos</u> buscan lugares donde las rocas alrededor han sido erosionadas.

6. Los zafiros son de color azul vivo. <u>Éste</u> proviene de una mezcla de titanio e hierro.

7. Los rubíes impuros tienen cromo. <u>Éste</u> les da un color rojo profundo.

8. Una vez que se encuentra una piedra preciosa, <u>ésta</u> debe ser cortada por los cortadores de piedras preciosas.

1. _____   5. _____

2. _____   6. _____

3. _____   7. _____

4. _____   8. _____

Tema 5: **Un territorio, muchos senderos**   289

Nombre _____

Palabras de ortografía

Palabras con errores ortográficos comunes Busca patrones
de ortografía conocidos para ayudarte a recordar cómo se
deletrean las palabras de ortografía en esta página. Piensa
detenidamente sobre las partes que encuentres difíciles de
deletrear en cada palabra.

**Escribe las letras que faltan en las palabras de ortografía
que siguen.**

Palabras de ortografía

1. gélidos
2. zapato
3. decisión
4. querer
5. patín
6. único
7. espacio
8. amanecer
9. bosque
10. hace
11. joven
12. desplazar
13. extracciones
14. óptimo
15. perdiz

1. _____ _____ lidos

2. _____ _____ pato

3. de _____ _____ sión

4. _____ _____ erer

5. pat _____

6. _____ _____ ico

7. espa _____ _____ o

8. amane _____ _____ r

9. bos _____ _____ e

10. _____ a _____ e

11. _____ ven

12. _____ timo

13. despla _____ _____ r

14. extrac _____ _____ ones

15. perd _____ _____

Lista de estudio En una hoja aparte, escribe
cada palabra de ortografía. Compara tu
ortografía con las palabras de la lista.

Nombre _____

¡Más ortografía!

Claves de contraste La segunda parte de cada pista
contrasta con la primera parte. Escribe una palabra de
ortografía para cada pista.

1. no inmovilizar, sino _____.

2. no viejo, sino _____.

3. no deshace, sino _____.

4. no atardecer, sino _____.

5. no común, sino _____.

6. no odiar, sino _____.

1. _____

2. _____

3. _____

4. _____

5. _____

6. _____

1. gélidos
2. zapato
3. decisión
4. querer
5. patín
6. único
7. espacio
8. amanecer
9. bosque
10. hace
11. joven
12. desplazar
13. extracciones
14. óptimo
15. perdiz

Palabras escondidas Escribe la palabra de ortografía que
está escondida en cada hilera de letras. ¡No te dejes
confundir por las otras letras!

7. fúnextraccionescico

8. asteperdizers

9. zonzapatoazeto

10. telepatína

11. ugélidosodrle

12. sespaciona

13. chedecisiónndea

14. tópóptimo

15. rebosquete

7. _____

8. _____

9. _____

10. _____

11. _____

12. _____

13. _____

14. _____

15. _____

Nombre _____

Corregir y escribir

Corregir **Rodea con un círculo las cuatro palabras de ortografía incorrectas en la canción. Luego escríbelas correctamente.**

Tu amor me hace sentir como una perdis

En esta tarde gris.

Eres el amaneser, te canto a ti

Oh joben eres unico para mí

Palabras de ortografía

1. gélidos
2. zapato
3. decisión
4. querer
5. patín
6. único
7. espacio
8. amanecer
9. bosque
10. hace
11. joven
12. desplazar
13. extracciones
14. óptimo
15. perdiz

1. _____ 3. _____

2. _____ 4. _____

✏️ **Escribir poesía en equipo** **Trabaja con un compañero de clase. Luego, creen un poema sobre el Oeste turnándose para escribir las líneas del poema. Usa palabras de ortografía de la lista.**

Nombre _____

Comenzar otra vez

Lee el párrafo que sigue. Completa cada espacio con una palabra de la caja.

Durante la segunda mitad del Siglo XIX, muchos

_____ de Europa viajaron hacia el

oeste atravesando los Estados Unidos para comenzar vidas

nuevas. Las familias se apropiaron de terrenos. Después de cinco

años de cultivar la tierra y vivir en ese _____

podían establecer el _____ a la propiedad.

Los avisos financiados por las líneas de ferrocarril decían que las

_____ planas y sin árboles tenían tierras

_____ para cultivar. Los avisos

convencieron a muchas familias de que tendrían éxito como

agricultores en la región. Algunos _____ sí lo

tuvieron. Pero había quien se _____ y

regresaba al Este. Muchos de los que se quedaron construyeron

casas con bloques de _____ de las

praderas. Con su casa construida y sus cultivos en

crecimiento, una familia tenía un buen comienzo.

Vocabulario

derecho
desanimaba
fértiles
inmigrantes
pioneros
praderas
tepe
terreno

Tema 5: **Un territorio, muchos senderos**   293

Nombre _____

Vida pionera

Lo que s<u>é</u>	Lo que <u>q</u>uiero saber	Lo que <u>a</u>prendí

Nombre _____

Crucigrama de la pradera

Usa estas pistas para completar el crucigrama sobre *La pequeña pionera*.

Horizontal

3. La mayoría de los colonizadores que vivían cerca de los McCance eran _____.
5. bloques de tierra
8. pradera en la zona oriental más lluviosa del Medio Oeste: Pasto _____
11. Un quehacer común entre los niños era _____ vacas.
12. pradera en la zona seca occidental del Medio Oeste: Pasto _____
14. Gran parte de las Grandes Llanuras está _____ y no tiene árboles.
15. El "árbol" de Navidad de los McCance estaba decorado con cadenas de _____.

Vertical

1. terreno cubierto de hierba
2. Cuando un incendio de pradera se aproximaba, los agricultores prendían _____.

4. Los McCance usaron esto para decorar su "árbol" de Navidad.
6. Los niños hambrientos tenían que esperar una _____ mesa los días feriados.
7. Grace echó a _____ para escaparse de la vaquilla.

9. El nombre verdadero de "Pete".
10. Los gansos silvestres se robaban las preciadas _____
13. Las vacas hicieron una cueva en la pila de _____.

Nombre _____

¡Únase!

**Lee los siguientes volantes, similares a las circulares de los años
1870. Úsalos para contestar las preguntas en la página 297.**

1

¡Incorpórese a la Granja ahora!

¡Todos sus vecinos lo están haciendo!

Como miembro, se beneficia de los precios de cooperativa de productos y
herramientas. Además, puede tomar parte en los eventos sociales y educativos
de la Granja.

2

¡Actúe ahora!

¡Opóngase a los jefes de las grandes ciudades!

Los jefes de las líneas ferroviarias dicen que apenas pueden obtener una
ganancia, ¡pero no lo crea! Mientras nosotros nos esforzamos para que nos
alcance el dinero, todos ellos viven vidas de lujo en las grandes ciudades.

3

¡Agricultores, únanse!

¡Hará su trabajo más fácil!

La Granja es amiga del agricultor. Es la única organización creada por
agricultores para mejorar las vidas de los agricultores.

4

Ulysses S. Grant dice:

"¡Únase a la Granja!"

¿Escucha usted a su presidente? ¡Debería! El Presidente Grant aprueba la
Granja.

5

¡Luche contra las líneas ferroviarias!

¡Jefferson y Jackson lo habrían hecho!

¡Rebélense, compañeros agricultores! Únanse al movimiento que alimenta a
la gran nación de los Presidentes Thomas Jefferson y Andrew Jackson.

Nombre _____

¡Únase! continuación

Responde a cada pregunta acerca de los volantes en la página 296. Luego, llena los espacios en blanco con la técnica de propaganda que utiliza cada volante.

Técnicas de propaganda

Generalización: hacer declaraciones generales sin basarse en los hechos

Testimonio: usar las palabras de una persona famosa para apoyar una causa

Seguir la corriente: persuadir a la gente a que actúe porque todos los demás lo están haciendo

Transferencia: asociar a una persona famosa con un producto o causa

Causa y efecto imperfectos: sugerir que esto hará que la vida sea mejor

1. ¿Cómo persuade el primer volante a los agricultores a que se unan a la Granja?

_____

Técnica de propaganda: _____

2. ¿Qué dice el segundo volante acerca de los jefes de los sistemas de ferrocarril?

_____

Técnica de propaganda: _____

3. ¿Qué promete el tercer volante?

_____

Técnica de propaganda: _____

4. ¿Por qué cita el cuarto volante al Presidente Grant?

_____

Técnica de propaganda: _____

5. ¿Qué conexión hace el quinto volante?

_____

Técnica de propaganda: _____

Nombre _____

Los sufijos *-ado, -ada* e *-ido*

Lee cada oración. Empareja cada sufijo del cuadro de la izquierda con una palabra base del cuadro de la derecha que complete la oración. Escribe la palabra en el espacio en blanco. (Los sufijos pueden usarse más de una vez).

-ado	*-ada*	*-ido*

acolchar	ordeñar	vestir	emplear	desanimar
empollar	mugir	divertir	rizo	

1. La niña estaba muy _____ por sus notas.

2. Los huevos fueron _____ de mañana.

3. En vez de los pantalones, me voy a poner un lindo
   _____ floreado.

4. El _____ de la vaca me despertó.

5. La _____ del banco fue muy cortés.

6. La manta que le hizo su abuela es _____.

7. El cine estuvo muy _____.

8. Su cabello _____ es la envidia de todos los
   muchachos.

Nombre _____

Que te vaya bien

**A veces es difícil distinguir el sonido de la b y de la v.
Escribe cada palabra bajo la lista de la letra correspondiente
o la lista con ambas letras.**

1. vestido
2. revoltijo
3. caballo
4. bullicio
5. vaquera
6. barril
7. pobladores
8. balbuceo
9. vagaban
10. conversación
11. divierto
12. boquiabierto
13. votante
14. víbora
15. Bolívar

Con *b*

_____   _____

_____   _____

_____   _____

Con *v*

_____   _____

_____   _____

Con *b* y *v*

_____   _____

_____

Tema 5: **Un territorio, muchos senderos**   299

Nombre _____

¡Más ortografía!

Escribe una palabra de ortografía al combinar el comienzo de la primera palabra con el final de la segunda palabra.

1. vestido
2. revoltijo
3. caballo
4. bullicio
5. vaquera
6. barril
7. pobladores
8. balbuceo
9. vagaban
10. conversación
11. divierto
12. boquiabierto
13. votante
14. víbora
15. Bolívar

1. bolita + cavar
2. balsa + buceo
3. boquilla + reabierto
4. vestón + tejido
5. vaca + pesquera

6. vale + rogaban
7. convertir + improvisación
8. revoltoso + lagartijo
9. diva + abierto
10. pozo + habladores

1. _____
2. _____
3. _____
4. _____
5. _____

6. _____
7. _____
8. _____
9. _____
10. _____

Magia de palabras Escribe una palabra de ortografía para cada pista.

11. animal de carga
12. alguien que participa en elecciones
13. recipiente
14. ruido, alboroto
15. serpiente

11. _____
12. _____
13. _____
14. _____
15. _____

Nombre _____

Corregir y escribir

Corregir **Rodea con un círculo las cinco palabras de ortografía que tienen errores ortográficos en el diario. Luego, escribe cada palabra correctamente.**

11 de octubre de 1891

Todos los días noto algo distinto sobre este extraño territorio que me deja boquiavierta. Me dibierto mucho con la conbersasión animada en casa y el vullicio constante de la granja. Me gusta mucho ser baquera. Pero al mismo tiempo, uno vive consciente de que la naturaleza puede destruirlo todo en cualquier momento. Hace que uno desee un hogar un poco más sólido que una casa de tepe.

Palabras de ortografía

1. vestido
2. revoltijo
3. caballo
4. bullicio
5. vaquera
6. barril
7. pobladores
8. balbuceo
9. vagaban
10. conversación
11. divierto
12. boquiabierto
13. votante
14. víbora
15. Bolívar

1. _____   4. _____

2. _____   5. _____

3. _____

✏️ **Escribir acerca de una fotografía** Las fotografías utilizadas para ilustrar la selección muestran escenas de la vida en las Grandes Llanuras durante el Siglo XIX. Elige una que te parezca interesante. ¿Quiénes son las personas en la fotografía? ¿Qué parece que están haciendo? Basándote en lo que has leído en la selección, ¿qué tipo de vida crees que tenían?

En una hoja aparte, escribe un párrafo breve que describa la fotografía. Usa las palabras de ortografía de la lista.

Nombre _____

Palabras bilingües

Rodea con un círculo todas las palabras que son iguales o parecidas en inglés y en español. Luego, escríbelas abajo. Consulta un diccionario para determinar cuál es el origen de cada palabra.

Cuando la alborada tiñó el cielo de color, el vaquero se puso sus botas y su sombrero. Se apresuró a ir al rancho donde trabajaba como peón. Al cabalgar hacia un barranco, divisó una manada de potros. El vaquero se apresuró a atar un lazo. El corral lo esperaba vacío.

_____   _____

_____   _____

_____   _____

_____   _____

_____

Nombre _____

Mensajes posesivos

Pronombres y adjetivos posesivos Un **pronombre o un adjetivo posesivo** muestra propiedad. *Mi, tu, su* y *nuestro* aparecen antes de los sustantivos que son sujetos. *Mío, tuyo, suyo* y *nuestro* van solos y reemplazan a los sustantivos en las oraciones.

Adjectivos posesivos (utilizados con sustantivos)		Pronombres posesivos (utilizados sin sustantivos)	
mi	Ésta es **mi** taza.	**mío (a)**	Esta taza es **mía.**
tu	**Tu** taza es azul.	**tuyo (a)**	La **tuya** es azul.
su	**Su** chaqueta está rota.	**suyo (a)**	La chaqueta rota es **suya.**
nuestro(a)	Por favor visita **nuestra** granja.	**nuestro (a)**	Esta granja es **nuestra.**

Subraya el pronombre o el adjetivo posesivo en paréntesis que completa correctamente cada oración.

1. (Su/Suyo) sitio favorito es la pradera.
2. El huerto de manzanos es (mi/mío).
3. El (su/suyo) es el de Harrow Road.
4. ¿Cuál es (tu/tuyo) lugar favorito?
5. El lugar favorito de Molly es (su/suya) habitación.
6. Los libros son (su/suyos).
7. El amarillo es (mi/mío).
8. (Mi/mío) lugar favorito queda cerca.
9. El (su/suyo) también.
10. ¿Dónde está el (tu/tuyo)?

Nombre _____

Todo es relativo

Pronombres relativos Se pueden combinar dos oraciones con el uso de pronombres. Estos pronombres se llaman **relativos**.

Singular			Plural	
Masculino	**Femenino**	**Neutro**	**Masculino**	**Femenino**
(el) que	(la) que	(lo) que	(los) que	(las) que
(el) cual	(la) cual	(lo) cual	(los) cuales	(las) cuales
quien	quien	cuanto	quienes	quienes
cuyo	cuya		cuyos	cuyas
cuanto	cuanta		cuantos	cuantas

Vuelve a escribir cada conjunto de oraciones utilizando un pronombre relativo.

1. Mi tía siempre me besa mucho. Eso me molesta enormemente.

   _____

   _____

2. Ramona es de Texas. Ella monta muy bien.

   _____

3. Debes coger las flores. Delante de tus flores está tu nombre.

   _____

4. Éste es el patio. En este patio jugamos todos los días.

   _____

5. La profesora sugirió un libro. El libro no nos gustó.

   _____

304   Tema 5: **Un territorio, muchos senderos**

Nombre _____

Cuestión de posesión

Llena el espacio en cada respuesta utilizando el posesivo adecuado.

1. ¿Se están muriendo los árboles del vecino?

   Sí, _____ árboles se están muriendo.

2. ¿De qué raza son los gatos de tus primos?

   _____ gatos son siameses.

3. ¿Necesitan ustedes nuestras cartas?

   No, no necesitamos _____ cartas.

4. ¿Cómo están los cultivos de Ernesto?

   _____ cultivos están de lo más saludables.

5. ¿Cuáles son tus padres?

   _____ padres son los que están parados bajo el árbol.

6. ¿Por qué perdieron los franceses?

   _____ equipo estaba muy cansado.

7. ¿Cuántos años tiene la hija de Linda?

   _____ hija tiene tres años.

8. ¿Dónde van a pasar su aniversario tú y tu esposo?

   Vamos a celebrar _____ aniversario en casa.

9. ¿Tienen ellos más vino ?

   _____ bodega está vacía.

10. ¿Es tu casa la verde?

   No, la _____ es la azul con techo rojo.

El ensayo con problema y solución

Un **ensayo con problema y solución** resume un problema y brinda detalles sobre los pasos que llevaron a su solución.

Prepárate para escribir un ensayo con problema y solución. Primero, escoge un tema. Luego, completa la tabla. Identifica el problema, la solución, los detalles sobre los pasos que llevaron a la solución y, por último, el desenlace.

Escoge uno de estos temas u otro tema que hayas hablado en clase: cómo conseguían agua los pobladores de las praderas, cómo conseguían provisiones y cómo celebraban los días festivos cuando había poca comida.

Problema
Solución
Pasos hacia la solución
El desenlace

Nombre _____

Combinar oraciones

Los buenos escritores simplifican su escritura al combinar oraciones cortas que no tienen ninguna conexión y que tienen pronombres o sustantivos repetidos.

El **incendio** de la pradera ardió toda la noche. **Éste** chamuscó el pasto corto. **Éste** quemó el granero y las casas. **Éste** lastimó a algunos caballos.

El incendio de la pradera, al arder toda la noche, chamuscó el pasto corto, quemó el granero y las casas y lastimó a algunos caballos.

Lee esta carta que Grace McCance podría haber escrito. Luego, cambia el cuerpo de la carta al combinar las oraciones cortas que tienen pronombres o sustantivos repetidos. Escribe la carta corregida en las líneas.

Querida Dora:

    ¿Cómo estás? Yo aún me estoy acostumbrando a la vida en la pradera. Vivimos en una casa de una habitación hecha de "mármol de Nebraska". Papi hizo la casa él mismo. Cortó bloques de tierra dura de pradera. Apiló los bloques para construir las paredes. Usó también una capa de césped como techo. Nuestra casa de tepe es oscura. Es cálida durante el invierno. Es fresca durante el verano. ¡Pero, definitivamente no es a prueba de agua! Ayer durante un aguacero, la lluvia se filtró a través del techo. A veces realmente extraño Missouri. ¡Escribe pronto!

          Tu amiga,
          Grace

_____

_____

_____

_____

_____

_____

Nombre _____

En busca de caballos salvajes

Lee los títulos de abajo. Escribe cada palabra del cuadro bajo el título que le corresponde.

> ### Vocabulario
>
> barrancos   riscos
>
> manada   semental
>
> mustangs   yeguas

Tipos de caballos

_____   _____   _____

Paisajes

_____   _____   _____

Grupos de animales

_____   _____   _____

Corrige las siguientes oraciones.

1. Una menada de caballos creó una estampida entre el ganado.

   Una _____ de caballos creó una estampida entre el ganado.

2. La yega tuvo un potro pardo a medianoche.

   La _____ tuvo un potro pardo a medianoche.

3. En el rancho vecino hay cinco cementales.

   En el rancho vecino hay cinco _____

Usa por lo menos tres palabras del recuadro de arriba para escribir instrucciones sobre cómo acorralar caballos salvajes.

_____

_____

Nombre _____

Tabla de opiniones

	Hechos de la selección	Propios valores y experiencia	Opinión
¿Qué tipo de persona es Bob Lemmons?			
¿Cuáles son algunas de las características de su personaje?			
¿Cuáles son otras características de su personaje?			
¿Cuáles son algunos de los valores de Bob?			
¿Qué tipo de persona es Bob Lemmons?			

Nombre _____

¿Cuál es la importancia de...?

Di por qué cada uno de los objetos listados fueron importantes en el cuento sobre cómo Bob Lemmons llevó a casa la manada de mustangs salvajes.

1. **huellas en la tierra** _____

_____

_____

2. **los relámpagos** _____

_____

3. **la tormenta** _____

4. **el río** _____

_____

_____

5. **la serpiente de cascabel** _____

_____

_____

6. **la batalla entre los sementales** _____

_____

_____

7. **el corral** _____

_____

_____

Nombre _____

Sé tú el juez

Lee el siguiente fragmento y contesta las preguntas en la página 312.

Bill Pickett: Vaquero experto

Uno de los mejores vaqueros que jamás haya existido era un hombre afro–americano llamado Bill Pickett. Nació en 1870 en el oeste de Texas, donde aprendió a lazar y montar a una temprana edad. De joven trabajaba como peón de un rancho y luego se convirtió en un jinete que hacía trucos y estrella de rodeo. Más adelante se unió a Zack Miller's 101 Ranch Wild West Show, un espectáculo de vaqueros que hacía giras, y se convirtió en su estrella principal. Miller lo llamaba "el mejor vaquero de sudor y mugre que jamás haya existido, sin excepción alguna".

Se atribuye a Pickett la invención de un deporte de rodeo llamado *bulldogging*, también conocido como lucha contra novillos. Según la leyenda, Pickett estaba vigilando ganado en 1903, cuando un novillo irascible comenzó a correr por la pradera, esparciendo al resto del ganado. Pickett perdió la paciencia y correteó al novillo en su caballo, saltó sobre su lomo y luchó con él hasta tumbarlo. Luego, perfeccionó esta técnica e hizo la lucha contra novillos una parte regular de su acto de rodeo.

Uno de los más famosos incidentes sobre Pickett ocurrió en Madison Square Garden de Nueva York. Allí, Pickett estaba luchando contra novillos con un joven asistente, Will Rogers, quien más adelante se hizo una estrella del espectáculo. Repentinamente, un novillo se escapó del ruedo y embistió la tribuna. Los aterrorizados espectadores entraron en pánico, pero Pickett y Rogers permanecieron calmados. Saltaron a las tribunas y lucharon contra el gigante novillo hasta hacerlo regresar al ruedo. ¡Ese día, no sólo salvaron vidas sino que también ofrecieron un gran espectáculo!

Nombre _____

Sé tú el juez   continuación

Contesta estas preguntas acerca del fragmento en la página 311.

1. ¿Qué opinión sobre Bill Pickett forma el autor en el primer párrafo?

   _____

2. ¿Estás de acuerdo con su opinión? ¿Por qué sí o por qué no?

   _____

   _____

3. En el rodeo, las luchas contra los toros se realizan simplemente como deporte. ¿Consideras esto correcto? Explica tus razones.

   _____

   _____

4. Rodea con un círculo cada característica que creas que tenía Bill Pickett. Al lado de cada característica que marques, di por qué se le aplica esa característica.

Características	Razones
valiente	
bondadoso	
recio	
ambicioso	

Nombre _____

Emparejar las partes de las palabras

Lee cada oración. Empareja cada sufijo del cuadro de la izquierda con una palabra base del cuadro de la derecha que complete la oración. Escribe la palabra en el espacio en blanco. (Los sufijos pueden usarse más de una vez).

-able -mente -miento

especial	gentil	sentir	salud	pausada	recomendar
pensar	honrada	remorder	callada	desear	nueva

1. Ese _____ me cruzó por la mente.

2. El premio de la competencia es muy _____.

3. Es _____ llegar a tiempo.

4. Acarició su crin _____.

5. El _____ lo llevó a confesar.

6. El Sr. Martínez nunca está apurado. Hace todo muy _____.

7. Trabaja _____ desde que amanece hasta que anochece.

8. Se sentó en la biblioteca _____ a leer su libro.

9. Se equivocó y debe hacer todo _____.

10. Andrea lo hizo _____ para ti.

11. Los ejercicios diarios son muy _____.

12. Hirió mis _____ y
no se disculpó.

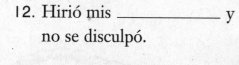

Vaquero negro, caballos salvajes

Ortografía Sufijos *-able,
-mente, -miento*

Sufijos *-able, -mente* y *-miento*

**Las palabras de ortografía han sido formadas con tres
sufijos. El sufijo *-miento* forma sustantivos, el sufijo *-able*
forma adjetivos y el sufijo *-mente* forma adverbios. Escribe
cada palabra debajo del título correspondiente.**

Palabras de ortografía

1. pausadamente
2. remordimiento
3. calladamente
4. amablemente
5. discernimiento
6. masticable
7. envidiable
8. pensamiento
9. comportamiento
10. loable
11. agotamiento
12. estacionamiento
13. lanzamiento
14. movimiento
15. cuidadosamente

Sustantivos

_____   _____

_____   _____

_____   _____

_____   _____

Adjetivos

_____   _____

_____

Adverbios

_____   _____

_____   _____

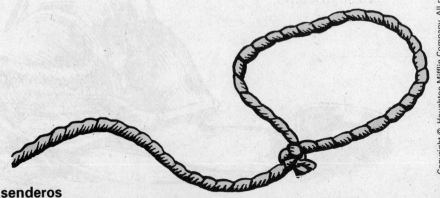

Nombre _____

¡Más ortografía!

Búsqueda de raíces de las palabras Escribe la palabra de
ortografía que tenga la misma raíz que cada palabra a
continuación.

1. comporta
2. cuídalo
3. moverse
4. lanza
5. estacionar
6. envidioso
7. agotó
8. pausa
9. remuerde
10. calladito
11. amabilidad
12. discierne
13. mastican
14. pensante
15. loado

1. _____
2. _____
3. _____
4. _____
5. _____
6. _____
7. _____
8. _____
9. _____
10. _____
11. _____
12. _____
13. _____
14. _____
15. _____

1. pausadamente
2. remordimiento
3. calladamente
4. amablemente
5. discernimiento
6. masticable
7. envidiable
8. pensamiento
9. comportamiento
10. loable
11. agotamiento
12. estacionamiento
13. lanzamiento
14. movimiento
15. cuidadosamente

Nombre _____

Corregir y escribir

Corregir Rodea con un círculo las cinco palabras de ortografía que tienen errores ortográficos. Escríbelas correctamente.

> Bob Lemmons acarició la crin de Warrior amabliemente y revisó sus cascos ciudosamente. Se tomó su tiempo con cada movimento. Su paciencia era loabel y su manera de realizar su trabajo muy especial. Otros vaqueros consideraban envidable su capacidad de hacer que los caballos lo aceptaran como uno de ellos, y no como un ser humano.

1. _____   4. _____

2. _____   5. _____

3. _____

Escribir un esquema de un personaje Bob Lemmons era una persona poco común que tenía una manera muy especial de atrapar mustangs salvajes. ¿Cómo describirías su trabajo? ¿Qué tipo de relación tenía con Warrior? ¿Cuáles eran sus cualidades más sobresalientes?

En una hoja aparte, escribe un esquema del personaje de Bob Lemmons. Usa palabras de ortografía.

Nombre _____

Usar categorías gramaticales

Lee las definiciones del diccionario. Para cada definición de una palabra, escribe dos oraciones usando la palabra como una categoría gramatical distinta en cada oración.

claro *adj.* Se dice del tiempo, día, noche, etc., cuando el cielo está despejado y sin nubes. *adv.* Con claridad.

cerca *adj.* Próxima o inmediatamente. *s.f.* Vallado, tapia o muro que se pone alrededor de un sitio.

suelo *s.m.* Superficie de la tierra. *v.* (soler) Tener costumbre.

rayo *s.m.* Chispa eléctrica de gran intensidad producida por una descarga entre dos nubes o entre una nube y la tierra. *v.* (rayar) Hacer o tirar rayas.

1. _____

_____

_____

2. _____

_____

_____

3. _____

_____

_____

4. _____

Nombre _____

Una colección de sustantivos

Completa las siguientes oraciones utilizando los sustantivos colectivos en el cuadro.

1. A veces la _____ galopa a su corral de propia voluntad.

2. El _____ parece un collar de perlas en el mar.

3. Una _____ furiosa lo atacó a mordiscos.

4. Mi abuela pasa horas regando y fertilizando su _____.

5. El dentista me dijo que tengo una linda _____.

6. El _____ necesita armas y provisiones nuevas.

7. La _____ zozobró durante un huracán.

8. Leí toda su _____ de misterios.

dentadura	armada	rosal	manada
biblioteca	ejército	jauría	archipiélago

Nombre _____

Afirmativamente, no

Contesta cada una de las siguientes preguntas usando estas dos formas de responder negativamente: *no + verbo + palabra negativa* o *palabra negativa + verbo.*

1. ¿Siempre haces ejercicio por la mañana?

   _____

   _____

2. ¿Quieres casarte?

   _____

   _____

3. ¿Llamó alguien ayer?

   _____

   _____

4. ¿Vino el representante de Argentina?

   _____

   _____

5. ¿Sirvió el mesero la comida?

   _____

   _____

Nombre _____

Niega todo

Contesta cada pregunta negativamente **Reemplaza la palabra indefinida en cada pregunta por una negativa en cada respuesta.**

1. ¿Quieres ir a ver alguna película en especial?

_____

2. ¿Te gusta el arroz? ¿A tu hermana también le gusta?

_____

3. ¿Siempre vas con tus abuelos a pasar la Navidad?

_____

4. ¿Quieres escoger algo para tu madre?

_____

5. ¿Tiene usted sal y pimienta?

_____

6. ¿Alguien te hizo llorar?

_____

Palabra indefinida	Palabra negativa
algo	nada
alguien	nadie
algún / alguna	ningún / ninguna
siempre	nunca
también	tampoco
y	ni

Nombre _____

Escribir una explicación

Vaquero negro, caballos salvajes explica quién es Bob Lemmons y cómo rastreaba a los animales. El propósito de una explicación es aclarar uno de los siguientes puntos:

► quién o qué es algo
► qué es o fue importante acerca de algo o alguien
► cómo funciona o funcionaba algo
► los pasos de un proceso
► por qué pasa o pasó algo

Prepárate a escribir varios párrafos que expliquen cómo Bob Lemmons era capaz de atrapar una manada de caballos salvajes solo. Para planear y organizar tu explicación, usa la ayuda gráfica abajo. Primero, escribe el tema en la parte superior. Luego, lista los pasos que tomó Lemmons y los detalles acerca del proceso que utilizó. Si es necesario, vuelve a leer la selección para recordar cómo un paso llevó a otro.

Tema o título: _____

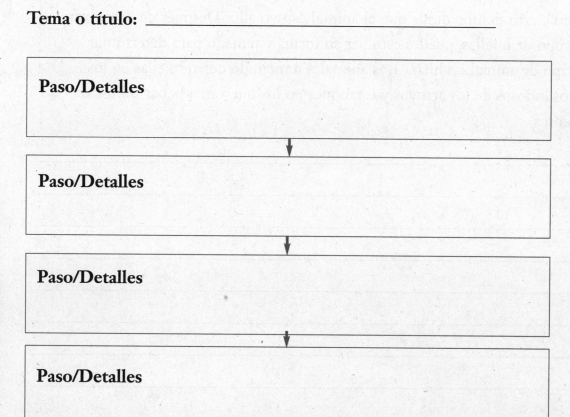

Paso/Detalles
↓
Paso/Detalles
↓
Paso/Detalles
↓
Paso/Detalles

Nombre _____

Organizar la información

Un buen escritor organiza las ideas de manera lógica para que los lectores entiendan lo que escribe. Tú puedes organizar las ideas de lo que escribes usando la secuencia de los eventos, causas y efectos o por ideas principales y detalles.

Esta explicación de un rastreador de animales como Bob Lemmons está desordenada. Pon las oraciones en orden de manera que tengan sentido y vuelve a escribir la explicación en las líneas.

Cómo "leer" las huellas de los animales

Una manera de localizar a un animal es encontrar y estudiar sus huellas. Una vez que identifiques qué animal dejó una huella en particular, puedes determinar cuánto tiempo hace que pasó por allí. Para encontrar huellas, prueba comenzar cerca de un cuerpo de agua. Una huella fresca, mullida y claramente definida significa que un animal estuvo en la zona recientemente, pero una huella dura, seca y menos definida indica que ha pasado cierto tiempo desde que el animal estuvo allí. Después de descubrir un grupo de huellas, puedes estudiar su forma y tamaño para determinar qué tipo de animal las hizo. Los animales a menudo dejan huellas en los bancos lodosos de los arroyos y estanques en los que van a beber o buscar alimentos.

_____

_____

_____

_____

_____

_____

_____

_____

Nombre _____

Acertijos

**Escribe una palabra de vocabulario para contestar
cada adivinanza.**

1. ¿Cuál palabra describe a un tipo de gobernante absoluto?

   _____

2. ¿Qué palabra describe a alguien muy conocido?

   _____

3. ¿Qué otra palabra se puede usar para "cambió"?

   _____

4. ¿Qué palabra significa que pierden la esperanza?

   _____

5. ¿Cómo se le dice a personas que buscan refugio

   en otro país? _____

6. ¿Con qué palabra se describe a una persona

   traviesa o con malas intenciones?

   _____

Nombre _____

Mapa del cuento

Personajes	
La familia: Elena, Pablo y sus hijos: Rosa, el narrador, _____	**Otros personajes:** los aldeanos, _____

Ambiente	
Dónde tiene lugar el cuento: México rural; _____	**Cuándo tiene lugar el cuento:** _____

Trama

Problema: _____

Eventos:

1. _____

2. _____

   _____

3. _____

4. _____

   _____

5. _____

   _____

6. _____

   _____

Resolución: _____

Nombre _____

Un retrato de Elena

Completa las oraciones a continuación para mostrar cómo los sentimientos y los rasgos del carácter de Elena se revelan por medio de sus acciones. Se te ha completado la primera oración.

En México, en la villa donde vivía la familia	Camino a los Estados Unidos	En California
Ejemplo: Elena muestra **cariño por su esposo** cuando acaricia su mano y le habla delicadamente cuando él está por fallecer.	En la plaza, justo antes de irse de la villa, Elena muestra **generosidad** cuando _____ _____ _____	Elena muestra que es **muy trabajadora** cuando _____ _____ _____
Elena muestra **su aflicción** cuando _____ _____ _____	En Ciudad Juárez, Elena muestra **amor por su hijo** Esteban cuando _____ _____	Elena muestra que **valora la educación** cuando _____ _____ _____
Elena muestra su **astucia** cuando _____ _____ _____		Elena muestra que **quiere que sus hijos crezcan "fuertes y llenos de esperanza"** cuando _____ _____
Elena muestra su **valentía** cuando _____ _____		

Tema 5: **Un territorio, muchos senderos**   325

Nombre _____

Hacer un mapa del cuento

**Lee el fragmento y completa la actividad
en la página 327.**

Un viaje peligroso

Mi abuelo inició su vida en 1898 en la villa italiana de Corato, en el sur de Italia. En tales villas, las personas de todas las edades se ocupaban de cultivar comida y cuidar animales. La vida respondía al ritmo de las estaciones. De niño, mi abuelo cuidaba caballos locales y trabajaba en los campos como obrero agrícola.

Cuando mi abuelo llegó a la adolescencia, la Primera Guerra Mundial había estallado en Europa. Uno por uno, los países que rodeaban Italia pasaron a tomar parte de la guerra. Italia logró permanecer fuera de combate durante casi un año, pero estaba claro que era sólo cuestión de tiempo antes de que Italia también fuera involucrada en el conflicto. Mi abuelo, un enérgico muchacho agricultor, era un candidato perfecto para el ejército italiano. Su madre, mi bisabuela, no quería perder a su hijo en la guerra. Tomó la que debe haber sido una de las decisiones más difíciles de su vida: decidió enviar a su hijo lejos, a América.

En esa época, los jóvenes estaban siendo congregados y forzados a alistarse en el ejército italiano. La familia de mi abuelo se enfrentaba a una situación extremadamente difícil: cómo mandar a mi abuelo a través de Italia y a una embarcación camino a América sin que las autoridades lo descubrieran.

Muy temprano una mañana, mucho antes del amanecer, una carreta jalada por caballos se detuvo ante la casa de mi abuelo. La carreta estaba llena de heno. Para los observadores casuales, la carreta simplemente seguía su camino de una granja a otra para entregar un cargamento de heno. Cuando la carreta partió de la casa, sin embargo, mi abuelo yacía escondido debajo del heno. En una mano sostenía un bulto que contenía todas sus pertenencias. En la otra, tenía pan, fruta y carne, comida que su madre esperaba le durara por lo menos parte del largo viaje que tenía por delante.

La carreta se dirigía a Bari, un pueblo porteño en la costa este de Italia. Allí, la familia de mi abuelo había hecho arreglos para que una embarcación lo llevara en el primer tramo de su viaje a América.

Nombre _____

Hacer un mapa del cuento continuación

Contesta las siguientes preguntas acerca del fragmento en la página 326.

1. ¿Cuál es el ambiente en el cual los eventos descritos en el fragmento tienen lugar? (Incluye tanto el tiempo como el lugar.)

_____

_____

2. ¿Quiénes son los personajes principales en este fragmento?

_____

_____

3. ¿Qué problema se describe en el fragmento?

_____

_____

4. ¿Cuál es la solución a este problema?

_____

_____

_____

5. Usa la información de arriba para escribir un breve resumen del fragmento.

_____

_____

_____

_____

_____

_____

_____

Nombre _____

Ejercitito

Imagínate que al llegar a los Estados Unidos, a Rosa le parece todo tan grande que, en sus recuerdos, todo en México es muy pequeño. En la siguiente carta, rodea con un círculo los sufijos aumentativos y diminutivos. En las líneas que le siguen, escribe las palabras raíces y las terminaciones.

Querida María:

No sabes el novelón que estamos viviendo. Primero que nada, recién llegada a California, me mordió un perrazo . El animalazo se prendió de mi pierna, pero felizmente mamacita logró espantarlo antes de que me hiriera de veras.

Extraño mucho a mis amigas. ¡Qué daría por estar contigo, comiendo un pancito dulce y tomando un chocolate calentito!

Con mucho cariño,
Rosa

1. _____ + _____
2. _____ + _____
3. _____ + _____
4. _____ + _____
5. _____ + _____
6. _____ + _____

Cambios grandes y pequeños

Cada palabra de ortografía tiene un final o un sufijo añadido a la raíz. En algunos casos se cambiaron, quitaron o añadieron letras antes de añadir el sufijo o se quitaron o añadieron acentos a la palabra final.

Escribe cada palabra de ortografía y rodea el sufijo con un círculo. En los casos en que se aplique, subraya los cambios que se hicieron antes de añadir el sufijo.

palo + ote = palote
papá + ito = papacito
timón + illo = timoncillo

Cambios con los sufijos *-ito -illo -cillo -azo -ón -ico*

_____   _____
_____   _____
_____   _____
_____   _____
_____   _____
_____   _____
_____

Nombre _____

¡Más ortografía!

Añadir sufijos Escribe una palabra de ortografía añadiendo la terminación correcta y haciendo los cambios necesarios en cada una de las oraciones a continuación.

1. En las mañanas me como un bollo cal_____.
2. Ese perr_____ era enorme.
3. Mi Mamá _____ me hace trenzas todas las mañanas.
4. Estás hecho todo un hombre_____, Tomás.
5. Mi pobre pie_____ está todo arañado.
6. Me queda un solo gat _____ en mi casa.
7. Lo que leímos fue un novel_____.

1. mamacita
2. calentito
3. perrazo
4. gatico
5. papelillo
6. pancito
7. pajarillo
8. hombrecito
9. jarrones
10. novelón
11. animalazo
12. cabezazo
13. piececito
14. buenaza
15. periquita

1. _____
2. _____
3. _____
4. _____
5. _____
6. _____
7. _____

Pistas sobre las palabras Escribe una palabra de ortografía para cada pista.

8. una bestia grande
9. algo pequeño en lo que apunto algo
10. un ave chica
11. un pan pequeño
12. recipientes
13. opuesto de mala
14. un tipo de pájaro
15. golpear con la cabeza

8. _____
9. _____
10. _____
11. _____
12. _____
13. _____
14. _____
15. _____

Nombre _____

Ortografía Aumentativos y diminutivos

Corregir y escribir

Corregir Rodea con un círculo las cinco palabras con errores ortográficos en este artículo de periódico. Luego, escribe cada palabra correctamente.

Palabras de ortografía

Guadalajara — El autor mexicano Pedro Martínez fue honrado con el Premio Pluma el viernes por su última obra, descrita por los críticos como "buenasa" y "todo un novelon".

Antes de marcharse junto con su gatiko a los empujones de la ceremonia, el humilde autor de Guadalajara agradeció el premio diciendo: "Apenas soy un hombresito que escribe garabatos en papeliyos".

1. mamacita
2. calentito
3. perrazo
4. gatico
5. papelillo
6. pancito
7. pajarillo
8. hombrecito
9. jarrones
10. novelón
11. animalazo
12. cabezazo
13. piececito
14. buenaza
15. periquita

1. _____ 4. _____
2. _____ 5. _____
3. _____

✏ **Escribir un guión cinematográfico** Supón que se está haciendo una película basada en *Elena*. Piensa sobre la escena entre Elena y Pablo justo antes de que Pablo fallezca. ¿Qué se dicen los personajes durante esta escena? ¿Están sentados o parados al hablar? ¿Qué tono de voz usan? ¿Se miran al hablar?

En una hoja aparte, escribe un guión cinematográfico para la escena entre Elena y Pablo. Asegúrate de indicar cada vez que uno de los actores comience a hablar. Usa palabras de ortografía de la lista.

Tema 5: **Un territorio, muchos senderos**   331

Usar el origen de las palabras

Lee las definiciones del diccionario. Para cada palabra subrayada, escribe el origen y el significado de la palabra. Luego, usa las pautas para pensar sobre otras palabras comunes en español que tienen el mismo origen.

esperar 1. Creer que va a suceder alguna cosa. 2. Tener esperanza. [Latín *sperare*]

memoria 1. Potencia de la mente por medio de la cual se retiene y recuerda el pasado. 2. Libro en el que el autor narra su propia vida. [Latín *memoria*]

piedra 1. Sustancia mineral más o menos dura que no es terrosa ni de aspecto metálico. 2. Trozo de roca. [Latín *petra*]

1. Fue un hecho <u>memorable</u>.

    Origen de la palabra: _____

    Significado: _____

    Fijar en la memoria alguna cosa es _____

    Un informe en que se expone algo que debe tenerse en cuenta es un

    _____.

2. No nos apresuremos a <u>esperanzar</u> a la niña.

    Origen de la palabra: _____

    Significado: _____

    Alguien que tiene esperanza de conseguir una cosa está _____

    Alguien poseído por la falta de esperanza está _____.

3. El cemento se va a <u>petrificar</u>.

    Origen de la palabra: _____

    Significado: _____

    Un suelo cubierto por piedras ajustadas está _____

    Tirar piedras a alguien es _____.

¿Cómo? ¿Cuándo? ¿Dónde?

Adverbios Un adverbio dice *cómo, cuándo* o *dónde*. Los adverbios pueden describir a los verbos. Muchos adverbios terminan en *-mente*.

Cómo	Cuándo	Dónde
rápidamente	mañana	aquí
fuertemente	después	adentro
felizmente	nuevamente	afuera
calladamente	primero	adelante
lentamente	luego	arriba

Subraya el adverbio en cada una de las oraciones a continuación. En el espacio escribe *cómo*, *cuándo* o *dónde* para mostrar lo que denota el adverbio.

1. Elena y su familia dejaron su casa rápidamente.

_____

2. Partieron temprano por la mañana. _____

3. La familia se dirigió al norte. _____

4. Todos trabajaron duro. _____

5. Los niños observaban a su madre respetuosamente.

_____

6. Partiste repentinamente. _____

7. Me paré sobre el hielo cuidadosamente.

_____

8. Se fue hacia adentro. _____

9. Mira esta figura detenidamente.

10. ¿Ves ahora? _____

Nombre _____

Prepárate a comparar

Comparar con adverbios Para comparar dos acciones, añade *más* o *menos* a los adverbios. Para comparar tres o más cosas añade *que todos*. Para enfatizar, añade *mucho*.

Mi hermanita corre **rápido**.

Mi hermano corre **más rápido** que ella.

Mi hermana mayor corre **mucho más rápido** que todos.

El clima acá cambia **rápidamente**.

Cambia **más rápidamente** en la costa.

Cambia **mucho más rápidamente** en las montañas.

Completa las oraciones al añadir *más* o *menos* para comparar dos cosas, *que todos* para comparar tres o más cosas y *mucho* para enfatizar.

1. Mi despertador suena temprano.

   El despertador de mi papá suena _____.

   El despertador de mi hermano suena _____

2. El perro rastrero ladra tímidamente.

   Nuestro pastor alemán ladra _____.

   Sin embargo, de todos los perros, el chihuahua ladra

   _____.

3. Carla practica los deportes esmeradamente.

   Juan los practica _____

   Entre los miembros del equipo, Cecilia los practica

   _____.

4. Jaime tuvo un puntaje alto en la prueba.

   Su hermano tuvo un puntaje _____.

   Celia tuvo un puntaje _____.

5. Pinté cuidadosamente.

   Mamá pintó _____

   Papá pintó _____.

Elena

Destreza de gramática
Ampliar oraciones con
adverbios

Amplía tu descripción

Ampliar oraciones con adverbios Un buen escritor amplía sus
oraciones con adverbios para describir la acción más claramente.

    Camila hornea el pan.   Camila hornea el pan alegremente.

**Ana quiere que su amiga de México se imagine cómo es la vida
en su casa, pero no ha utilizado adverbios. En una hoja aparte,
vuelve a escribir la carta, añadiendo adverbios de la lista o los
que tu desees.**

muy
alegremente
bulliciosamente
de pronto
aún
frenéticamente
estrepitosamente
mucho
cuidadosamente
atléticamente
inmediatamente
apaciblemente

¡Hola amiga!

    La cena familiar anoche fue inusual. Celebramos
las buenas notas que recibí con una cena especial.
Esto fue lo que pasó: todos sacamos nuestras sillas
afuera. Mi hermano Todd recordó que el gato Clive
estaba afuera. Todd se paró y tumbó la silla. Todos
se rieron. Mamá cortó la carne. Cuando menos lo
pensábamos, Clive saltó en medio de la mesa. Todd
decidió volver a ponerlo afuera. Comimos el resto de
nuestra cena.

               Tu amiga,
               Ana

Nombre _____

Escribir un párrafo comparativo

En *Elena*, uno lee sobre cómo cambiaron las vidas de Elena y sus hijos como resultado de la Revolución Mexicana a comienzos del siglo XX.

Una manera de explorar cómo se parecen y difieren las cosas, es escribir un **párrafo comparativo**. Al comparar se muestra en qué se parecen las cosas y al contrastar se muestra en qué difieren. Un buen párrafo comparativo describe tanto las maneras en que las cosas se parecen, como las maneras en que son diferentes.

Usa este diagrama Venn como ayuda para recolectar detalles sobre la vida familiar de Elena en México y sobre su vida más adelante en los Estados Unidos.

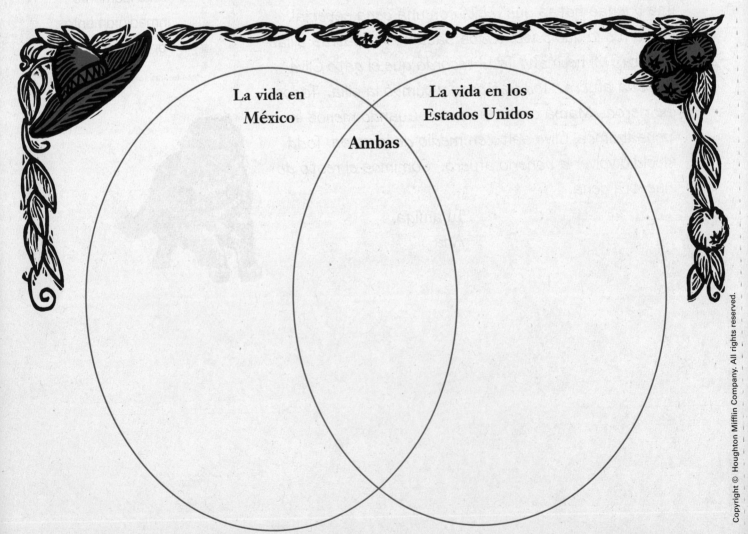

La vida en México

Ambas

La vida en los Estados Unidos

Nombre _____

Usar adverbios precisos

Los adverbios tales como *repentinamente* y *salvajemente* clarifican y mejoran los verbos o adjetivos. Un buen escritor usa los adverbios precisos para enfatizar las diferencias y similitudes entre las cosas y para hacer los detalles más vívidos.

Supón que Pablo hizo un aviso para sus sombreros. Lee el aviso y reemplaza los adverbios inexactos que han sido subrayados con adverbios más precisos de la lista. Escribe tu aviso revisado abajo.

Adverbios

opulentamente
sosamente
extremadamente
elegantemente
excepcionalmente
exquisitamente

¿Por qué vestirse sencillamente cuando en cambio se puede vestir bien? Compre un sombrero muy bien hecho por Pablo. A diferencia de otros fabricantes de sombreros, Pablo confecciona sus famosos sombreros con felpa aterciopelada, suave y tersa y luego los adorna lindamente con plata brillante. Desde la copa amoldada hasta la detallada ala, los sombreros de Pablo ciertamente son bien hechos. Pancho Villa dice: "Nunca me pondré otro tipo. Los sombreros de Pablo son los mejores en todo México". ¡Estará muy contento de usar un sombrero original de Pablo!

_____
_____
_____
_____
_____
_____
_____

Nombre _____

Contestar preguntas

Usa lo que has aprendido sobre tomar pruebas como ayuda para contestar preguntas sobre algo que hayas leído. Esta práctica te ayudará cuando tomes este tipo de prueba.

Lee estos párrafos del cuento *Un niño llamado Lento.*

> Cuando Lento creció, no estaba contento con su nombre. Muy pocos niños querían seguir conservando el nombre que les habían dado. Nadie quería ser conocido como "Boca Hambrienta" o "Rizado" o "Mocoso" o "Lento" toda su vida. Pero hasta que un niño tuviera una visión o realizara un acto valiente o especial, no podía cambiarlo.
>
> Lento deseaba que le llegara esta visión de valentía. Deseaba una visión que le permitiera demostrar su valor a su gente.

Ahora contesta cada pregunta.

1. ¿Qué tipos de nombres se les daba a los niños? ¿De qué maneras eran estos nombres distintos a los que posiblemente recibirían más adelante?

_____

_____

_____

_____

_____

_____

Nombre _____

Contestar preguntas continuación

2. ¿Por qué no le gustaba su nombre a Lento?

_____

_____

_____

_____

_____

_____

3. ¿De qué tres maneras podía Lento cambiar su nombre?

_____

_____

_____

_____

_____

_____

Nombre _____

Repaso de ortografía

Escribe las palabras de ortografía de la lista en esta página para contestar las preguntas.

1–7. ¿Cuáles siete palabras tienen aumentativos o diminutivos?

1. _____ 5. _____

2. _____ 6. _____

3. _____ 7. _____

4. _____

8–12. ¿Cuáles cinco palabras tienen sufijos?

8. _____ 11. _____

9. _____ 12. _____

10. _____

13–22. Completa las siguientes palabras de ortografía.

13. vot– _____ 18. –allo _____

14. –uera _____ 19. víb– _____

15. –ívar _____ 20. –bierto _____

16. revo– _____ 21. div– _____

17. vag– _____ 22. bar– _____

23–30. ¿Cuáles ocho palabras tienen el sonido suave de la *s*?

23. _____ 27. _____

24. _____ 28. _____

25. _____ 29. _____

26. _____ 30. _____

Palabras de ortografía

1. periquita
2. jarrones
3. vagaban
4. hombrecito
5. caballo
6. víbora
7. novelón
8. vaquera
9. boquiabierto
10. gatico
11. pobladores
12. cabezas
13. pajarillo
14. pensamiento
15. divierto
16. conversación
17. votante
18. balbuceo
19. agotamiento
20. estacionamiento
21. revoltijo
22. cruces
23. bullicio
24. amablemente
25. Bolívar
26. barril
27. hortalizas
28. cuidadosamente
29. vestido
30. papelillo

Nombre _____

¡Más ortografía!

Completar las respuestas Escribe la palabra de ortografía que completa la oración de la mejor manera.

Palabras de ortografía

1. Mario se quedó sorprendido y _____.

2. El _____ corre fuerte al galopar.

3. El perro rompió los _____ chinos.

4. Una _____ es un reptil.

5. Los estudiantes tuvieron que leer un _____.

6. La _____ de mi tía se escapó de la jaula.

7. La _____ hizo muchas cosas en el rancho.

8. La tarjeta tenía un lindo _____.

9. Siempre me _____ mucho cuando patino.

10. El _____ no deja de cantar.

Palabras de ortografía

1. periquita
2. jarrones
3. vagaban
4. hombrecito
5. caballo
6. víbora
7. novelón
8. vaquera
9. boquiabierto
10. gatico
11. pobladores
12. cabezas
13. pajarillo
14. pensamiento
15. divierto

Búsqueda de palabras Cada una de las partes de palabras a continuación está escondida en una palabra de ortografía. Escribe la palabra de ortografía.

11. tico _____

12. aban _____

13. hom _____

14. zas _____

15. adores _____

Nombre _____

Corregir y escribir

Corregir **Rodea con un círculo las seis palabras de ortografía con errores ortográficos en la carta. Luego, escribe cada palabra correctamente.**

Palabras de ortografía

El día de las elecciones hubo un reboltijo en la calle. Primero, no había estasionamiento en la Calle Bolíbar. Luego, un botante se desmayó del calor. Con el alboroto y el agotamento me olvidé de sacar el papelcillo con mis candidatos preferidos.

Palabras de ortografía

1. conversación
2. votante
3. balbuceo
4. agotamiento
5. estacionamiento
6. revoltijo
7. cruces
8. bullicio
9. amablemente
10. Bolívar
11. barril
12. hortalizas
13. cuidadosamente
14. vestido
15. papelillo

1. _____ 4. _____

2. _____ 5. _____

3. _____ 6. _____

Hora del cuento **Escribe una palabra de ortografía en cada línea para completar la historia.**

Los muchachos de secundaria se ofrecieron 7. _____ a organizar una fiesta. Yo me puse mi 8. _____ floreado, el cual había planchado 9. _____. Cuando llegué, la 10. _____ estaba un poco aburrida. Pero al poco rato, el 11. _____ de los niños y el 12. _____ de los adultos llenaban la sala. Había un gran 13. _____ de refresco. Las canciones estuvieron excelentes. Pronto comenzará la época de las quinceañeras.

7. _____ 10. _____ 12. _____

8. _____ 11. _____ 13. _____

9. _____

✏️ **Escribir una nota en el diario** En una hoja aparte, concluye el cuento de arriba describiendo el momento más divertido de la fiesta. Usa palabras de repaso de ortografía.

Nombre _____

Experiencias de la vida

Una autobiografía te ayuda a aprender sobre las experiencias de otras personas.
En la tabla de abajo escribe sobre una experiencia que fue importante para cada
autor en *De cerca: Autobiografía*. ¿Qué experiencia en tu vida ha sido
importante para ti?

Autor	Experiencia importante
Eloise Greenfield	
Jane Goodall	
Bill Peet	
Alex Rodríguez	
yo	

Nombre _____

Como era yo entonces...

Es el futuro y eres famoso. Una revista para niños te ha pedido que cuentes a sus lectores sobre las cosas que fueron importantes para ti al crecer. Escribe una lista de personas, lugares, eventos e intereses que podrían ser importantes en tu vida.

De mi niñez . . .

Gente: _____

_____

_____

_____

_____

Lugares: _____

_____

_____

_____

_____

Eventos: _____

_____

_____

_____

_____

Intereses: _____

_____

_____

_____

Nombre _____

Vida salvaje

Las selecciones en este tema exploran algunas relaciones especiales
entre las personas y los animales salvajes. Después de leer cada
selección completa la gráfica para mostrar lo aprendido.

	¿De qué tipo de escrito es un ejemplo la selección?	¿Qué criatura o criaturas describe la selección?
El álbum familiar de los osos pardos		
El tamarino león dorado vuelve a casa		
Mi rincón en la montaña		

Presentar el tema

Conexión entre selecciones

Nombre ______________________

Vida salvaje

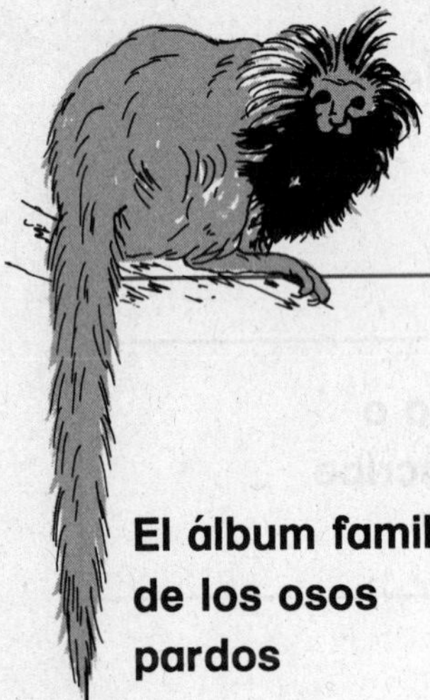

	¿Cuál es el propósito del encuentro entre los humanos y los animales?	¿Cuáles son los resultados del encuentro?
El álbum familiar de los osos pardos		
El tamarino león dorado vuelve a casa		
Mi rincón en la montaña		

¿Cuáles son algunas formas en que las personas pueden ayudar a los animales salvajes?

____

____

____

____

Nombre _____

Criaturas del lejano norte

Contesta cada pregunta con una palabra del cuadro.

Vocabulario

abundante

caribúes

naturaleza

recelo

territorio

tundra

1. ¿Qué palabra sirve para nombrar a unos animales de pastoreo que viven en el Ártico?

   _____

2. ¿Qué palabra sirve para nombrar la tierra helada cerca del océano Ártico?

   _____

3. ¿Qué palabra sirve para nombrar un terreno que no se ha desarrollado?

   _____

4. ¿Qué palabra sirve para nombrar la región en la cual un depredador como el oso pardo busca comida?

   _____

5. ¿Qué palabra es un adjetivo que significa "mucho, copioso"?

   _____

6. ¿Qué palabra es un sustantivo que significa "desconfianza"?

   _____

Nombre _____

Trabajo de detective

¿Qué generalizaciones hace el autor acerca de los osos, las personas y la naturaleza en esta selección? A medida que lees, busca las generalizaciones en las páginas que se relacionan. Usa las pistas como ayuda para reconocerlas. Escribe cada generalización que encuentres.

Página	Pista	Generalización
605	cómo la gente ve a los osos	
607	qué hacen todos los seres vivos	
608	cómo actúan los osos pardos entre sí durante la mayor parte del año	
608	qué osos se adueñan de los mejores lugares para pescar	
609	la tolerancia de las osas madres	
610	los osos seleccionan el salmón	
612	los osos y los jaboncillos	
614	los osos persiguen a la gente	
614	cómo las personas tratan la naturaleza	
615	cómo los cazadores matan a los osos	

Nombre _____

Hechos acerca de los osos

**Escribe algunos hechos acerca de los osos en la red que se provee.
Trata de usar las palabras en el arroyo al menos una vez.**

cómo los osos
actúan entre sí
_____
_____

los osos y los
humanos
_____
_____

cómo sobreviven
los osos en invierno
_____
_____

cómo actúan las
madres osas
_____
_____

qué comen los osos
_____
_____

jaboncillos

juncos   ternura

criar   sumisión

cuerpos sin vida   jugar   salmón

supremacía

madrigueras   recelo   tolerante

Nombre _____

Hablar de lobos

Lee el pasaje. Luego completa la actividad de la página 351.

Protegido de la extinción:
La historia del lobo gris

Hace mucho tiempo, los lobos grises vagaban por la mayor parte de América del Norte, desde Canadá hasta México. Hoy en día, los lobos grises aún son comunes en Alaska y algunas partes de Canadá. Sin embargo, sólo unos pocos sobreviven al sur de Canadá.

Las personas en Estados Unidos siempre han considerado que los lobos grises son malvados y peligrosos. Los colonizadores los mataban para proteger sus familias. Los rancheros los mataban para proteger sus animales de granja. Durante décadas el gobierno federal pagaba a los cazadores por eliminarlos.

A finales de la década de los 1960, cuando los lobos grises estaban prácticamente extinguidos en Estados Unidos, la opinión pública comenzó a cambiar. La mayoría de las personas comenzaron a ver a los lobos como una parte valiosa del entorno natural. Todos aquellos que apreciaban la naturaleza, creían que a los lobos se les debía permitir vivir en los bosques del norte de América.

En 1995, las agencias federales comenzaron un programa para reinsertar a los lobos grises en sus espacios originales. Se transportaron por aire lobos desde Canadá al Parque Nacional de Yellowstone. Desde entonces, los lobos han vuelto a habitar partes de Wyoming, Montana e Idaho. Pero no todos están complacidos con el éxito del programa. Los rancheros en estos estados temen que los lobos eliminarán sus animales de granja y han demandado la terminación del programa.

¿Cuál será el destino de los lobos grises? Nadie puede estar seguro. Pero dondequiera que los lobos y humanos compartan un terreno, es probable que ocurran conflictos.

Nombre _____

Hablar de lobos continuación

Contesta estas preguntas acerca del pasaje de la página 350.

1. ¿Qué generalización hace el autor en el segundo párrafo del pasaje?

_____

_____

2. ¿La generalización anterior es válida o no? ¿Por qué?

_____

_____

3. ¿Qué dos generalizaciones hace el autor en el tercer párrafo?

A. _____

_____

B. _____

_____

4. Una de las generalizaciones en el párrafo tres no es válida. Vuelve a escribirla y conviértela en un planteamiento válido.

_____

_____

5. ¿Qué generalización hace el autor en el cuarto párrafo?

_____

_____

6. Vuelve a escribir la generalización del cuarto párrafo para hacerla válida.

_____

_____

Nombre _____

Las huellas de las terminaciones

Las palabras en el cuadro tienen las terminaciones -ico, -ero, -dor o -ista. Busca la palabra que corresponda con la pista y escribe sus letras en los espacios. Luego lee la palabra formada por las letras sombreadas, que significa "cuida, defiende, preserva o salva".

minero

mecánico

pescador

violinista

zapatero

cartero

pianista

cargador

1. repara zapatos ___ ___ ___ ___ ___ ___ ___ ___

2. sale a pescar ___ ___ ___ ___ ___ ___ ___ ___

3. que arregla carros ___ ___ ___ ___ ___ ___ ___ ___

4. toca el piano ___ ___ ___ ___ ___ ___ ___ ___

5. trabaja en las minas ___ ___ ___ ___ ___ ___

6. que carga ___ ___ ___ ___ ___ ___ ___ ___

7. reparte cartas ___ ___ ___ ___ ___ ___ ___

Escribe una oración sobre los osos pardos usando la palabra formada por las letras en negrita.

_____

_____

Nombre _____

Más palabras con sufijos

Las terminaciones -ico, -ero, -dor e -ista son sufijos. La ortografía de los sufijos ya es conocida por ti, así que presta mucha atención a la ortografía de la palabra base o raíz. Analiza la ortografía de la palabra por partes.

sombr**ero**   cóm**ico**   calenta**dor**
lava**dora**   period**ista**

Escribe las palabras de ortografía agrupándolas según se indica.

Palabras con -ico, -ica

_____   _____

_____   _____

Palabras con -ero, -era

_____   _____

_____   _____

Palabras con -dor, -dora

_____   _____

_____   _____

Palabras con -ista

_____   _____

_____   _____

_____

Palabras de ortografía

1. cómico
2. florero
3. perdedor
4. periodista
5. mecedora
6. sombrero
7. librero
8. calentador
9. aterradora
10. ciclista
11. plumero
12. tanquista
13. artística
14. científico
15. mecánico

Nombre _____

¡Más ortografía!

Escribe la palabra de ortografía que, en orden alfabético, está entre las dos palabras de cada grupo.

1. cola, _____, cómodo
2. ciencia, _____, control
3. fiesta, _____, foto
4. sombra, _____, sumar
5. padre, _____, perdido
6. perico, _____, peruano
7. centro, _____, ciclón
8. mecanismo, _____, mesa

1. _____ 5. _____

2. _____ 6. _____

3. _____ 7. _____

4. _____ 8. _____

Escribe la palabra de ortografía que pertenece a cada grupo.

9. carro, taller,
10. libro, biblioteca,
11. calor, caliente,
12. tanque, soldado,
13. asustadiza, miedo,
14. estética, arte,
15. polvo, sacudir,

¡Qué (encantador, enriquecedor, placentero) es leer libros sobre osos!

9. _____ 13. _____

10. _____ 14. _____

11. _____ 15. _____

12. _____

Nombre _____

Corregir y escribir

Rodea con un círculo las cinco palabras de ortografía escritas incorrectamente en estas reglas del parque. Luego, escribe las palabras correctamente.

Reglas del parque

Todo siclista en el parque debe comportarse de acuerdo a las siguientes reglas:

1. Cuidar la velocidad al pasar cerca de cualquier instalación artistica o ciemtífica del parque.

2. Si necesita descansar, hágalo en las áreas correspondientes, no en las mecedolas de los monos.

3. Si tiene un defecto mecánicho, póngase a un lado del camino.

Palabras de ortografía

1. cómico
2. florero
3. perdedor
4. periodista
5. mecedora
6. sombrero
7. librero
8. calentador
9. aterradora
10. ciclista
11. plumero
12. tanquista
13. artística
14. científico
15. mecánico

1. _____   4. _____

2. _____   5. _____

3. _____

Escribir un ensayo El autor de esta selección conocía y respetaba los osos pardos, pero fue matado por uno. ¿Cambia esto tu opinión acerca de los osos?

En una hoja de papel, escribe un corto ensayo con tu reacción ante el trágico destino de Michio Hoshino. Usa palabras de ortografía de la lista.

Nombre _____

La búsqueda del significado

Lee el pasaje. Luego usa las pistas del contexto para comprender el significado de las palabras subrayadas. Escribe el significado y las pistas que usaste.

Las estaciones

En invierno, la temperatura en Alaska puede bajar hasta los cincuenta grados bajo cero. Cuando hace este tiempo tan <u>frío</u>, los osos pardos duermen en cómodas madrigueras subterráneas. A principios de la primavera, los campos <u>florecen</u> y aparecen los primeros frutos y flores, que los osos gustan de comer. Se aproxima el verano y es más fuerte el sol, el <u>calor</u> permite a los osos estar todo el día de pesca. En el otoño, cuando los días son más frescos y <u>templados</u>, los osos deben comenzar a acumular una gran reserva de grasa para pasar todo el invierno.

Palabra	Significado	Pistas del contexto
frío		
florecen		
calor		
templados		

Nombre _____

Cuándo y dónde

Los adverbios de tiempo y lugar son palabras que expresan cuándo y dónde se realiza una acción.

<u>Responden a cuándo:</u> *ahora, mañana, temprano, luego, tarde* y *hoy.*

<u>Responden a dónde:</u> *acá, allá, aquí, allí, cerca, lejos* y *adentro.*

Subraya los adverbios en las siguientes oraciones. Escríbelos sobre la línea.

1. Los osos viven lejos en el bosque. _____

2. El oso va ahora a pescar. _____

3. El oso irá luego a dormir. _____

4. Todos están allá jugando. _____

5. Las huellas indicaban un oso cerca _____

6. El ruido me despertó temprano. _____

7. ¡Hoy nacieron dos cachorros! _____

8. Cámara en mano, los esperé allí . _____

9. Mañana iré a visitarlos. _____

10. Duermen adentro todo el invierno. _____

Nombre _____

¡No, no y mil veces no!

No, nunca y **jamás** son ejemplos de adverbios de negación.
Transforma las siguientes oraciones usando adverbios
de negación.

1. Fred ha leído sobre Alaska. (nunca)

_____

_____

2. Sam planificó ir a Alaska. (no)

_____

_____

3. Me pasó por la mente acariciar un oso. (jamás)

_____

_____

4. Salió de la cueva. (jamás)

_____

_____

5. Michio sintió afinidad por los osos. (nunca)

_____

_____

Nombre _____

Aquí va un adverbio, ¡qué soberbio!

¿Adjetivo o adverbio? Un buen escritor tiene el cuidado de usar adverbios y no adjetivos para calificar la intensidad o alcance del adjetivo.

Incorrecto: El perro estaba terrible hambriento.

Correcto: El perro estaba **terriblemente** hambriento.

Sofía escribió una carta a su amiga Julia. Encuentra 5 lugares donde Sofía usó adjetivos en lugar de adverbios. Corrige la carta. Tacha la palabra incorrecta y escribe la correcta encima de la tachada.

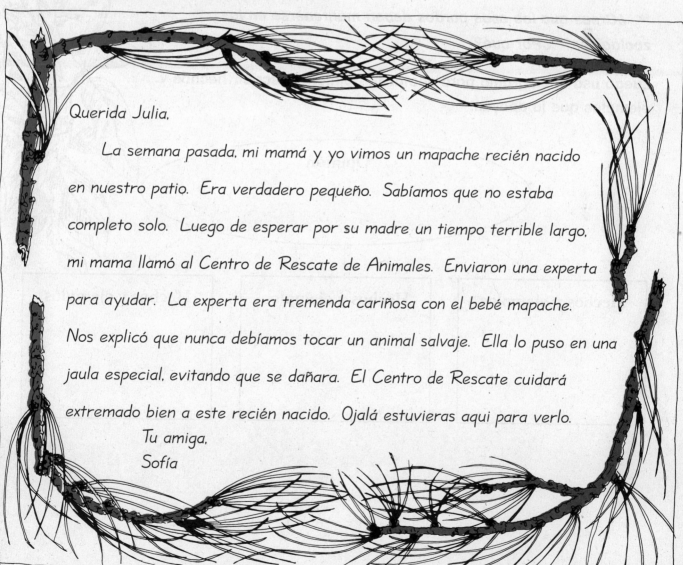

Querida Julia,

La semana pasada, mi mamá y yo vimos un mapache recién nacido en nuestro patio. Era verdadero pequeño. Sabíamos que no estaba completo solo. Luego de esperar por su madre un tiempo terrible largo, mi mama llamó al Centro de Rescate de Animales. Enviaron una experta para ayudar. La experta era tremenda cariñosa con el bebé mapache. Nos explicó que nunca debíamos tocar un animal salvaje. Ella lo puso en una jaula especial, evitando que se dañara. El Centro de Rescate cuidará extremado bien a este recién nacido. Ojalá estuvieras aqui para verlo.

Tu amiga,
Sofía

Nombre _____

Escribir una composición de opinión

Una **opinión** es algo que crees y que puede estar o no apoyado por hechos. Si en un párrafo de opinión incluyes una frase que dijo otra persona, debes utilizar *rayas* (—) para indicar que la persona dijo exactamente eso.

—Cuidar estas especies es nuestro deber. —Dijo el científico al final.

Mientras lees *El álbum familiar de los osos pardos*, recuerda la siguiente pregunta:

► **¿Crees que los osos pardos deben mantenerse en los zoológicos? ¿Por qué?**

Luego usa el diagrama para anotar tu opinión y escribir hechos y ejemplos que la apoyan.

Opinión

Hechos y ejemplos	Hechos y ejemplos	Hechos y ejemplos

Nombre _____

Más preciso

Algunos adverbios son más precisos que otros. Por ejemplo, puedes decir que tu amigo corrió *bien*, pero podrías ser más preciso si usas alguno de los siguientes adverbios: *velozmente*, *extraordinariamente*, *excelentemente*.

En las siguientes oraciones escribe el adverbio que crees es más preciso.

1. Estudié (mucho/arduamente) para la prueba.

   _____

2. Mi hermano trabajó (bien/incansablemente) en el jardín.

   _____

3. Yo compré (ayer/antes) ese juego.

   _____

4. Te lo devolveré (mañana/después).

   _____

5. El motor trabaja (mal/terriblemente).

   _____

Nombre _____

Revisar tu ensayo persuasivo

Vuelve a leer tu ensayo persuasivo. ¿Qué necesitas para mejorarlo? Pon una marca en las casillas que describen tu ensayo.

¡Al máximo!

☐ Mi ensayo tiene un principio que va a captar la atención de mis lectores.

☐ Mi objetivo está planteado con claridad al inicio del ensayo.

☐ Expuse las razones de mi punto de vista y respondí las objeciones.

☐ Usé hechos y detalles para apoyar mi opinión.

☐ El ensayo es interesante y convincente.

Casi, casi

☐ Podría hacer un inicio que llame más la atención.

☐ Podría exponer mi objetivo con más claridad.

☐ Podría responder más objeciones que la gente podría plantear.

☐ Necesito añadir más hechos y detalles para apoyar mi punto de vista.

☐ Hay algunas uniones incorrectas que necesito arreglar.

☐ Hay algunos otros errores.

Prueba otra vez

☐ Necesito un mejor comienzo.

☐ No planteé mis objetivos ni las razones de mi opinión.

☐ No contesté ninguna objeción que las personas pueden tener.

☐ Necesito añadir hechos y detalles.

☐ Esto no es muy convincente.

☐ Hay muchos errores.

Nombre _____

Corregir oraciones seguidas

Corrige cada unión incorrecta en las líneas que se proveen.

1. **Incorrecta:** Los lobos tienen rangos en la manada esto se llama jerarquía.

   Correcta: _____

   _____

2. **Incorrecta:** Los lobos de menor rango se someten a los de rango más elevado los lobos alpha tienen la supremacía ante los otros lobos de la manada.

   Correcta: _____

   _____

3. **Incorrecta:** Los lobos sobreviven en diferentes climas ellos son adaptables.

   Correcta: _____

   _____

4. **Incorrecta:** Los lobos cazan en manadas ellos capturan presas más grandes como un alce o anta.

   Correcta: _____

   _____

5. **Incorrecta:** Los lobos y los perros tienen muchas características comunes.

   Correcta: _____

   _____

Nombre _____

Palabras de ortografía

Palabras con errores comunes Busca patrones ortográficos que te sean conocidos para poder recordar la ortografía de las palabras de vocabulario. Piensa cuidadosamente en la parte de cada palabra que te resulte difícil.

Escribe la letra que falta en las palabras de ortografía que aparecen abajo.

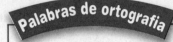

Palabras de ortografía

1. vez
2. veces
3. feroz
4. feroces
5. luz
6. luces
7. empieza
8. empecé
9. empezó
10. utilizar
11. utilizaba
12. utilice
13. capaz
14. capaces
15. capacidad

1. ve _____
2. ve _____ es
3. fero _____
4. fero _____ es
5. lu _____
6. lu _____ es
7. empie _____ a
8. empe _____ é
9. empe _____ ó
10. utili _____ ar
11. utili _____ aba
12. utili _____ e
13. capa _____
14. capa _____ es
15. capa _____ idad

Lista de estudio En una hoja de papel, escribe cada una de las palabras de ortografía. Revisa tu ortografía con las palabras de la lista.

Nombre _____

¡Más ortografía!

Rompecabezas alfabético Escribe la palabra de ortografía
que se encuentra en orden alfabético entre las dos palabras
de cada grupo.

1. empanada, _____, empezamos
2. luna, _____, mar
3. utiliza, _____, utilizábamos
4. ver, _____, vida
5. feria, _____, ferocidad
6. capataz, _____, cara
7. loro, _____, lupa
8. vaso, _____, vela

1. _____
2. _____
3. _____
4. _____
5. _____
6. _____
7. _____
8. _____

Matemática con letras Suma y resta letras de las palabras
que aparecen abajo para formar palabras de ortografía.
Escribe las nuevas palabras.

9. utilizan - n + r =
10. empresa - res + iez =
11. rapaces - r + c =
12. ferroso - roso + oz =
13. calidad - li + paci =
14. empezar - ar + ó =
15. utilizo - zo + ce =

9. _____
10. _____
11. _____
12. _____
13. _____
14. _____
15. _____

Palabras de ortografía

1. vez
2. veces
3. feroz
4. feroces
5. luz
6. luces
7. empieza
8. empecé
9. empezó
10. utilizar
11. utilizaba
12. utilice
13. capaz
14. capaces
15. capacidad

Taller de lectoescritura

Errores ortográficos
comunes

Corregir y escribir

Corregir Rodea con un círculo las cinco palabras de ortografía que tienen errores en el cartel. Luego escribe cada palabra correctamente.

¿HAS VISTO ESTE GATO?

¡Un tigre se escapó del zoológico! Tengan cuidado, es peligroso y feros. Si lo ven, pueden utillisar el 911 para pedir ayuda. Traten de estar en lugares con luzes. El tigre prefiere la oscuridad. No se acerquen a él, es capas de atacar. En ves de ir hacia él, llamen para que los especialistas lo capturen.

Palabras de ortografía

1. vez
2. veces
3. feroz
4. feroces
5. luz
6. luces
7. empieza
8. empecé
9. empezó
10. utilizar
11. utilizaba
12. utilice
13. capaz
14. capaces
15. capacidad

1. _____   4. _____

2. _____   5. _____

3. _____

Completar oraciones Completa las siguientes oraciones con palabras de ortografía.

6. ¿Cuántas _____ fuiste al cine?

7. Por favor, apaga la _____.

8. El perro _____ a correr.

9. Los leones son _____ y atacan.

10. Yo _____ a leer el libro ayer.

Nombre _____

Salvar una especie

Completa cada oración con una palabra del cuadro.

1. Si un animal está en una jaula, se dice que está en

   _____.

2. Los tamarinos están en peligro de

   _____.

3. Un problema que parece no tener solución, es un

   _____.

4. Una región en la que viven animales salvajes, es un

   _____.

5. La _____ es devolver

   un animal a su lugar de origen.

El tamarino león dorado
vuelve a casa

Ayuda gráfica Gráfica del
tema, idea principal y
detalles

Nombre _____

¿Tienes la idea?

¿Cuáles son las ideas principales de esta selección? Mientras lees, busca las ideas principales en las páginas que se señalan más abajo. Luego completa tu gráfica con la idea principal y los detalles que apoyan cada idea principal.

Tema: La conservación de los tamarinos león dorados
(Página 630) Idea principal: _____ _____ **Detalles:** _____ _____ _____
(Páginas 632–633) Idea principal: _____ _____ **Detalles:** _____ _____
(Páginas 634–637) Idea principal: _____ _____ **Detalles:** _____ _____
(Página 638) Idea principal: _____ _____ **Detalles:** _____ _____
(Páginas 640–641) Idea principal: _____ _____ **Detalles:** _____

Nombre _____

El león habla

Llena los espacios en blanco con información del cuento.

1. "Yo soy un _____. Mi hogar nativo es el bosque

    tropical de _____

2. "Lamentablemente, los humanos _____ muchos árboles y

    _____ gran parte del bosque para su propio uso. Hoy

    estoy en peligro de _____."

3. "Por eso los biólogos han establecido en el bosque tropical un

    _____ protegido para nosotros. Muchos de nosotros somos

    criados en _____. Por eso tenemos que aprender nuevas

    _____ antes de ir a vivir a la naturaleza."

4. "Nos entrenan en el Zoológico _____ en

    _____. Al principio, un equipo de _____ nos

    transportan al bosque y nos dejan en unas _____ grandes."

5. "Cuando estamos listos, nos dejan salir. Nos _____ con

    cuidado y toman _____ detalladas que describen nuestro

    comportamiento. También nos dan _____ y

    _____."

6. "Los más _____ se adaptan mejor. Alrededor del

    _____ por ciento sobrevive por más de _____

    en la naturaleza. Para el año _____, el Programa de

    Conservación _____ espera tener

    _____ tamarinos viviendo en la naturaleza."

Nombre _____

Recuerda la idea principal

Lee el siguiente pasaje. Luego completa la actividad de la página 371.

La decadencia del tigre

Hace mucho tiempo, diferentes tipos de tigres vagaban por toda Asia. Eran los tigres indios, indochinos, chinos, siberianos, de Sumatra, del Caspio, de Java y de Bali. Hoy en día, tres de estos ocho tipos están extintos y varios de los otros son raros. Los tigres salvajes todavía pueden ser encontrados sólo en algunas partes del sudeste de Asia y la Siberia.

Dos razones fundamentales han causado la decadencia de la población de tigres. Un factor es la destrucción del hábitat de los tigres. En el Asia central, por ejemplo, los campesinos quemaron las áreas de bosques a lo largo de las vías acuáticas, para limpiar los terrenos para la agricultura. Millares de acres de bosques también fueron quemados. Como resultado, desaparecieron muchas de las presas naturales de los tigres. Sin tener comida suficiente para mantener sus cuerpos de aproximadamente cuatrocientas libras, los tigres también han desaparecido.

La caza es el segundo factor que ha causado la decadencia de la población de tigres. Con la pérdida de su hábitat y de sus presas naturales, los tigres comenzaron a cazar más cerca de las personas. Los campesinos los mataron para proteger a los animales de sus granjas. Otros los cazaban por deporte o por sus pieles.

Hoy se realizan esfuerzos en muchas regiones para proteger a los tigres salvajes. India y Nepal han designado reservas para ellos. Muchos países han prohibido la importación o venta de las pieles de tigres. Algunos programas exitosos de cría de tigres en zoológicos también están ayudando a asegurar que la supervivencia de estos grandiosos gatos continúe.

El tamarino león dorado
vuelve a casa

Destreza de comprensión
Tema, idea principal y
detalles de apoyo

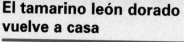

Nombre _____

Recuerda la idea principal
continuación

**Contesta las preguntas que aparecen abajo. Usa
la información del pasaje de la página 370.**

1. ¿Cuál es el tema del pasaje? _____
2. Escribe en la gráfica que aparece abajo, la idea principal y los detalles
   secundarios de cada párrafo.

Primer párrafo	Idea principal:	Hoy en día, la población de tigres está en decadencia.
	Detalles secundarios:	_____ _____ _____ _____ _____
Segundo y tercer párrafo	Idea principal:	Dos factores fundamentales causaron la decadencia de los tigres: la destrucción de su hábitat y la caza.
	Detalles secundarios:	_____ _____ _____ _____
Cuarto párrafo	Idea principal:	Hoy se realizan esfuerzos para salvar a los tigres.
	Detalles secundarios:	_____ _____ _____

Nombre _____

Uso de las diéresis

Llena los espacios en blanco con las palabras del cuadro.

guitarra
cigüeña
argüir
juguete
ungüento
güinche
guiar

1. Siempre estás discutiendo. Te gusta _____ todo el tiempo.

2. La _____ tiene seis cuerdas.

3. Los líderes son electos para _____ al país.

4. La pelota es mi _____ favorito.

5. Compré un _____ para la piel en la farmacia.

6. La _____ es un ave con un pico muy largo.

7. Un _____ es un tipo de grúa.

Nombre _____

Palabras con hiatos

Escribe la letra que falta en las palabras de ortografía que aparecen abajo.

1. fr _____ o

2. esp _____ a

3. m _____ a

4. contin _____ a

5. r _____ o

6. r _____ e

7. prote _____ na

Ordena las letras para obtener una palabra de ortografía.

8. odú _____

9. aegenír _____

10. apnrederí _____

11. toí _____

12. ivsaví _____

13. achaí _____

14. ovdítaa _____

15. laeavú _____

Palabras de ortografía

1. río
2. proteína
3. frío
4. perderían
5. mía
6. ríe
7. todavía
8. tío
9. dúo
10. hacía
11. espía
12. energía
13. continúa
14. evalúa
15. vivías

Nombre _____

¡Más ortografía!

Revoltijo Reordena las sílabas para escribir palabras de ortografía.

1. pí es a
2. ti nú con a
3. per rí de an
4. í pro na te
5. a ner e gí
6. da a to ví
7. va e a lú

1. _____
2. _____
3. _____
4. _____
5. _____
6. _____
7. _____

Laberinto de palabras Comienza en la flecha y sigue el laberinto de palabras para encontrar ocho palabras de ortografía. Escribe las palabras en orden.

8. _____
9. _____
10. _____
11. _____

12. _____
13. _____
14. _____
15. _____

Nombre _____

Corregir y escribir

**Corregir Rodea con un círculo las cinco palabras de ortografía
que tengan errores. Luego, escribe cada palabra correctamente.**

Todabia no se ha resuelto el problema de los
tamarinos. El programa para su conservación
continua funcionando. En muchos países el gobierno
ebalua tomar medidas para ayudarlos. Si se sigue
trabajando con henergia, en el futuro los tamarinos
podrán decir: "Esta tierra sigue siendo mia".

Palabras de ortografía

1. río
2. proteína
3. frío
4. perderían
5. mía
6. ríe
7. todavía
8. tío
9. dúo
10. hacía
11. espía
12. energía
13. continúa
14. evalúa
15. vivías

1. _____   4. _____

2. _____   5. _____

3. _____

Escribir una opinión Sólo tres de cada diez tamarinos
reinsertados sobreviven por más de dos años en la naturaleza.
¿Crees que el tiempo y dinero empleados en este esfuerzo valen la
pena? ¿Por qué?

**En una hoja de papel, escribe tu opinión acerca del Programa
de Conservación del Tamarino León Dorado. Usa palabras de
ortografía de la lista.**

Nombre _____

Palabras con acento

Lee las siguientes entradas de un diccionario. Presta atención al orden de las palabras con acento escrito y sin él. Luego, contesta las preguntas que aparecen abajo.

> **solo, -a** *adj.* 1. Único en su especie. 2. Aislado. 3. Sin
> compañía
>
> **sólo** *adv.* Solamente (*iré sólo si me acompañas*).
>
> **solomillo** *s.m.* Carne de una res que hay entre las
> costillas y el lomo.
>
> **solsticio** *s.m.* Situación de la Tierra en la que el Sol
> alcanza su máximo alejamiento del Ecuador.

1. ¿Cuáles dos palabras se diferencian en un acento?

   _____

2. En los diccionarios las palabras aparecen en orden alfabético. ¿Primero aparecen las palabras con acento o sin él?

   _____

3. ¿Qué palabra aparecería primero en un diccionario, tu o tú?

   _____

4. Da otros ejemplos de dos palabras que sólo se diferencian en que una tiene acento y la otra no.

   _____

5. ¿Cuál de esas palabras sería la primera en aparecer en un diccionario?

   _____

376   Tema 6: **Vida salvaje**

Nombre _____

Preposiciones: *a, con, de, en, para, por*

Preposiciones Una **preposición** relaciona a un sustantivo o pronombre que lo sigue, con otra palabra en la oración. El **objeto de la preposición** es el sustantivo o pronombre que sigue a la **preposición**.

Subraya cada preposición y rodea con un círculo el objeto de cada preposición.

1. Ese vaso tiene leche con chocolate.

2. ¿Bailaste con tu hermana?

3. Mi tío vive en California.

4. Esa medicina es para la fiebre.

5. El mensaje llegó por correo.

6. Voy a jugar con mi hermano.

7. Este dulce es de manzana.

8. Hoy voy a la playa.

9. El vecino fue para el parque.

10. ¿Cuándo llegaste de la escuela?

Nombre _____

Frases preposicionales:
encima de, debajo de, junto a, delante de, detrás de

Frases preposicionales: Una **frase preposicional** está formada por una preposición, el objeto de la preposición y las palabras que aparecen entre ellas.

Escribe la frase preposicional en la línea.

1. ¿Qué te pusiste debajo del abrigo?

   _____

2. Encima de la silla verás tu mochila.

   _____

3. Delante de p y b, se escribe una m.

   _____

4. Me voy a sentar detrás de tu amigo.

   _____

5. Junto a mi casa hay un parque.

   _____

6. El libro está encima de la mesa.

   _____

7. Busca tus zapatos debajo de tu cama.

   _____

8. Encontré este disco detrás de tus libros.

   _____

9. Pon la alfombra delante de la puerta.

   _____

10. En la foto tu papá está junto a tu hermano.

   _____

Nombre _____

Ampliar no es demandar

Ampliar oraciones con frases preposicionales Un buen escritor puede ampliar las oraciones y dar más información, añadiendo frases preposicionales.

Ayer caminé un poco.

Oración ampliada: Ayer caminé un poco junto al lago con mi perro.

Lee el párrafo que escribió Carlos. Añade detalles a la descripción usando frases preposicionales en los espacios en blanco. Pregúntate a ti mismo *dónde, cuándo, cómo* y *qué* para ayudarte. ¡Usa tu imaginación!

Caminé por el bosque _____.

Mientras caminaba, miraba _____. Esperaba ver

algunos pájaros, pero parece que estaban escondidos

_____. Continué mi camino

_____. Vi las huellas

_____. Seguí las huellas _____.

_____ encontré al dueño de las huellas.

Me miraba _____. Para no asustarlo, me quedé

parado muy tranquilo _____. Luego, desapareció.

¿Fue un sueño o realmente vi a un unicornio _____?

Nombre _____

Escribir un ensayo comparativo

En *El tamarino león dorado vuelve a casa*, leíste acerca de las similitudes y diferencias entre los tamarinos león dorados nacidos en cautiverio y los nacidos en su hábitat natural. Por ejemplo, ambos comen frutas, pero los tamarinos león dorados nacidos en zoológicos no saben cómo cazar o buscar su comida. Una forma de explicar las similitudes y diferencias es escribiendo un ensayo de comparación y contraste. La comparación muestra en qué se parecen las cosas y el contraste muestra en qué se diferencian.

Usa un diagrama Venn para reunir y organizar los detalles que comparan y contrastan a los osos pardos con los tamarinos león dorados. Toma nota de los hechos acerca de las dos especies, incluyendo su hábitat, dieta y amenazas a su supervivencia.

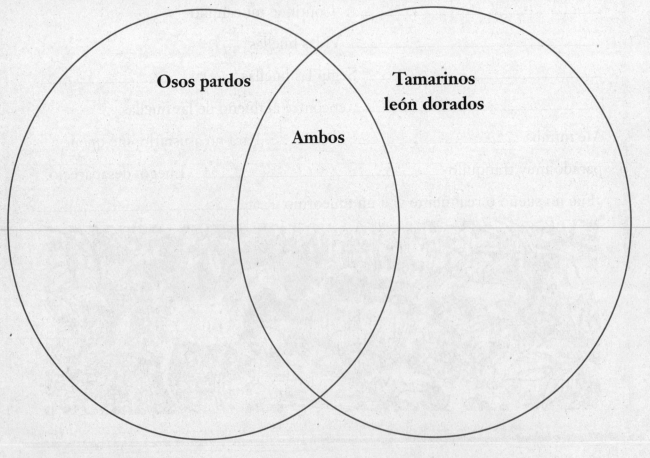

Osos pardos

Ambos

Tamarinos
león dorados

Nombre _____

Combinar oraciones

Los buenos escritores siempre buscan formas para mejorar su escritura. Un método para perfeccionar tu escritura es combinar oraciones cortas que tienen el mismo sujeto pero diferentes frases preposicionales, en una única oración con frases preposicionales consecutivas.

El biólogo estaba **en el bosque tropical.** Él estaba parado **bajo unos altos árboles.** Miraba **a las verdes enredaderas.** Vio algunos tamarinos león dorados **encima de él.**

Estando parado **bajo unos altos árboles en el bosque tropical,** el biólogo miraba **a las verdes enredaderas encima de él** y vio algunos tamarinos león dorados.

Revisa estas notas tomadas en el campo. Combina en una única oración las oraciones cortas que tienen un sujeto repetido, pero con diferentes frases preposicionales. Escribe la nota modificada en las líneas.

Jueves, 10:20 a.m.

Mi familia de tamarinos, a quien llamo el equipo verde, inspecciona. Los monos miran hacia fuera por un agujero. El agujero está en la recámara superior. La recámara es parte de un nido artificial. Los tamarinos abandonan el nido uno a uno. Hambrientos, los adultos hurgan en el alimentador. Registran el alimentador con sus largos dedos y uñas. Los tamarinos león dorados también comen algunas bananas medio peladas. Las bananas se dejan en las ramas. Las ramas están próximas al nido artificial.

_____

_____

_____

_____

Nombre _____

Fin del otoño en los bosques

Completa el párrafo que aparece abajo con las palabras del cuadro.

Al final del otoño, los animales se preparan para los

_____ días del invierno. Ya la

mayoría de los pájaros han escapado al sur. Cada animal

_____ con anterioridad su propio

_____ de alimentos. Los granjeros

han recogido su _____. El almacenar

ahora es importante para su _____.

Tanto los humanos como los animales están decididos a proteger

sus _____.

Escribe cuatro oraciones más usando las palabras del cuadro.

_____

_____

_____

_____

Nombre _____

Seguir las pistas

Lee las pistas del cuento y las conclusiones que se dan en los cuadros que aparecen abajo. Completa la información que falta con texto de la selección.

Pistas del cuento			Conclusiones
páginas 652 a 653 Los ratones y ardillas recogieron semillas y nueces.	**+** Sam recolectó diversas raíces, pescado ahumado y conejo.	**=**	En la montaña boscosa donde está viviendo Sam, la comida es escasa en el invierno.
páginas 654 a 655 _____ _____ _____	**+** _____ _____ _____ _____	**=**	Las ropas y refugio actuales de Sam no son suficiente para protegerlo del frío invernal.
páginas 656 a 658 Sam retoza persiguiendo a Barón montaña arriba.	**+** Sam corre tras Retador porque teme que el halcón lo haya abandonado.	**=** _____ _____ _____	
páginas 660 a 665 _____ _____ _____	**+** _____ _____	**=**	Aunque Sam disfruta la compañía de los animales, debe mantenerse alerta con esas criaturas salvajes.

Nombre _____

Aventuras de otoño

Las aventuras de Sam narradas en este cuento, comienzan en septiembre y terminan inmediatamente después de Halloween. Usa la tabla de secuencia que aparece más abajo para escribir los sucesos más importantes en el orden que ocurrieron.

Septiembre

Sam observa la llegada del otoño. Él
_____

15 de octubre

El abrigo invernal de la comadreja, los rollos de grasa del mapache y los preparativos invernales de otros animales hacen que Sam se dé cuenta que
_____

Los tres días siguientes

Sam lleva arcilla de regreso a su árbol y fabrica una chimenea. Luego él
_____

31 de octubre

Después de la visita de Barón, Sam se da cuenta de que es Halloween. Él decide
_____

1 de noviembre

Los animales finalmente llegan y hay una fiesta salvaje en la que Sam aprende que
_____

Nombre _____

Reunir las pistas

**Lee el siguiente pasaje. Luego contesta las preguntas de
la página 386.**

Buscar provisiones

Se acercaba la noche y regresé al campo. Los grillos comenzaban su serenata nocturna. Puse mi mochila en la losa de granito que usaba como mesa y comencé a sacar los tesoros del día.

Saqué las coles que había recogido cerca de las cataratas. Luego extraje una bolsa de zarzamoras silvestres empacadas en un suave colchón de musgo. Del fondo de la mochila saqué un puñado de nueces. Yo esperaba encontrar las bayas, pero las nueces eran un lujo no esperado, de un nogal que había descubierto en una arboleda de robles. Puse la comida en la piedra con cuidado. Había ahumado dos pequeñas truchas el día anterior, las envolví en papel y las guardé en un árbol, lejos de los osos hambrientos. Las truchas, nueces y lechugas, con las bayas como postre, harían un verdadero festín.

Luego dirigí mi atención a hacer un fuego. El día había sido caliente, pero yo sabía cuán rápido bajaría la temperatura cuando el sol se pusiera. Después que tuve una fogata crepitando alegremente, me senté a hacer un inventario.

Algunas cosas habían salido mejor de lo que esperaba. Mantenerme abrigado y seco había sido fácil. Incluso la tempestad de la segunda noche no mojó ninguna de mis pertenencias. Otras cosas, como encontrar suficiente alimento, habían resultado ser más duras de lo que pensaba. Una hora recogiendo lechugas resultó en un pequeño cúmulo de verduras. Sin embargo, en general, no me podía quejar. Pensé en mi radio dentro de la tienda de campaña. No había tenido que usarlo todavía. Con suerte, no necesitaría desempaquetarlo.

Nombre _____

Reunir las pistas

**Contesta estas preguntas acerca del pasaje de
la página 385.**

1. ¿Dónde está el narrador? ¿Cómo lo sabes?

_____

_____

_____

2. ¿La narradora está desamparada o escogió estar allí? ¿Cómo lo sabes?

_____

_____

_____

3. ¿Qué estación crees que es? ¿Por qué?

_____

_____

_____

4. ¿Para qué piensas que se podría usar la radio? ¿Por qué piensas eso?

_____

_____

_____

5. ¿Crees que la narradora ha tenido otras experiencias en la naturaleza? ¿Por qué?

_____

_____

_____

Mi rincón en la montaña

Análisis estructural
Formación de palabras:
Palabras base y terminaciones

Nombre _____

Lo que dicen las terminaciones

recolecta	fabricará
recolectaron	fabricarían
vio	quería
creían	querían

Estás escribiendo acerca del cuento *Mi rincón en la montaña* para el anuario de tu escuela. Usa las palabras del cuadro de arriba para completar las oraciones.

Aunque estaba enojado con ellos, Sam

_____ que los animales eran muy divertidos.

Éstos, por su parte, _____ que Sam era un

"animal" muy interesante. Él no _____

acercarse mucho a ellos, pero los animales venían porque

_____ apoderarse de su comida.

Sam _____ un refugio para vivir

durante el invierno. Algo similar a lo que

_____ los animales del bosque.

Sam _____ las nueces rápidamente.

Felizmente, las ardillas no las _____ antes

que él.

Nombre _____

Palabras con terminaciones -aba, -aban, -ía, -ían, -á y -án

Las terminaciones *-aba*, *-ía* y *á* se usan para el singular. Por otra
parte, las terminaciones *-aban*, *-ían* y *-án* indican el plural.
En cuanto al tiempo, las terminaciones *-aba*, *-aban*, *-ía* e *-ían* se
usan para el pasado, y *-á* y *-án* para el futuro.

**Escribe cada palabra de ortografía debajo de su número
y tiempo.**

1. estaba
2. estaban
3. estará
4. estarán
5. vivía
6. vivían
7. vivirá
8. vivirán
9. encontrará
10. encontrarán
11. corría
12. corrían
13. correrá
14. correrán
15. recogía

Pasado singular

_____

_____

_____

Pasado plural

_____

_____

_____

Futuro singular

_____

_____

_____

Futuro plural

_____

_____

_____

Nombre _____

¡Más ortografía!

Abajo aparecen el tiempo, el número y el verbo. En el espacio en blanco, escribe la palabra de ortografía correcta.

1. pasado / singular / vivir _____

2. futuro / plural / correr _____

3. futuro / plural / estar _____

4. pasado / plural / correr _____

5. futuro / plural / vivir _____

6. pasado / singular / recoger _____

Transforma **Abajo se dan oraciones que están en pasado y en singular. Modifícalas y escríbelas en futuro y plural en la línea que se provee.**

7. Él estaba preparado.

_____

8. El mapache encontraba el hurgar interesante.

_____

9. La comadreja corría por el bosque

_____

Palabras de ortografía

1. estaba
2. estaban
3. estará
4. estarán
5. vivía
6. vivían
7. vivirá
8. vivirán
9. encontrará
10. encontrarán
11. corría
12. corrían
13. correrá
14. correrán
15. recogía

Tema 6: **Vida salvaje** 389

Nombre _____

Corregir y escribir

Corregir **Rodea con un círculo las cuatro palabras que tengan errores ortográficos. Luego, escribe cada palabra correctamente.**

> Yo estava buscando en la biblioteca un buen
> libro para leer. Los que yo buscaba hestaban
> prestados. Tendría que esperar a que los
> devolvieran. Como yo bibía cerca de la biblioteca,
> hablé con mis hijos y me dijeron que ellos
> correran mañana a buscarlos.

1. estaba
2. estaban
3. estará
4. estarán
5. vivía
6. vivían
7. vivirá
8. vivirán
9. encontrará
10. encontrarán
11. corría
12. corrían
13. correrá
14. correrán
15. recogía

1. _____

2. _____

3. _____

4. _____

En una hoja de papel, escribe un párrafo sobre Sam. Usa palabras de ortografía de la lista.

Fragmentos de un diccionario

Lee las entradas en el diccionario que aparecen abajo. En la línea después de cada oración, escribe la frase idiomática y lo que significa.

> **ojo** *s.m.* **1.** Órgano de la visión. **2. Abrir los ojos.** Estar sobre aviso.
> **3. A ojo.** Sin medida.
>
> **ola** *s.f.* **1.** Onda de gran amplitud en la superficie de las aguas. **2. Una ola de protestas.** Oleada, aflujo súbito.
>
> **opinión** *s.f.* **1.** Parecer del que opina. **2. Casarse con su opinión.** Aferrarse a una opinión.
>
> **original** *adj.* **1.** Que se remonta al origen o que pertenece a él.
> **2. Escritor original.** Que escribe de un modo novedoso.
>
> **oro** *s.m.* **1.** Metal precioso de color amarillo brillante. **2. Pedir el oro y el moro.** Pedir cosas exageradas.
>
> **oso** *s.m.* **1.** Mamífero carnicero plantígrado. **2. Hacer el oso.** Exponerse a la burla de la gente.

1. Es bueno escuchar a tus compañeros y no casarse con su opinión.

    _____

2. No te vistas así porque vas a hacer el oso.

    _____

3. Ahora verás que ella va a pedir el oro y el moro.

    _____

4. Todos sabemos que es un escritor original.

    _____

5. Yo preparo la sopa a ojo.

    _____

6. Esa ley produjo una ola de protestas.

    _____

Nombre _____

Pronombres en frases preposicionales

Algunos pronombres cambian cuando se usan en una frase preposicional.
Otros, sin embargo, no cambian. Analiza la tabla
que se muestra abajo. Fíjate cuándo el pronombre cambia.

Pronombres usados con preposiciones

Yo: para mí, a mí, de mí, conmigo

Tú: para ti, a ti, de ti, contigo

Él/Ella: para él/ella, a él/ella, de él/ella, con él/ella

Nosotros: para nosotros, a nosotros, de nosotros, con nosotros

Ustedes: para ustedes, a ustedes, de ustedes, con ustedes

Ellos/Ellas: para ellos/ellas, a ellos/ellas, de ellos/ellas, con ellos/ellas

---

Subraya el pronombre entre paréntesis que completa correctamente cada oración.

1. Randy y su perra Maggie vinieron (con yo/conmigo) a la caminata.

2. Él dijo que todo había terminado para (yo/mí).

3. Nos acordamos que vivías aquí y contamos historias sobre (tú/ti).

4. Estoy entusiasmado de poder ir (con tú/contigo).

5. El perro nos ladró y luego caminó con (nuestro/nosotros).

6. Este traje que compré es para (ella/la).

7. El libro se lo presté (a ellos/ellos).

8. Pienso que tú no quieres estudiar (ella/con ella).

9. Las ardillas fueron una sorpresa para (nos/nosotros).

10. Llegamos a la casa de (ellos/les) al mediodía.

Nombre _____

Más frases preposicionales

Frases adjetivas y adverbiales Las frases preposicionales añaden detalles a una oración. Pueden describir sustantivos o pronombres (frases adjetivas); o pueden tener función de adverbios, es decir, modificar verbos, adjetivos u otro adverbio (frases adverbiales).

Subraya la frase preposicional una vez y la palabra que modifica dos veces. Escribe al lado de la oración *Adj*. si la frase es adjetiva y *Adv*. si la frase es adverbial.

Ejemplo: *Todos los asistentes al concierto bailaron.*

1. Un pianista de México dió concierto.

2. El pianista nació en Guadalajara.

3. Él fue nombrado catedrático en enero de 1980.

4. También es miembro de una orquesta sinfónica.

5. El director de la orquesta es un compositor italiano.

6. He escuchado varias obras de este compositor.

7. El teatro fue invadido por la música del escenario.

8. El concierto finalizó pasada la media noche.

9. También han actuado para la televisión.

10. Después del concierto nos fuimos a la casa.

Mi rincón en la montaña

Destreza de gramática
Escribir con el pronombre
correcto

Nombre _____

Pronombres en estructuras compuestas

Usar el pronombre correcto en una oración Los buenos escritores son muy cuidadosos al usar los pronombres compuestos.

Subraya los pronombres compuestos que tienen errores en la carta que aparece abajo. Luego, escríbelos correctamente en las líneas que se dan.

3 de junio
Querido primo:

    Estoy contando los días para que tú y mí nos encontremos. Este viaje a la playa que tus padres y nos hemos organizado, va a ser un éxito. Fue una idea muy buena, porque a ti y a yo nos encanta la playa.

    Cuando ti y mí estemos nadando y tomando el sol, nos parecerá mentira. Estoy seguro de que esos días serán inolvidables tanto para nosotros, como para les.

1. _____   4. _____

2. _____   5. _____

3. _____

Nombre _____

Responder a una idea para escribir

Idea para escribir:

Repasa el fragmento de *Mi rincón en la montaña* desde la página 652 hasta el primer párrafo de la página 655. Escribe con tus palabras un resumen de la parte en que se acerca el otoño y Sam está contento y preocupado.

Personajes	Ambiente

Sucesos de la trama

Nombre _____

Ubicar frases preposicionales correctamente

Los escritores cuidadosos revisan la ubicación de las frases preposicionales en lo que escriben. Si una frase preposicional aparece en un lugar incorrecto, puede hacer que la oración no quede clara. Para evitar confusión, pon las frases preposicionales lo más cerca que puedas de las palabras o frases que describen.

> **Sobre una piedra,** Sam Gribley puso a secar unas rebanadas de manzanas **al sol.**
>
> Sam Gribley puso a secar unas rebanadas de manzanas **sobre una piedra al sol.**

Revisa las notas que Sam Gribley pudo haber escrito. Haz más clara cada oración poniendo la frase preposicional lo más cerca posible de la palabra que describe. Rodea con un círculo la frase preposicional que está fuera de lugar y dibuja una flecha para mostrar dónde debería aparecer.

1. Empujé mi balsa río abajo con una larga vara.

2. En el agua helada, navegué con mi cordel por una hora.

3. De repente, el cordel dio un tirón en mi mano, detrás de la balsa.

4. Saqué un pescado hacia la parte seca de mi balsa del agua azul.

5. Luego empujé cerca de mi casa la balsa a la orilla.

6. Luego puse algunas hierbas secas sobre el pescado fresco de mi bolsita de piel.

7. En el fuego asé el pescado cerca de mi árbol para hacer una comida deliciosa.

Nombre _____

Escribir un ensayo de opinión

Usa lo que has aprendido acerca de tomar pruebas, para escribir un ensayo que muestre tu opinión sobre un tema. Esta práctica te ayudará cuando tengas que tomar este tipo de prueba.

Muchos animales del mundo están en peligro de extinción. En *El tamarino león dorado vuelve a casa,* **aprendiste sobre el Programa de Conservación del Tamarino León Dorado y cómo este animal ha sido reinsertado a su hábitat natural. Escribe un ensayo para convencer a los demás de la importancia de los esfuerzos de los seres humanos para salvar a los animales en peligro de extinción. ¿Son importantes estos esfuerzos? ¿Es nuestra responsabilidad proteger a estos animales?**

EN PELIGRO DE EXTINCIÓN

_____

_____

_____

_____

_____

_____

_____

_____

_____

_____

_____

_____

_____

_____

_____

_____

_____

Nombre _____

Escribir un ensayo
de opinión continuación

Lee tu ensayo. Verifica para estar seguro de que

- cada párrafo tiene una oración que presenta el tema y da la idea principal
- tus razones son fuertes y están apoyadas por detalles
- tu escritura suena a ti
- el final de tu ensayo resume los puntos importantes
- hay pocos errores en las mayúsculas, puntuación, gramática y ortografía

Ahora escoge una forma de mejorar tu ensayo. Muestra los cambios abajo.

_____
_____
_____
_____
_____
_____
_____
_____
_____
_____
_____
_____
_____
_____

Nombre _____

Repaso de ortografía

Escribe las palabras de ortografía de la lista en esta página, para contestar las preguntas.

1–10. ¿Cuáles diez palabras tienen el sufijo *-ero, -era, -ista, -ico, -ica, -dor, -dora?*

1. _____
2. _____
3. _____
4. _____
5. _____
6. _____
7. _____
8. _____
9. _____
10. _____

11–20. ¿Cuáles diez palabras tienen hiatos?

11. _____
12. _____
13. _____
14. _____
15. _____
16. _____
17. _____
18. _____
19. _____
20. _____

21–30. ¿A cuáles diez palabras les faltan letras en la lista que aparece abajo? Escribe cada palabra.

21. —— taba _____
22. —— virán _____
23. —— taban _____
24. vi —— rá _____
25. en —— gía _____
26. —— rrían _____
27. vi —— a _____
28. encon —— rá _____
29. —— ontrarán _____
30. co —— a _____

1. estaba
2. tío
3. hacía
4. vivía
5. vivirán
6. dúo
7. estará
8. vivirá
9. energía
10. calentador
11. librero
12. continúa
13. encontrará
14. todavía
15. aterradora
16. mía
17. corría
18. tanquista
19. proteína
20. corrían
21. florero
22. encontrarán
23. perdedor
24. río
25. periodista
26. sombrero
27. estaban
28. mecánico
29. plumero
30. frío

Nombre _____

¡Más ortografía!

Escribe la palabra de ortografía que mejor corresponde con la definición.

1. Se necesita para hacer deporte _____

2. Que avanzaba con gran velocidad.

   _____

3. Arregla carros. _____

4. Sigue y sigue. _____

5. Es el hermano de mi mamá o papá.

   _____

6. Mueble que se usa para guardar libros.

   _____

7. Escribe noticias para periódicos, revistas y noticieros.

   _____

8. Que van a vivir. _____

**Escribe la Palabra de ortografía que significa
lo opuesto de las siguientes palabras.**

9. caliente _____

10. ya _____

11. ganador _____

12. tuya _____

13. moría _____

14. refrigerador _____

15. va a morir _____

Nombre _____

Corregir y escribir

Corregir Rodea con un círculo las cinco palabras de ortografía con faltas en este párrafo. Luego, escribe cada palabra correctamente.

Yo estava de vacaciones en la casa de mi tío. Ellos tienen un rrio cerca. Hacia tiempo que había soñado con este paseo. Me fui a pescar con mi primo y los peces estabam por todas partes. De pronto, se cayó mi sonvrero al agua y los peces se asustaron.

Palabras de ortografía

1. florero
2. río
3. estaba
4. plumero
5. corrían
6. proteína
7. sombrero
8. dúo
9. estará
10. tanquista
11. encontrará
12. aterradora
13. encontrarán
14. estaban
15. hacía

1. _____ 4. _____

2. _____ 5. _____

3. _____

Notas a medias Escribe las palabras de ortografía que completan estas notas.

6. ¿Crees que ese _____ podrá conducir con el nuevo tanque?

7. No me gusta escuchar una noticia tan _____ .

8. Pon esas flores tan bellas en el _____ .

9. Ella quitó el polvo de los muebles con el _____ .

10. La _____ está en la carne.

11. Apúrate, o tu sopa _____ fría cuando llegues.

12. ¿Crees que Jorge y Sofía hacen un buen _____ cantando?

13. Los tigres _____ detrás de su presa.

14. Mis padres nos _____ mojados.

15. ¿Con quién se _____ Jorge en el cine?

Escribe ideas En una hoja de papel, escribe sobre un animal que te gustaría estudiar en la naturaleza. Usa las palabras de ortografía.

Cuaderno del estudiante

Contenido

Cómo estudiar una palabra

1. MIRA la palabra.
➤ ¿Qué significa la palabra?

➤ ¿Qué letras hay en la palabra?

➤ Nombra y toca cada palabra.

2. PRONUNCIA la palabra.
➤ Escucha los sonidos de las consonantes.

➤ Escucha los sonidos de las vocales.

3. PIENSA en la palabra.
➤ ¿Cómo se deletrea cada sonido?

➤ Cierra tus ojos e imagina la palabra.

➤ ¿Cuáles patrones de ortografía ves?

➤ ¿Ves algún prefijo, sufijo u otras partes de palabras?

4. ESCRIBE la palabra.
➤ Piensa en los sonidos y las letras.

➤ Junta las letras correctamente.

5. VERIFICA la ortografía.
➤ ¿Deletreaste la palabra de la misma forma en que es deletreada en tu lista de palabras?

➤ Si no deletreaste la palabra correctamente, escríbela de nuevo.

ahogue	erguida	luces
almuerzo	escoger	luz
amanecer	espacio	manzana
apresúrate	espejuelo	más
ardilla	extracciones	mejilla
asegúrate	felices	nacer
barato	feliz	nariz
bosque	feroces	ojos
brazos	feroz	óptimo
busque	flojo	patín
capaces	garaje	perdiz
capacidad	gélidos	planear
capaz	glosario	querer
cazadores	graznido	quiso
cinturón	hábil	recibir
comenzar	habilidad	también
cómo	hace	tarjeta
conciencia	hallar	tazas
conflicto	helado	único
conozco	hermoso	urracas
decide	hice	utilice
decisión	hojas	utilizaba
desplazar	igual	utilizar
disciplina	indígenas	vacaciones
doscientos	inflar	veces
empecé	joven	vez
empezar	jovial	yoyó
empezó	joya	zanahoria
empiece	labio	zapato
empieza	llorar	zonas

Lista de palabras para el hogar

El ojo de la tormenta

Palabras con sílabas cerradas
mármol
esconder
cosméticos

Palabras de ortografía

1. árbol	9. manchón
2. clamor	10. flotas
3. golpe	11. capaz
4. jamás	12. revés
5. comezón	13. mecían
6. altura	14. ventarrón
7. ladrón	15. eléctrica
8. pequeñez	

Palabras difíciles
1. atmosféricos
2. incansablemente
3. habitual
4. gigantesco
5. alambrada

Mi lista de estudio
Añade tus propias palabras de ortografía en el reverso. ➡

Lista de palabras para el hogar

Naturaleza Feroz
Taller de lectoescritura

Busca patrones de ortografía conocidos como ayuda para recordar cómo se deletrean.

Palabras de ortografía

1. mejilla	9. labio
2. nariz	10. brazos
3. urracas	11. graznido
4. ardilla	12. cazadores
5. zonas	13. erguida
6. hojas	14. cinturón
7. más	15. cómo
8. llorar	

Palabras difíciles
1. desastre
2. grandullón
3. tembloroso
4. vistazo
5. inmediatamente

Mi lista de estudio
Añade tus propias palabras de ortografía en el reverso. ➡

Lista de palabras para el hogar

Terremoto aterrador

Palabras con sílabas abiertas
vaca
ahora
casa

Palabras de ortografía

1. cayó	9. rescate
2. islote	10. informó
3. neblina	11. dentista
4. así	12. comenzó
5. aquí	13. subí
6. quedó	14. daño
7. volará	15. sacudida
8. ánimo	

Palabras difíciles
1. llamaré
2. amenazante
3. desplazó
4. inseparable
5. imaginó

Mi lista de estudio
Añade tus propias palabras de ortografía en el reverso. ➡

Lista de palabras para el hogar

Nombre_____

Mi lista de estudio

1. _____
2. _____
3. _____
4. _____
5. _____
6. _____
7. _____
8. _____
9. _____
10. _____

Cómo estudiar una palabra

Mira la palabra.
Pronuncia la palabra.
Piensa en la palabra.
Escribe la palabra.
Verifica la ortografía.

408

Lista de palabras para el hogar

Nombre_____

Mi lista de estudio

1. _____
2. _____
3. _____
4. _____
5. _____
6. _____
7. _____
8. _____
9. _____
10. _____

Cómo estudiar una palabra

Mira la palabra.
Pronuncia la palabra.
Piensa en la palabra.
Escribe la palabra.
Verifica la ortografía.

408

Lista de palabras para el hogar

Nombre_____

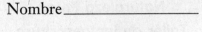

Mi lista de estudio

1. _____
2. _____
3. _____
4. _____
5. _____
6. _____
7. _____
8. _____
9. _____
10. _____

Cómo estudiar una palabra

Mira la palabra.
Pronuncia la palabra.
Piensa en la palabra.
Escribe la palabra.
Verifica la ortografía.

408

Michelle Kwan: Corazón de campeona

Palabras con grupos consonánticos con *l*

bl ➡ su**bl**ime
cl ➡ **cl**avicordio
fl ➡ **fl**atulencia
gl ➡ **gl**otonería
pl ➡ com**pl**ejo

Palabras de ortografía

1. clavo
2. flexibilidad
3. empleado
4. incluye
5. publicación
6. obligatorio
7. invisible
8. florero
9. sigla
10. imposible
11. habla
12. explorador
13. clarinete
14. reflejo
15. pleno

Palabras difíciles

1. fluidez
2. conglomerados
3. clandestino
4. pluralismo
5. complicados

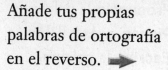

Mi lista de estudio
Añade tus propias palabras de ortografía en el reverso. ➡

Naturaleza feroz
Repaso de ortografía

Palabras de ortografía

1. cayó
2. quedó
3. neblina
4. caprichosos
5. flotas
6. aquí
7. ánimo
8. árbol
9. golpe
10. comezón
11. altura
12. ladrón
13. manchón
14. capaz
15. revés
16. mecían
17. así
18. ventarrón
19. abrazo
20. eléctrico
21. gritería
22. increíble
23. tigrillo
24. brinco
25. frenético
26. volará
27. sacudida
28. jamás
29. cofre
30. rescate

Ver las palabras difíciles en el reverso.

Mi lista de estudio
Añade tus propias palabras de ortografía en el reverso. ➡

Volcanes

Palabras con grupos consonánticos con *r*

br ➡ hom**br**ía
cr ➡ **cr**áneo
dr ➡ po**dr**ido
fr ➡ aza**fr**án
gr ➡ can**gr**ejo
pr ➡ com**pr**ensión
tr ➡ en**tr**ar

Palabras de ortografía

1. trozos
2. crudas
3. eléctrico
4. gritería
5. abrazo
6. príncipe
7. increíble
8. grande
9. cofre
10. caprichosos
11. dramaturgo
12. tigrillo
13. frígido
14. brinco
15. frenético

Palabras difíciles

1. profundidad
2. refrescante
3. transformación
4. alámbrico
5. descifrado

Mi lista de estudio
Añade tus propias palabras de ortografía en el reverso. ➡

Lista de palabras para el hogar	Lista de palabras para el hogar	Lista de palabras para el hogar

Nombre_____

Mi lista de estudio

1. _____
2. _____
3. _____
4. _____
5. _____
6. _____
7. _____
8. _____
9. _____
10. _____

Cómo estudiar una palabra

Mira la palabra.
Pronuncia la palabra.
Piensa en la palabra.
Escribe la palabra.
Verifica la ortografía.

Nombre_____

Mi lista de estudio

1. _____
2. _____
3. _____
4. _____
5. _____
6. _____
7. _____
8. _____
9. _____
10. _____

Palabras difíciles

1. llamaré	6. gigantesco
2. desplazó	7. alambrada
3. imaginó	8. alámbrico
4. amenazante	9. descifrado
5. habitual	10. refrescante

Cómo estudiar una palabra

Mira la palabra.
Pronuncia la palabra.
Piensa en la palabra.
Escribe la palabra.
Verifica la ortografía.

Nombre_____

Mi lista de estudio

1. _____
2. _____
3. _____
4. _____
5. _____
6. _____
7. _____
8. _____
9. _____
10. _____

Cómo estudiar una palabra

Mira la palabra.
Pronuncia la palabra.
Piensa en la palabra.
Escribe la palabra.
Verifica la ortografía.

El Paso del Miedo

Palabras con sílabas cerradas con r, l, s, c, d

r ➡ armar

l ➡ cascabel

s ➡ suspicaz

c ➡ reacción

d ➡ adquirir

Palabras de ortografía

1. admirar	9. escarlata
2. responder	10. escudo
3. almendra	11. hormiga
4. altar	12. lectura
5. altitud	13. oscuro
6. armario	14. tormenta
7. caracol	15. rascar
8. costa	

Palabras difíciles

1. admitir
2. almíbar
3. sostener
4. advertir
5. irlandés

Mi lista de estudio

Añade tus propias palabras de ortografía en el reverso. ➡

La Bamba

Plurales terminados en -s y -es

-s ➡ empleado, empleados

-es ➡ entrenador, entrenadores
lombriz, lombrices

Palabras de ortografía

1. trompetistas	9. caparazones
2. héroes	10. alambres
3. invenciones	11. avergonzados
4. incapaces	12. aprendices
5. imitaciones	13. confusiones
6. envasados	14. bergantines
7. inconveniencias	15. calientes
8. telones	

Palabras difíciles

1. perdices
2. carcajes
3. pejerreyes
4. álbumes
5. emperatrices

Mi lista de estudio

Añade tus propias palabras de ortografía en el reverso. ➡

Supera tu meta
Taller de lectoescritura

Busca patrones de ortografía conocidos como ayuda para recordar cómo se deletrean.

Palabras de ortografía

1. zanahoria	9. conflicto
2. asegúrate	10. hallar
3. inflar	11. joya
4. glosario	12. decide
5. planear	13. busque
6. hábil	14. manzana
7. helado	15. flojo
8. vacaciones	

Palabras difíciles

1. reglamento
2. reflejos
3. amanecer
4. almohada
5. fosforescente

Mi lista de estudio

Añade tus propias palabras de ortografía en el reverso. ➡

Lista de palabras para el hogar	Lista de palabras para el hogar	Lista de palabras para el hogar

Nombre_____

Mi lista de estudio

1. _____
2. _____
3. _____
4. _____
5. _____
6. _____
7. _____
8. _____
9. _____
10. _____

Cómo estudiar una palabra

Mira la palabra.
Pronuncia la palabra.
Piensa en la palabra.
Escribe la palabra.
Verifica la ortografía.

412

Nombre_____

Mi lista de estudio

1. _____
2. _____
3. _____
4. _____
5. _____
6. _____
7. _____
8. _____
9. _____
10. _____

Cómo estudiar una palabra

Mira la palabra.
Pronuncia la palabra.
Piensa en la palabra.
Escribe la palabra.
Verifica la ortografía.

412

Nombre_____

Mi lista de estudio

1. _____
2. _____
3. _____
4. _____
5. _____
6. _____
7. _____
8. _____
9. _____
10. _____

Cómo estudiar una palabra

Mira la palabra.
Pronuncia la palabra.
Piensa en la palabra.
Escribe la palabra.
Verifica la ortografía.

412

Lista de palabras para el hogar

¿Y entonces qué pasó, Paul Revere?

Palabras con _q, c, k_

ka	**c**as**c**ada, **Ka**lúa
ke	co**que**ta, **ke**mpo
ki	pas**quín**, **ki**osco
ko	**c**o**m**er, **ko**ala
ku	**cu**ero, **Ku**ndún
ak	ta**c**to
ek	h**ec**tárea
ik	di**c**tador
ok	do**c**tor
uk	su**cc**ión

Palabras de ortografía

1. cartel
2. conduzco
3. máquina
4. kilómetro
5. cascabeles
6. koala
7. almanaque
8. queso
9. poco
10. caballo
11. acudió
12. quitar
13. tranquilo
14. actor
15. victorias

Palabras difíciles

1. acondicionamiento
2. kilométrico
3. reaccionar
4. equitación
5. encomienda

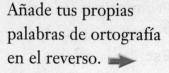

Mi lista de estudio
Añade tus propias palabras de ortografía en el reverso. ➡

413

Lista de palabras para el hogar

Supera tu meta
Repaso de ortografía

Palabras de ortografía

1. almendra
2. flexibilidad
3. trompetistas
4. maravillosa
5. aprendices
6. avergon-zados
7. explorador
8. caña
9. bergantines
10. caracol
11. chimenea
12. apoyar
13. caparazones
14. llorar
15. estrellas
16. proyecto
17. imitaciones
18. hormiga
19. lluvia
20. envasados
21. rascar
22. héroes
23. telones
24. sigla
25. escarlata
26. armario
27. cancha
28. sueño
29. incapaces
30. imposible

Ver las palabras difíciles en el reverso.

Mi lista de estudio
Añade tus propias palabras de ortografía en el reverso. ➡

413

Lista de palabras para el hogar

Mae Jemison

Palabras con sílabas con _ll, y, ch_ y _ñ_

ll	ca**ll**oso
y	cu**y**o
ch	Co**ch**abamba
ñ	**ñ**andú

Palabras de ortografía

1. apoyar
2. maravillosa
3. caña
4. cancha
5. español
6. hache
7. estrellas
8. leche
9. llorar
10. marchar
11. lluvia
12. proyecto
13. sueño
14. chimenea
15. mañana

Palabras difíciles

1. bayas
2. valle
3. hoyo
4. ñu
5. yate

Mi lista de estudio
Añade tus propias palabras de ortografía en el reverso. ➡

413

Lista de palabras para el hogar

Nombre_____

Mi lista de estudio

1. _____
2. _____
3. _____
4. _____
5. _____
6. _____
7. _____
8. _____
9. _____
10. _____

Cómo estudiar una palabra

Mira la palabra.
Pronuncia la palabra.
Piensa en la palabra.
Escribe la palabra.
Verifica la ortografía.

Lista de palabras para el hogar

Nombre_____

Mi lista de estudio

1. _____
2. _____
3. _____
4. _____
5. _____
6. _____
7. _____
8. _____
9. _____
10. _____

Palabras difíciles

1. fluidez
2. clandestino
3. pluralismo
4. carcajes
5. álbumes
6. almíbar
7. advertir
8. bayas
9. hoyo
10. yate

Cómo estudiar una palabra

Mira la palabra.
Pronuncia la palabra.
Piensa en la palabra.
Escribe la palabra.
Verifica la ortografía.

Lista de palabras para el hogar

Nombre_____

Mi lista de estudio

1. _____
2. _____
3. _____
4. _____
5. _____
6. _____
7. _____
8. _____
9. _____
10. _____

Cómo estudiar una palabra

Mira la palabra.
Pronuncia la palabra.
Piensa en la palabra.
Escribe la palabra.
Verifica la ortografía.

Lista de palabras para el hogar

James Forten

Palabras con *za, zo, zu, ce, ci*

con *za* ➡ cabeza

con *zo* ➡ chorizo

con *zu* ➡ azúcar

con *ce* ➡ cera

con *ci* ➡ cimarrón

Palabras de ortografía

1. pasadizo
2. zona
3. enlace
4. cocer
5. rapidez
6. azar
7. cima
8. nacido
9. atroz
10. cianuro
11. cereal
12. acceder
13. hechizo
14. languidecer
15. zurdo

Palabras difíciles

1. escasez
2. sazonar
3. concesión
4. cereza
5. institutriz

Mi lista de estudio
Añade tus propias palabras de ortografía en el reverso. ➡

415

Lista de palabras para el hogar

El bául de Katie

Palabras con *g* suave

➡ guinda

g suave ➡ gato

➡ gula

Palabras de ortografía

1. gorra
2. laguna
3. guía
4. guerra
5. gusano
6. rogar
7. psicóloga
8. gusto
9. llegar
10. manga
11. gobierno
12. águila
13. amargo
14. guitarra
15. gota

Palabras difíciles

1. guanaco
2. estragos
3. aguerrido
4. atragantar
5. halagos

Mi lista de estudio
Añade tus propias palabras de ortografía en el reverso. ➡

415

Lista de palabras para el hogar

Voces de la Revolución
Taller de lectoescritura

Busca patrones de ortografía conocidos como ayuda para recordar cómo se deletrean.

Palabras de ortografía

1. garaje
2. tarjeta
3. indígenas
4. escoger
5. felices
6. conozco
7. quiso
8. hice
9. tazas
10. empiece
11. doscientos
12. disciplina
13. conciencia
14. ahogue
15. almuerzo

Palabras difíciles

1. azahares
2. arriésguense
3. persecución
4. hay
5. acción

Mi lista de estudio
Añade tus propias palabras de ortografía en el reverso. ➡

415

Lista de palabras para el hogar

Nombre_____

Mi lista de estudio

1. _____
2. _____
3. _____
4. _____
5. _____
6. _____
7. _____
8. _____
9. _____
10. _____

Cómo estudiar una palabra

Mira la palabra.
Pronuncia la palabra.
Piensa en la palabra.
Escribe la palabra.
Verifica la ortografía.

416

Lista de palabras para el hogar

Nombre_____

Mi lista de estudio

1. _____
2. _____
3. _____
4. _____
5. _____
6. _____
7. _____
8. _____
9. _____
10. _____

Cómo estudiar una palabra

Mira la palabra.
Pronuncia la palabra.
Piensa en la palabra.
Escribe la palabra.
Verifica la ortografía.

416

Lista de palabras para el hogar

Nombre_____

Mi lista de estudio

1. _____
2. _____
3. _____
4. _____
5. _____
6. _____
7. _____
8. _____
9. _____
10. _____

Cómo estudiar una palabra

Mira la palabra.
Pronuncia la palabra.
Piensa en la palabra.
Escribe la palabra.
Verifica la ortografía.

416

Lista de palabras para el hogar

De persona a persona
Taller de lectoescritura

Busca patrones de ortografía conocidos como ayuda para recordar cómo se deletrean.

Palabras de ortografía

1. ojos
2. igual
3. jovial
4. yoyó
5. espejuelo
6. recibir
7. habilidad
8. también
9. barato
10. hermoso
11. feliz
12. empezar
13. comenzar
14. nacer
15. apresurate

Palabras difíciles

1. acabada
2. conciencia
3. excelente
4. nariz
5. albahaca

Mi lista de estudio
Añade tus propias palabras de ortografía en el reverso. ➡

Lista de palabras para el hogar

Mariah conserva la calma

Palabras con _g_, _j_, _x_

g ➡ urgente
j ➡ jinete
x ➡ mexicano

Palabras de ortografía

1. refugio
2. privilegiado
3. exigente
4. dijo
5. trajes
6. México
7. generoso
8. diligencia
9. mejor
10. déjame
11. bandeja
12. juntas
13. mágico
14. jardín
15. jóvenes

Palabras difíciles

1. ingesta
2. demagógico
3. higiénico
4. exagerar
5. insurgente

Mi lista de estudio
Añade tus propias palabras de ortografía en el reverso. ➡

Lista de palabras para el hogar

Voces de la Revolución
Repaso de ortografía

Palabras de ortografía

1. laguna
2. victorias
3. gusano
4. zona
5. guitarra
6. máquina
7. enlace
8. caballo
9. amargo
10. aguila
11. psicóloga
12. hechizo
13. azar
14. actor
15. gobierno
16. guerra
17. quitar
18. cascabeles
19. kilómetro
20. languidecer
21. gusto
22. conduzco
23. pasadizo
24. gota
25. almanaque
26. cereal
27. queso
28. cocer
29. tranquilo
30. nacido

Ver las palabras difíciles en el reverso

Mi lista de estudio
Añade tus propias palabras de ortografía en el reverso. ➡

Lista de palabras para el hogar

Lista de palabras para el hogar

Lista de palabras para el hogar

Nombre_____

Mi lista de estudio

1. _____
2. _____
3. _____
4. _____
5. _____
6. _____
7. _____
8. _____
9. _____
10. _____

Palabras difíciles

1. kilométrico   6. institutriz
2. reaccionar   7. sazonar
3. equitación   8. guanaco
4. escasez   9. halagos
5. cereza   10. estragos

Cómo estudiar una palabra

Mira la palabra.
Pronuncia la palabra.
Piensa en la palabra.
Escribe la palabra.
Verifica la ortografía.

Nombre_____

Mi lista de estudio

1. _____
2. _____
3. _____
4. _____
5. _____
6. _____
7. _____
8. _____
9. _____
10. _____

Cómo estudiar una palabra

Mira la palabra.
Pronuncia la palabra.
Piensa en la palabra.
Escribe la palabra.
Verifica la ortografía.

Nombre_____

Mi lista de estudio

1. _____
2. _____
3. _____
4. _____
5. _____
6. _____
7. _____
8. _____
9. _____
10. _____

Cómo estudiar una palabra

Mira la palabra.
Pronuncia la palabra.
Piensa en la palabra.
Escribe la palabra.
Verifica la ortografía.

Lista de palabras para el hogar

Querido señor Henshaw

Palabras con sufijos -dad, -ción, -sión, -xión

clari + dad	= clari**dad**
interpreta + ción	= interpreta**ción**
conce + sión	= conce**sión**
cone + xión	= cone**xión**

Palabras de ortografía

1. aprensión
2. articulación
3. seriedad
4. redacción
5. presentación
6. reflexión
7. capacidad
8. autoridad
9. canción
10. emoción
11. ilusión
12. conexión
13. comuni-cación
14. integridad
15. tensión

Palabras difíciles

1. velocidad
2. crucifixión
3. sinceridad
4. verdad
5. expansión

Mi lista de estudio
Añade tus propias palabras de ortografía en el reverso. ➡

Lista de palabras para el hogar

Yang Segunda y sus admiradores secretos

Palabras con el sonido /r/

cama**r**ero
azuca**r**era
a**r**ena

Palabras de ortografía

1. favorito
2. mayoría
3. interés
4. murmuró
5. suspiro
6. postura
7. comentarios
8. parado
9. retirada
10. parecía
11. marcharon
12. aroma
13. averiguado
14. diferencia
15. restaurantes

Palabras difíciles

1. canaricultura
2. herencia
3. vocabulario
4. generación
5. haraganería

Mi lista de estudio
Añade tus propias palabras de ortografía en el reverso. ➡

Lista de palabras para el hogar

La mejor amiga de Mamá

Palabras con el sonido /rr/

roedo**r**
arrepentimiento
ornito**rr**inco

Palabras de ortografía

1. recordaba
2. regresaba
3. ruta
4. alrededor
5. ruido
6. repasaron
7. recorrieron
8. resiste
9. revoltosa
10. escurridiza
11. rama
12. rojo
13. repartíamos
14. corral
15. perra

Palabras difíciles

1. roedor
2. arrepentimiento
3. razonamiento
4. rentabilidad
5. rinoceronte

Mi lista de estudio
Añade tus propias palabras de ortografía en el reverso. ➡

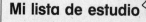

Lista de palabras
para el hogar

Nombre _____

Mi lista
de estudio

1. _____
2. _____
3. _____
4. _____
5. _____
6. _____
7. _____
8. _____
9. _____
10. _____

Cómo estudiar
una palabra

Mira la palabra.

Pronuncia la palabra.

Piensa en la palabra.

Escribe la palabra.

Verifica la ortografía.

Lista de palabras
para el hogar

Nombre _____

Mi lista
de estudio

1. _____
2. _____
3. _____
4. _____
5. _____
6. _____
7. _____
8. _____
9. _____
10. _____

Cómo estudiar
una palabra

Mira la palabra.

Pronuncia la palabra.

Piensa en la palabra.

Escribe la palabra.

Verifica la ortografía.

420

Lista de palabras
para el hogar

Nombre _____

Mi lista
de estudio

1. _____
2. _____
3. _____
4. _____
5. _____
6. _____
7. _____
8. _____
9. _____
10. _____

Cómo estudiar
una palabra

Mira la palabra.

Pronuncia la palabra.

Piensa en la palabra.

Escribe la palabra.

Verifica la ortografía.

420

Un territorio, muchos senderos
Taller de lectoescritura

Busca patrones de ortografía conocidos para ayudarte a recordar cómo se deletrean.

Palabras de ortografía

1. gélidos
2. zapato
3. decisión
4. querer
5. patín
6. único
7. espacio
8. amanecer
9. bosque
10. hace
11. joven
12. desplazar
13. extracciones
14. óptimo
15. perdiz

Palabras difíciles

1. zanahoria
2. espejuelo
3. almohado
4. naturaleza
5. manzana

Mi lista de estudio
Añade tus propias palabras de ortografía en el reverso. ➡

Un niño llamado Lento

Palabras con sonido /s/ y ortografía s, c, z, x

s ➡ exten**s**ión
c ➡ actua**c**ión
z ➡ **z**orro
x ➡ **x**ilófono

Palabras de ortografía

1. esclavo
2. luces
3. sencilla
4. escuela
5. cruces
6. lápiz
7. hortalizas
8. planicie
9. escribir
10. parecen
11. cabezas
12. iniciar
13. recibir
14. baloncesto
15. necesitaba

Palabras difíciles

1. organizaron
2. viceversa
3. comenzará
4. excelentes
5. determinación

Mi lista de estudio
Añade tus propias palabras de ortografía en el reverso. ➡

De persona a persona
Repaso de ortografía

Palabras de ortografía

1. privilegiado
2. exigente
3. favorito
4. México
5. diligencia
6. generoso
7. capacidad
8. jóvenes
9. bandeja
10. postura
11. redacción
12. murmuró
13. ruta
14. mayoría
15. conexión
16. parecía
17. reflexión
18. ilusión
19. diferencia
20. marcharon
21. corral
22. trajes
23. recorrieron
24. perra
25. revoltosa
26. presentación
27. integridad
28. ruido
29. retirada
30. tensión

Ver las palabras difíciles en el reverso

Mi lista de estudio
Añade tus propias palabras de ortografía en el reverso. ➡

Lista de palabras para el hogar

Nombre_____

Mi lista de estudio

1. _____
2. _____
3. _____
4. _____
5. _____
6. _____
7. _____
8. _____
9. _____
10. _____

Palabras difíciles

1. demagógico
2. higiénico
3. arrepenti-
   miento
4. razona-
   miento
5. rentabilidad
6. vocabulario
7. herencia
8. haraganería
9. crucifixión
10. sinceridad

Cómo estudiar una palabra

Mira la palabra.
Pronuncia la palabra.
Piensa en la palabra.
Escribe la palabra.
Verifica la ortografía.

422

Lista de palabras para el hogar

Nombre_____

Mi lista de estudio

1. _____
2. _____
3. _____
4. _____
5. _____
6. _____
7. _____
8. _____
9. _____
10. _____

Cómo estudiar una palabra

Mira la palabra.
Pronuncia la palabra.
Piensa en la palabra.
Escribe la palabra.
Verifica la ortografía.

422

Lista de palabras para el hogar

Nombre_____

Mi lista de estudio

1. _____
2. _____
3. _____
4. _____
5. _____
6. _____
7. _____
8. _____
9. _____
10. _____

Cómo estudiar una palabra

Mira la palabra.
Pronuncia la palabra.
Piensa en la palabra.
Escribe la palabra.
Verifica la ortografía.

422

Elena

Aumentativos y diminutivos.

palo + ote	=	**pal**ote
papá + ito	=	**papa**cito
timón + cillo	=	**timon**cillo
palo + illo	=	pal**illo**
cabeza + azo	=	cabez**azo**
gigante + ón	=	gigant**ón**

Palabras de ortografía

1. mamacita
2. calentito
3. perrazo
4. gatico
5. papelillo
6. pancito
7. pajarillo
8. hombrecito
9. jarrones
10. novelón
11. animalazo
12. cabezazo
13. piececito
14. buenaza
15. periquita

Palabras difíciles

1. cucharón
2. pantalonazo
3. limoncillo
4. manicito
5. manecita

Mi lista de estudio

Añade tus propias palabras de ortografía en el reverso. ➡

Vaquero Negro, Caballos Salvajes

Palabras con sufijos -able, -mente, -miento

-able	➡	prob**able**
-mente	➡	condicional**mente**
-miento	➡	acondiciona**miento**

Palabras de ortografía

1. pausadamente
2. remordimiento
3. calladamente
4. amablemente
5. discernimiento
6. masticable
7. envidiable
8. pensamiento
9. comportamiento
10. loable
11. agotamiento
12. estacionamiento
13. lanzamiento
14. movimiento
15. cuidadosamente

Palabras difíciles

1. tajantemente
2. estrepitosamente
3. atrevimiento
4. acaloramiento
5. reprobable

Mi lista de estudio

Añade tus propias palabras de ortografía en el reverso. ➡

La pequeña pionera

Palabras con *b* y *v*

b	➡	**b**e**b**ida
v	➡	**v**i**v**az

Palabras de ortografía

1. vestido
2. revoltijo
3. caballo
4. bullicio
5. vaquera
6. barril
7. pobladores
8. balbuceo
9. vagaban
10. conver- sación
11. divierto
12. boquia- bierto
13. votante
14. víbora
15. Bolívar

Palabras difíciles

1. berenjena
2. ambivalente
3. avestruz
4. burbuja
5. vibrar

Mi lista de estudio

Añade tus propias palabras de ortografía en el reverso. ➡

Lista de palabras
para el hogar

Lista de palabras
para el hogar

Lista de palabras
para el hogar

Nombre_____

**Mi lista
de estudio**

1. _____
2. _____
3. _____
4. _____
5. _____
6. _____
7. _____
8. _____
9. _____
10. _____

**Cómo estudiar
una palabra**

Mira la palabra.
Pronuncia la palabra.
Piensa en la palabra.
Escribe la palabra.
Verifica la ortografía.

Nombre_____

**Mi lista
de estudio**

1. _____
2. _____
3. _____
4. _____
5. _____
6. _____
7. _____
8. _____
9. _____
10. _____

**Cómo estudiar
una palabra**

Mira la palabra.
Pronuncia la palabra.
Piensa en la palabra.
Escribe la palabra.
Verifica la ortografía.

Nombre_____

**Mi lista
de estudio**

1. _____
2. _____
3. _____
4. _____
5. _____
6. _____
7. _____
8. _____
9. _____
10. _____

**Cómo estudiar
una palabra**

Mira la palabra.
Pronuncia la palabra.
Piensa en la palabra.
Escribe la palabra.
Verifica la ortografía.

Vida salvaje
Taller de lectoescritura

Busca patrones de ortografía conocidos como ayuda para recordar cómo se deletrean.

Palabras de ortografía

1. vez
2. veces
3. feroz
4. feroces
5. luz
6. luces
7. empieza
8. empecé
9. empezó
10. utilizar
11. utilizaba
12. utilice
13. capaz
14. capaces
15. capacidad

Palabras difíciles

1. verdaderamente
2. beneficiaron
3. altura
4. creencia
5. recibido

Mi lista de estudio
Añade tus propias palabras de ortografía en el reverso. ➡

El álbum familiar de los osos pardos

Palabras con las terminaciones -ico, -ero, -dor, -ista

-ero ➡ sombr**ero**
-ico ➡ cóm**ico**
-dor ➡ calenta**dor**
-ista ➡ period**ista**

Palabras de ortografía

1. cómico
2. florero
3. perdedor
4. periodista
5. mecedora
6. sombrero
7. librero
8. calentador
9. aterradora
10. ciclista
11. plumero
12. tanquista
13. artística
14. científico
15. mecánico

Palabras difíciles

1. coordinador
2. panadero
3. tesorero
4. telúrico
5. montañista

Mi lista de estudio
Añade tus propias palabras de ortografía en el reverso. ➡

Un territorio, muchos senderos
Repaso de ortografía

Palabras de ortografía

1. periquita
2. jarrones
3. vagaban
4. hombrecito
5. caballo
6. víbora
7. novelón
8. vaquera
9. boquiabierto
10. gatico
11. pobladores
12. cabezas
13. pajarillo
14. pensamiento
15. divierto
16. conversación
17. votante
18. balbuceo
19. agotamiento
20. estaciona-miento
21. revoltijo
22. cruces
23. bullicio
24. amable-mente
25. Bolívar
26. barril
27. hortalizas
28. cuidadosa-mente
29. vestido
30. papelillo

Ver las palabras difíciles en el reverso

Mi lista de estudio
Añade tus propias palabras de ortografía en el reverso. ➡

Lista de palabras para el hogar

Nombre_____

Mi lista de estudio

1. _____
2. _____
3. _____
4. _____
5. _____
6. _____
7. _____
8. _____
9. _____
10. _____

Palabras difíciles

1. excelentes
2. viceversa
3. ambivalente
4. avestruz
5. vibrar
6. tajantemente
7. atrevimiento
8. reprobable
9. limoncillo
10. pantalonazo

Cómo estudiar una palabra

Mira la palabra.
Pronuncia la palabra.
Piensa en la palabra.
Escribe la palabra.
Verifica la ortografía.

Lista de palabras para el hogar

Nombre_____

Mi lista de estudio

1. _____
2. _____
3. _____
4. _____
5. _____
6. _____
7. _____
8. _____
9. _____
10. _____

Cómo estudiar una palabra

Mira la palabra.
Pronuncia la palabra.
Piensa en la palabra.
Escribe la palabra.
Verifica la ortografía.

Lista de palabras para el hogar

Nombre_____

Mi lista de estudio

1. _____
2. _____
3. _____
4. _____
5. _____
6. _____
7. _____
8. _____
9. _____
10. _____

Cómo estudiar una palabra

Mira la palabra.
Pronuncia la palabra.
Piensa en la palabra.
Escribe la palabra.
Verifica la ortografía.

Lista de palabras para el hogar

Vida salvaje
Repaso de ortografía

Palabras de ortografía

1. estaba
2. tío
3. hacía
4. vivía
5. vivirán
6. dúo
7. estará
8. vivirá
9. energía
10. calentador
11. librero
12. continúa
13. encontrará
14. todavía
15. atteradora
16. mía
17. corría
18. tanquista
19. proteína
20. corrían
21. florero
22. encontrarán
23. perdedor
24. río
25. periodista
26. sombrero
27. estaban
28. mecánico
29. plumero
30. frío

Véase las Palabras difíciles en el reverso.

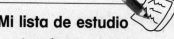

Mi lista de estudio

Añade tus propias palabras de ortografía en el reverso. ➡

427

Lista de palabras para el hogar

Mi rincón en la montaña

Palabras base y terminaciones

Pasado singular ➡ esta**ba**
Pasado plural ➡ esta**ban**
Futuro singular ➡ esta**rá**
Futuro plural ➡ esta**rán**

Palabras de ortografía

1. estaba
2. estaban
3. estará
4. estarán
5. vivía
6. vivían
7. vivirá
8. vivirán
9. encontrará
10. encontrarán
11. corría
12. corrían
13. correrá
14. correrán
15. recogía

Palabras difíciles

1. avalanzaban
2. ayunaba
3. intoxicarán
4. hinchaban
5. destrozará

Mi lista de estudio

Añade tus propias palabras de ortografía en el reverso. ➡

427

Lista de palabras para el hogar

El tamarino león dorado vuelve a casa

Palabras con hiatos
cacatúa
reirían
biografía

Palabras de ortografía

1. río
2. proteína
3. frío
4. perderían
5. mía
6. ríe
7. todavía
8. tío
9. dúo
10. hacía
11. espía
12. energía
13. continúa
14. evalúa
15. vivías

Palabras difíciles

1. búhos
2. algarabía
3. compartía
4. megalo-manía
5. intuía

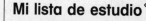

Mi lista de estudio

Añade tus propias palabras de ortografía en el reverso. ➡

427

Lista de palabras para el hogar	Lista de palabras para el hogar	Lista de palabras para el hogar

Nombre_____

Mi lista de estudio

1. _____
2. _____
3. _____
4. _____
5. _____
6. _____
7. _____
8. _____
9. _____
10. _____

Nombre_____

Mi lista de estudio

1. _____
2. _____
3. _____
4. _____
5. _____
6. _____
7. _____
8. _____
9. _____
10. _____

Nombre_____

Mi lista de estudio

1. _____
2. _____
3. _____
4. _____
5. _____
6. _____
7. _____
8. _____
9. _____
10. _____

Palabras difíciles

1. coordinador   6. hinchaban
2. tesorero   7. búho
3. telúrico   8. ayunaba
4. megalo-   9. intoxicarán
   manía   10. destrozará
5. intuía

Cómo estudiar una palabra

Mira la palabra.
Pronuncia la palabra.
Piensa en la palabra.
Escribe la palabra.
Verifica la ortografía.

Cómo estudiar una palabra

Mira la palabra.
Pronuncia la palabra.
Piensa en la palabra.
Escribe la palabra.
Verifica la ortografía.

Cómo estudiar una palabra

Mira la palabra.
Pronuncia la palabra.
Piensa en la palabra.
Escribe la palabra.
Verifica la ortografía.

Palabras con problemas

Palabras	Reglas	Ejemplos
ser	*Ser* es un verbo. Sirve para reunir al sujeto con su atributo.	La nieve es blanca.
estar	*Estar* es un verbo. Significa existir en un lugar o situación.	Estar en la casa.
si	*Si* es una conjunción. Denota una condición.	Si te esfuerzas triunfarás.
sí	*Sí* es un adverbio.	Lo dijo para sí.
si no	*Si no* es la unidad de dos adverbios opuestos por significado y se usa como de otra suerte.	Puede que venga, si no voy yo.
sino	*Sino* expresa a veces excepción.	Nadie lo sabe, sino tú.
aprender	*Aprender* es adquirir el conocimiento.	Hoy me aprendí el camino a la escuela.
enseñar	*Enseñar* es dar el conocimiento, instruir.	Le enseñé a mi papá el dibujo que hice.
casa	*Casa* es un edificio para habitar.	Mi casa está enfrente.
caza	*Caza* es perseguir animales para apresarlos.	Leí un libro sobre la caza de los osos pardos.
cesto	*Cesto* es un receptáculo para papeles o para juegos.	En mi cuarto tengo un cesto para papeles.
sexto	*Sexto* es el que sigue en orden al quinto.	A mi me tocó ser el sexto en la fila de vacunación.
ves	*Ves* del verbo ver en segunda persona del presente.	¿Qué ves en esa pintura de Manuel?
vez	*Vez* indica la ocasión o repetición.	Estoy aquí por segunda vez.

Palabras con problemas (continuación)

Palabras	Reglas	Ejemplos
botar votar	*Botar* significa arrojar, tirar. *Votar* significa el parecer que dan las personas en una elección.	Yo siempre <u>boto</u> la basura en casa. Voy a <u>votar</u> por Pepe para presidente de la clase.
tubo tuvo	*Tubo* es una pieza cilíndrica hueca. *Tuvo* es una conjugación del verbo irregular tener en tercera persona.	Ayer, se rompió un <u>tubo</u> del agua. Mi hermana <u>tuvo</u> un bebé precioso.
halla haya	*Halla* viene del verbo hallar y significa encuentra. *Haya* viene del verbo haber y significa tiene.	<u>Halla</u> la raíz cuadrada de 81. Tal vez <u>haya</u> sido una larga distancia.
hizo izo	*Hizo* viene del verbo hacer y significa crea. *Izo* viene del verbo izar y significa que levanta las velas o la bandera.	Mario <u>hizo</u> todo lo que pudo en el examen. Hoy, yo <u>izo</u> la bandera.
bazo vaso	*Bazo* es el nombre de una víscera del cuerpo. *Vaso* es un recipiente.	El <u>bazo</u> se estudia con un ultrasonido. Lléname el <u>vaso</u> de agua.

Lee cada pregunta a continuación. Luego revisa tu escrito. Corrige cualquier error que encuentres. Después de corregidos, haz una marca en la casilla junto a la pregunta.

☐ 1. ¿Pude deletrear correctamente cada palabra?

☐ 2. ¿Puse sangría en cada párrafo?

☐ 3. ¿Tiene cada oración una idea desarrollada completamente?

☐ 4. ¿Existen oraciones o frases que pudieran unirse?

☐ 5. ¿Usé mayúsculas al comenzar cada oración?

☐ 6. ¿Usé mayúsculas para los nombres propios?

☐ 7. ¿Completé cada oración con el signo de puntuación adecuado?

☐ 8. ¿Usé otros signos de puntuación correctamente?

¿Existen otras áreas problemáticas donde debo prestar atención? Crea tu propio modelo de revisión para la corrección de escritos.

☐ _____

☐ _____

☐ _____

☐ _____

☐ _____

☐ _____

☐ _____

Símbolo	Explicación	Ejemplos
¶	Comenzar un nuevo párrafo. Sangría.	¶La nave espacial aterrizó suavemente luego de los cinco días de vuelo. Planeo hasta lograr un suave y perfecto descenso.
∧	Agregar letras, palabras u oraciones.	Mi ámigo almuerza conigo todos los días. (mejor, m)
∧	Agregar coma.	Carlton mi gato siamés es muy inteligente.
⟨⟨ ⟩⟩	Agregar comillas.	¿Dónde quieres que pongamos el piano? preguntaron los agencieros.
⊙	Agregar punto.	No olvides poner punto después de cada oración⊙
℘	Eliminar palabras, oraciones y signos de puntuación. Corregir ortografía.	Nosotros ~~observamos y~~ admiramos los modelos de aeroxplanos.
/	Cambiar mayúscula por minúscula.	Estamos estudiando la compra de Louisiana en la clase de Historia.
≡	Cambiar minúscula por mayúscula.	El río Nilo en áfrica es el más largo del mundo.
∿	Intercambiar letras o palabras.	Para completar las tareas exitosamente, seguir debes los pasos cuidadosamente.

Conferencia de escritura

En una conferencia de escritura, un escritor lee un borrador a un compañero o un grupo pequeño. Los que lo escuchan dicen lo que les gustó y hacen preguntas y sugerencias.

Cuando eres el que escucha...

► Escucha con atención mientras el escritor lee su texto. No te distraigas.

► Señala dos cosas que te hayan gustado del trabajo.

► Haz preguntas sobre lo que no has comprendido.

► Comparte las ideas que puedan hacer que el trabajo sea más claro o más interesante.

► Expresa tus sugerencias de manera positiva para no desalentar al escritor.

Cuando eres el escritor...

► Lee tu trabajo en voz alta y de manera lenta y clara.

► Escucha con atención los comentarios y las sugerencias de tu compañero. Mantén la mente abierta a las sugerencias.

► Toma apuntes para recordar las felicitaciones, las preguntas y las sugerencias.

► Después, vuelve a leer tu trabajo y tus apuntes.

► Decide qué cambios quieres hacerle a tu trabajo.

¿Qué me gusta de este trabajo?
¿En qué podría mejorar?

Guía para escribir un artículo

▶ Escribe sobre un suceso interesante o inusual.

▶ Escribe hechos, no opiniones.

▶ Menciona hechos que contesten a las preguntas *¿quién?*, *¿qué?*, *¿cuándo?*, *¿dónde?*, *¿por qué?* y *¿cómo?*

▶ Escribe los hechos más importantes al comienzo del artículo.

▶ Escribe el comienzo de forma tal que capture la atención del lector.

▶ Explica o aclara los hechos por medio de detalles.

▶ Usa citas para dar vida al artículo. Asegúrate de que las citas sean las palabras exactas que dijo la persona.

Pautas para evaluar la escritura: El artículo

Usa esta tabla de pautas para evaluar tu borrador. Haz un círculo alrededor de uno de los números para evaluar lo que escribiste, rasgo por rasgo. Luego, revisa el texto para mejorar tu puntaje.

Rasgos de la escritura	Puntaje: 4	Puntaje: 3	Puntaje: 2	Puntaje: 1
✔ **Ideas** ¿Mi artículo responde a las preguntas *¿quién?, ¿qué?, ¿cuándo?, ¿dónde?, ¿por qué?* y *¿cómo?*	**4** Mi artículo responde a todas estas preguntas.	**3** Mi artículo responde a la mayoría de estas preguntas.	**2** Mi artículo responde a algunas de estas preguntas.	**1** Mi artículo responde a una de estas preguntas.
✔ **Organización** ¿Comencé el artículo con los hechos más importantes?	**4** Comencé con todos los hechos más importantes.	**3** Comencé con algunos de los hechos más importantes.	**2** Comencé con un hecho importante y algunos menos importantes.	**1** No comencé con ninguno de los hechos más importantes.
✔ **Fluidez de las oraciones** ¿Combiné oraciones con frecuencia para que sean fluidas?	**4** Combiné oraciones con frecuencia para que sean fluidas.	**3** Combiné oraciones a veces para que sean fluidas.	**2** Combiné oraciones una vez para que sean fluidas.	**1** No combiné oraciones para que sean fluidas.
✔ **Elección de palabras** ¿Agregué detalles que explican los hechos con claridad y precisión?	**4** Agregué muchos detalles claros y precisos.	**3** Agregué algunos datos claros y precisos.	**2** Agregué algunos detalles, pero no todos eran claros y precisos.	**1** No agregué detalles para explicar los hechos.
✔ **Voz** ¿Evité incluir opiniones personales en el artículo?	**4** No incluí ninguna opinión personal.	**3** Incluí mi opinión una vez.	**2** Incluí mis opiniones algunas veces.	**1** Incluí mis opiniones en todo el artículo.
✔ **Convenciones** ¿Cometí errores de ortografía, gramática y puntuación?	**4** No hay errores.	**3** Hay pocos errores.	**2** Hay algunos errores.	**1** Hay muchos errores.

Guía para escribir a pedido

▶ Lee con atención la idea para escribir o la pregunta.

▶ Busca en la idea para escribir palabras clave, o pistas, que te indiquen en qué debes enfocarte. ¿Debes hacer un resumen o expresar una opinión? ¿Debes escribir sobre un personaje?

▶ Ten en cuenta cuánto tiempo tienes para responder a la idea para escribir. Divide el tiempo: reserva tiempo para pensar u organizar tu respuesta rápidamente y tiempo para escribir y corregir tu trabajo.

▶ Antes de escribir, recuerda el fragmento o vuelve a leerlo pensando en la idea para escribir.

▶ Toma notas de manera organizada. Si es necesario, haz una tabla.

▶ Observa tus notas. ¿Qué detalles o ideas son más importantes? Asegúrate de incluir esos primero.

▶ Comienza tu respuesta planteando la pregunta con otras palabras.

▶ Cuando escribas, usa un lenguaje claro y preciso. No te apartes del tema.

▶ Al terminar, revisa tu trabajo y corrige los errores.

Pautas para evaluar la escritura: Reacción a un texto escrito

Usa esta tabla de pautas para evaluar tu borrador. Haz un círculo alrededor de uno de los números para evaluar lo que escribiste, rasgo por rasgo. Luego, revisa el texto para mejorar tu puntaje.

Rasgos de la escritura	Puntaje: 4	Puntaje: 3	Puntaje: 2	Puntaje: 1
✔ **Ideas** ¿Respondí a todas las partes de la idea para escribir?	**4** Respondí a todas las partes de la idea.	**3** Respondí a algunas partes de la idea.	**2** Respondí a una parte de la idea.	**1** No respondí a ninguna parte de la idea.
✔ **Organización** ¿Escribí cada una de las ideas principales en un párrafo diferente?	**4** Escribí todas las ideas principales en párrafos distintos.	**3** Escribí la mayoría de las ideas principales en párrafos distintos.	**2** Escribí pocas ideas principales en párrafos distintos.	**1** Escribí todas las ideas principales en un párrafo.
✔ **Fluidez de las oraciones** ¿Evité escribir uniones incorrectas?	**4** No hay oraciones seguidas en mi texto.	**3** Hay pocas oraciones seguidas en mi texto.	**2** Hay algunas oraciones seguidas en mi texto.	**1** Hay muchas oraciones seguidas en mi texto.
✔ **Elección de palabras** ¿Usé las palabras clave de la idea para escribir?	**4** Usé todas las palabras clave de la idea.	**3** Usé algunas de las palabras clave de la idea.	**2** Usé una de las palabras clave de la idea.	**1** No usé ninguna de las palabras clave de la idea.
✔ **Voz** ¿Mi respuesta es clara e informativa?	**4** Todo mi texto es claro e informativo.	**3** La mayor parte del texto es clara e informativa.	**2** Una parte del texto es clara e informativa.	**1** Mi texto no es claro ni informativo.
✔ **Convenciones** ¿Cometí errores de ortografía, gramática y puntuación?	**4** No hay errores.	**3** Hay pocos errores.	**2** Hay algunos errores.	**1** Hay muchos errores.

Nombre _____

Reacción a un texto escrito

Idea para escribir: El siguiente artículo trata acerca de los peligros de los relámpagos. ¿Qué consejos darías para que las personas estén a salvo durante una tormenta eléctrica? Explica con detalles del artículo qué se debe hacer y qué no se debe hacer.

Peligro: ¡Relámpagos!

Es una cálida tarde de verano. Sobre un lago, unas nubes oscuras cubren lentamente el cielo. Después de oír el estruendo de un trueno, un guardavidas llama con su silbato a los nadadores. El peligro no es la lluvia; son los relámpagos.

Cada año, unas mil personas son alcanzadas por un rayo en Estados Unidos. ¡Entre las nubes y el suelo, se unen una carga negativa y una positiva y crean una chispa más caliente que la superficie del Sol! A menudo, la carga que viene de arriba es atraída hacia una estructura alta, como un poste de teléfono o un árbol alto.

Es peligroso estar al aire libre durante una tormenta eléctrica. Hasta la hierba puede atraer la carga que viene del cielo. El agua es muy buena conductora de la electricidad. La corriente se mueve en todas direcciones y a gran velocidad por la superficie del agua. Si no puedes evitar estar al aire libre, es más seguro agacharte que acostarte en el suelo.

Estar dentro de un automóvil cerrado o un edificio grande ofrece mucha más protección, pero aun estando en un lugar cerrado hay riesgos. Hablar por teléfono o usar aparatos electrónicos (televisor, computadora, reproductor de CD) o electrodomésticos puede ser peligroso. ¡Hasta el agua del grifo es peligrosa en una tormenta!

Guía para escribir un informe

- ► Escoge un tema interesante sobre el que sepas algo.
- ► Incluye una oración temática que indique de qué se trata el párrafo. Por lo general, la oración temática es la primera del párrafo.
- ► Incluye varias oraciones de apoyo que aporten más información sobre el tema. Asegúrate de que tus oraciones sigan un orden lógico.
- ► Elimina las oraciones que no aporten más información acerca del tema.
- ► Incluye sólo hechos. No incluyas tus opiniones.
- ► Recuerda dejar sangría en la primera oración de cada párrafo.
- ► Termina con una oración que repita el tema con otras palabras.

Pautas para evaluar la escritura: El informe

Usa esta tabla de pautas para evaluar tu borrador. Haz un círculo alrededor de uno de los números para evaluar lo que escribiste, rasgo por rasgo. Luego, revisa el texto para mejorar tu puntaje.

Rasgos de la escritura	Puntaje: 4	Puntaje: 3	Puntaje: 2	Puntaje: 1
✔ **Ideas** ¿Mi primer párrafo presenta el tema de manera interesante?	**4** Presenta el tema de una manera interesante.	**3** Presenta el tema de una manera algo interesante.	**2** Presenta el tema de una manera que no es interesante.	**1** Mi primer párrafo no presenta el tema.
✔ **Organización** ¿Escribí al menos un párrafo por cada idea principal?	**4** Dediqué al menos un párrafo a cada idea.	**3** Expresé la mayoría de las ideas en al menos un párrafo cada una.	**2** Expresé algunas ideas en al menos un párrafo cada una.	**1** Ninguna idea está expresada en un párrafo.
✔ **Fluidez de las oraciones** ¿Evité los fragmentos de oraciones?	**4** No hay fragmentos de oraciones.	**3** Hay un fragmento de oración.	**2** Hay algunos fragmentos de oraciones.	**1** Hay muchos fragmentos de oraciones.
✔ **Elección de palabras** ¿Usé mis propias palabras en mi informe?	**4** Todo está escrito con mis palabras.	**3** La mayor parte está escrita con mis palabras.	**2** Algunas partes están escritas con mis palabras.	**1** No usé mis palabras en casi ninguna parte.
✔ **Voz** ¿Dejé de lado mis opiniones personales al escribir el informe?	**4** No incluí mis opiniones personales.	**3** Incluí mi opinión una vez.	**2** Incluí mis opiniones algunas veces.	**1** Incluí mis opiniones en todo el artículo.
✔ **Convenciones** ¿Cometí errores de ortografía, gramática y puntuación?	**4** No hay errores.	**3** Hay pocos errores.	**2** Hay algunos errores.	**1** Hay muchos errores.

Guía para escribir una autobiografía

▶ Escoge un período de tiempo. ¿El episodio será sobre un suceso de tu vida o sobre un período de tiempo más largo?

▶ Escoge el tema y el propósito. ¿Cuál es el mensaje o la idea más importante que quieres transmitir a tu público?

▶ Decide cómo describir el ambiente y las personas importantes del relato.

▶ Escoge detalles que expliquen claramente qué sucedió y qué sentiste.

▶ Escribe en primera persona, usando "yo" y "mí".

▶ Escribe sobre sucesos reales de tu vida en el orden en que ocurrieron.

▶ Relata tus pensamientos y sentimientos, con tu propia voz, acerca de esta parte de tu vida.

Pautas para evaluar la escritura: La autobiografía

Usa esta tabla de pautas para evaluar tu borrador. Haz un círculo alrededor de uno de los números para evaluar lo que escribiste, rasgo por rasgo. Luego, revisa el texto para mejorar tu puntaje.

Rasgos de la escritura	Puntaje: 4	Puntaje: 3	Puntaje: 2	Puntaje: 1
✔ **Ideas** ¿Incluí detalles importantes de los sucesos, así como mis pensamientos y sentimientos acerca de esos sucesos?	**4** Incluí muchos detalles importantes de los sucesos, y mis pensamientos y sentimientos.	**3** Incluí muchos detalles importantes de los sucesos, pero no mis pensamientos ni sentimientos.	**2** Incluí algunos detalles importantes de los sucesos, pero no mis pensamientos ni sentimientos.	**1** No incluí detalles importantes de los sucesos ni mis pensamientos y sentimientos.
✔ **Organización** ¿Organicé los sucesos en orden cronológico?	**4** Organicé todos los sucesos en orden cronológico.	**3** Organicé la mayoría de los sucesos en orden cronológico.	**2** Organicé algunos sucesos en orden cronológico.	**1** No organicé los sucesos en orden cronológico.
✔ **Fluidez de las oraciones** ¿Varié los tipos de oraciones y su longitud?	**4** Varié muy bien los tipos de oraciones y su longitud.	**3** Varié bastante los tipos de oraciones y su longitud.	**2** Varié poco los tipos de oraciones y su longitud.	**1** No varié los tipos de oraciones ni su longitud.
✔ **Elección de palabras** ¿Usé palabras de transición para mostrar el orden cronológico?	**4** Incluí muchas palabras de transición.	**3** Incluí algunas palabras de transición.	**2** Incluí una palabra de transición.	**1** No incluí palabras de transición.
✔ **Voz** ¿Escribí en primera persona?	**4** Escribí en primera persona casi siempre.	**3** Escribí en primera persona a veces.	**2** Escribí en primera persona pocas veces.	**1** No escribí en primera persona.
✔ **Convenciones** ¿Cometí errores de ortografía, gramática y puntuación?	**4** No hay errores.	**3** Hay pocos errores.	**2** Hay algunos errores.	**1** Hay muchos errores.

Guía para escribir un resumen

► Describe brevemente el ambiente y los personajes importantes.
► Vuelve a contar en orden los sucesos más importantes de la trama, incluyendo el problema y la solución.
► Incluye sólo los sucesos o ideas que son importantes para entender el cuento.
► No incluyas detalles que no sean importantes ni sucesos y personajes menores.
► Usa tus propias palabras.
► Haz que tu resumen sea breve.

Pautas para evaluar la escritura: Escribir un resumen

Usa esta tabla de pautas para evaluar tu borrador. Haz un círculo alrededor de uno de los números para evaluar lo que escribiste, rasgo por rasgo. Luego, revisa el texto para mejorar tu puntaje.

Rasgos de la escritura	Puntaje: 4	Puntaje: 3	Puntaje: 2	Puntaje: 1
✔ **Ideas** ¿Incluí los sucesos y los personajes importantes del cuento?	**4** Incluí todos los sucesos y los personajes importantes.	**3** Incluí la mayoría de los sucesos y los personajes importantes.	**2** Incluí algunos sucesos y personajes importantes y otros que no lo son tanto.	**1** Incluí pocos sucesos y personajes importantes y muchos que no lo son.
✔ **Organización** ¿Mantuve el mismo orden que tienen los sucesos en el cuento?	**4** Organicé todos los sucesos en el orden del cueto.	**3** Organicé muchos sucesos en el orden del cuento.	**2** Organicé pocos sucesos en el orden del cuento.	**1** No organicé los sucesos en el orden del cuento.
✔ **Fluidez de las oraciones** ¿Evité los fragmentos de oraciones al parafrasear?	**4** Mi texto no tiene fragmentos de oraciones.	**3** Mi texto tiene un fragmento de oración.	**2** Mi texto tiene algunos fragmentos de oraciones.	**1** Mi texto tiene muchos fragmentos de oraciones.
✔ **Elección de palabras** ¿Usé sinónimos al parafrasear?	**4** Usé muchos sinónimos al parafrasear.	**3** Usé algunos sinónimos al parafrasear.	**2** Usé pocos sinónimos al parafrasear.	**1** No usé sinónimos al parafrasear.
✔ **Voz** ¿Expresé las ideas del autor con mis propias palabras?	**4** Todo está escrito con mis palabras.	**3** Casi todo está escrito con mis palabras.	**2** Copié algunas oraciones.	**1** Copié muchas oraciones.
✔ **Convenciones** ¿Cometí errores de ortografía, gramática y puntuación?	**4** No hay errores.	**3** Hay pocos errores.	**2** Hay algunos errores.	**1** Hay muchos errores.

Guía para escribir una composición aclaratoria

► Incluye la cita que vas a aclarar en el primer párrafo. Además, indica la fuente de la cita (quién la dijo o la escribió).

► Escribe tu interpretación de la cita. Vuelve a escribirla con tus propias palabras, diciendo lo que piensas que significa.

► En el párrafo o los párrafos que siguen, escribe ejemplos y detalles de apoyo. Explica con claridad tu interpretación de la cita.

► En el último párrafo, escribe una conclusión que resuma tu interpretación.

► Escribe entre tres y cinco párrafos en total.

Pautas para evaluar la escritura: La composición aclaratoria

Usa esta tabla de pautas para evaluar tu borrador. Haz un círculo alrededor de uno de los números para evaluar lo que escribiste, rasgo por rasgo. Luego, revisa el texto para mejorar tu puntaje.

Rasgos de la escritura	Puntaje: 4	Puntaje: 3	Puntaje: 2	Puntaje: 1
✔ **Ideas** ¿Apoyé mi interpretación con detalles y ejemplos?	**4** La apoyé con muchos detalles y ejemplos.	**3** La apoyé con algunos detalles y ejemplos.	**2** La apoyé con pocos detalles y ejemplos.	**1** No la apoyé con detalles ni ejemplos.
✔ **Organización** ¿Incluí una interpretación, detalles de apoyo y un resumen?	**4** Incluí una interpretación, muchos detalles y un resumen.	**3** Incluí una interpretación, algunos detalles y un resumen.	**2** Incluí una interpretación y pocos detalles.	**1** Sólo incluí una interpretación.
✔ **Fluidez de las oraciones** ¿Combiné oraciones para que sean fluidas?	**4** Combiné muchas oraciones.	**3** Combiné algunas oraciones.	**2** Combiné pocas oraciones.	**1** No combiné oraciones.
✔ **Elección de palabras** ¿Usé sustantivos y verbos precisos?	**4** Usé muchos sustantivos y verbos precisos.	**3** Usé algunos sustantivos y verbos precisos.	**2** Usé pocos sustantivos y verbos precisos.	**1** No usé sustantivos y verbos precisos.
✔ **Voz** ¿Mostré interés en el tema?	**4** Mi interés es claro.	**3** Mi interés es bastante claro.	**2** Mi interés es algo claro.	**1** Mi interés no es está claro.
✔ **Convenciones** ¿Cometí errores de ortografía, gramática y puntuación?	**4** No hay errores.	**3** Hay pocos errores.	**2** Hay algunos errores.	**1** Hay muchos errores.

Guía para escribir una carta formal persuasiva

▶ Incluye un encabezado que indique tu dirección y la fecha.

▶ Incluye la dirección del destinatario. Debe indicar el nombre y la dirección de la empresa o la organización que recibirá la carta. También puede indicar el nombre y el cargo de una persona en particular.

▶ Incluye un saludo, seguido de un título de cortesía, como *Sra.* o *Sr.*, y el apellido. Si no sabes qué nombre debes escribir, usa *Estimado señor o señora*. Escribe dos puntos después del saludo.

▶ Escribe el cuerpo de la carta. Menciona el propósito, u objetivo, de tu carta. Luego, da ejemplos o razones específicas para explicar por qué piensas u opinas de esa manera. Trata los temas que podrían preocupar al lector.

▶ Al escribir el cuerpo de la carta, ve al grano. Presenta todos los detalles necesarios de manera clara y breve. Usa un tono formal y amable.

▶ Repite el propósito de tu carta en el último párrafo.

▶ Incluye una despedida para finalizar la carta. Escribe una expresión amable como *Cordialmente*, *Atentamente* o *Cordiales saludos*. Agrega una coma después de la despedida.

▶ Firma con tu nombre y tu apellido. Escribe tu nombre completo debajo de tu firma.

Pautas para evaluar la escritura: La carta formal persuasiva

Usa esta tabla de pautas para evaluar tu borrador. Haz un círculo alrededor de uno de los números para evaluar lo que escribiste, rasgo por rasgo. Luego, revisa el texto para mejorar tu puntaje.

Rasgos de la escritura	Puntaje: 4	Puntaje: 3	Puntaje: 2	Puntaje: 1
✔ **Ideas** ¿Mis razones apoyan el propósito persuasivo de mi carta?	**4** Todas mis razones apoyan mi propósito.	**3** La mayoría de mis razones apoyan mi propósito.	**2** Pocas de mis razones apoyan mi propósito.	**1** Ninguna de mis razones apoya mi propósito.
✔ **Organización** ¿Incluí las seis partes de una carta formal?	**4** Incluí todas las partes.	**3** Incluí la mayoría de las partes.	**2** Incluí algunas de las partes.	**1** No incluí ninguna parte.
✔ **Fluidez de las oraciones** ¿Varié los tipos de oraciones y su longitud?	**4** Varié de forma excelente los tipos de oraciones y su longitud.	**3** Varié bastante los tipos de oraciones y su longitud.	**2** Varié poco los tipos de oraciones y su longitud.	**1** No varié los tipos de oraciones ni su longitud.
✔ **Elección de palabras** ¿Usé sustantivos precisos?	**4** Usé muchos sustantivos precisos.	**3** Usé algunos sustantivos precisos.	**2** Usé pocos sustantivos precisos.	**1** No usé sustantivos precisos.
✔ **Voz** ¿Me expresé en un tono amable y formal?	**4** Todo el tono es amable y formal	**3** La mayor parte del tono es amable y formal.	**2** Una parte del tono es amable y formal.	**1** El tono no es amable y formal.
✔ **Convenciones** ¿Cometí errores de ortografía, gramática y puntuación?	**4** No hay errores.	**3** Hay pocos errores.	**2** Hay algunos errores.	**1** Hay muchos errores.

Nombre _____

Guía para escribir la descripción de un personaje

► Escribe sobre un personaje histórico o de un cuento que te interese.

► Comienza con una cita sobre el personaje o un ejemplo de algo que hace.

► En el primer párrafo, escribe una o dos oraciones que resuman los rasgos más importantes del personaje.

► En los párrafos siguientes, incluye detalles que apoyen tu resumen de los rasgos del personaje.

► Si conoces cómo es o era el personaje, incluye detalles sobre su apariencia.

► Incluye detalles interesantes sobre lo que hace el personaje.

► Incluye detalles sobre lo que piensa.

► Termina con una conclusión que diga lo que piensas acerca del personaje o algo que quieras especialmente que el lector recuerde sobre el personaje.

Pautas para evaluar la escritura: La descripción

Usa esta tabla de pautas para evaluar tu borrador. Haz un círculo alrededor de uno de los números para evaluar lo que escribiste, rasgo por rasgo. Luego, revisa el texto para mejorar tu puntaje.

Rasgos de la escritura	Puntaje: 4	Puntaje: 3	Puntaje: 2	Puntaje: 1
✔ **Ideas** ¿Incluí detalles sobre los rasgos, las acciones y los pensamientos del personaje?	**4** Escribí muchos detalles sobre los rasgos, las acciones y los pensamientos del personaje.	**3** Escribí algunos detalles sobre los rasgos, las acciones y los pensamientos del personaje.	**2** Escribí pocos detalles sobre los rasgos, las acciones y los pensamientos del personaje.	**1** No escribí detalles sobre los rasgos, las acciones y los pensamientos del personaje.
✔ **Organización** ¿Resumí los rasgos del personaje y después apoyé ese resumen con detalles?	**4** Resumí todos los rasgos del personaje y después apoyé ese resumen con detalles.	**3** Di detalles sobre los rasgos del personaje y después los resumí.	**2** Resumí los rasgos del personaje, pero di pocos detalles.	**1** No resumí los rasgos del personaje y di pocos detalles.
✔ **Fluidez de las oraciones** ¿Combiné oraciones para que sean fluidas?	**4** Todas las oraciones son fluidas.	**3** La mayoría de las oraciones son fluidas.	**2** Algunas de las oraciones son fluidas.	**1** Pocas oraciones son fluidas.
✔ **Elección de palabras** ¿Usé sustantivos y verbos precisos para describir a mi personaje?	**4** Usé muchos sustantivos y verbos precisos para describir a mi personaje.	**3** Usé algunos sustantivos y verbos precisos para describir a mi personaje.	**2** Usé pocos sustantivos y verbos precisos para describir a mi personaje.	**1** No usé sustantivos y verbos precisos para describir a mi personaje.
✔ **Voz** ¿Revelé lo que siento acerca del personaje?	**4** Muchos detalles revelan lo que siento.	**3** Algunos detalles revelan lo que siento.	**2** Pocos detalles revelan lo que siento.	**1** No hay detalles que revelen lo que siento.
Convenciones ¿Cometí errores de ortografía, gramática y puntuación?	**4** No hay errores.	**3** Hay pocos errores.	**2** Hay algunos errores.	**1** Hay muchos errores.

Guía para escribir una carta amistosa

▶ Incluye las cinco partes de una carta: encabezado, saludo, cuerpo, despedida y firma.

▶ Usa un tono amistoso y lenguaje informal. Escribe como si le estuvieras hablando a la persona.

▶ Cuenta sucesos u otra información. No te desvíes del tema.

▶ Incluye palabras precisas que puedan interesar al lector.

▶ Termina con una pregunta o un comentario que anime al lector a responder con rapidez.

Pautas para evaluar la escritura: La carta amistosa

Usa esta tabla de pautas para evaluar tu borrador. Haz un círculo alrededor de uno de los números para evaluar lo que escribiste, rasgo por rasgo. Luego, revisa el texto para mejorar tu puntaje.

Rasgos de la escritura	Puntaje: 4	Puntaje: 3	Puntaje: 2	Puntaje: 1
✔ **Ideas** ¿Todos los detalles de mi carta concuerdan con mi propósito?	**4** Todos mis detalles concuerdan con mi propósito.	**3** La mayoría de mis detalles concuerdan con mi propósito.	**2** Algunos detalles concuerdan con mi propósito.	**1** Ninguno de mis detalles concuerda con mi propósito.
✔ **Organización** ¿Usé el formato correcto de una carta amistosa?	**4** Incluí todas las partes de una carta amistosa.	**3** Incluí la mayoría de las partes de una carta amistosa.	**2** Incluí algunas de las partes de una carta amistosa.	**1** No incluí ninguna de las partes de una carta amistosa.
✔ **Fluidez de las oraciones** ¿Varié los tipos de oraciones y su longitud?	**4** Hay una excelente variedad de tipos y longitudes de oraciones.	**3** Hay una gran variedad de tipos y longitudes de oraciones.	**2** Hay poca variedad de tipos y longitudes de oraciones.	**1** No hay variedad de tipos y longitudes de oraciones.
✔ **Elección de palabras** ¿Usé palabras y expresiones informales?	**4** Usé muchas palabras y expresiones informales.	**3** Usé algunas palabras y expresiones informales.	**2** Usé pocas palabras y expresiones informales.	**1** No usé palabras o expresiones informales.
✔ **Voz** ¿Se transmiten mis sentimientos y mi personalidad?	**4** Mis sentimientos y mi personalidad se transmiten muy bien.	**3** Mis pensamientos y mi personalidad se transmiten bien.	**2** Mis sentimientos y mi personalidad se transmiten poco.	**1** Mis sentimientos y mi personalidad no se transmiten.
✔ **Convenciones** ¿Cometí errores de ortografía, gramática y puntuación?	**4** No hay errores.	**3** Hay pocos errores.	**2** Hay algunos errores.	**1** Hay muchos errores.

Guía para escribir una biografía

► Investiga la vida de la persona. Usa al menos dos fuentes.

► Toma apuntes sobre los hechos, fechas, lugares, sucesos y logros importantes en la vida de la persona.

► Usa tus apuntes para organizar en una secuencia los sucesos importantes de la vida de la persona, en una línea cronológica.

► Escribe un comienzo interesante para tu biografía. Puedes contar una anécdota o repetir una cita conocida de la persona.

► Escribe sobre los sucesos en orden cronológico. Incluye fechas importantes y palabras de secuencia.

► Concéntrate en contar los sucesos que revelen mejor el carácter o los logros de la persona en su vida.

► No incluyas sucesos de poca importancia o detalles que no tengan mucha influencia en la vida de la persona.

► Al terminar, haz un resumen que diga por qué se recuerda a la persona.

Pautas para evaluar la escritura: La biografía

Usa esta tabla de pautas para evaluar tu borrador. Haz un círculo alrededor de uno de los números para evaluar lo que escribiste, rasgo por rasgo. Luego, revisa el texto para mejorar tu puntaje.

Rasgos de la escritura	Puntaje: 4	Puntaje: 3	Puntaje: 2	Puntaje: 1
✔ **Ideas** ¿Elegí sucesos importantes e interesantes de la vida de la persona?	**4** Elegí muchos sucesos importantes e interesantes.	**3** Elegí algunos sucesos importantes e interesantes.	**2** Elegí pocos sucesos importantes e interesantes.	**1** No elegí sucesos importantes ni interesantes.
✔ **Organización** ¿Organicé los sucesos en el orden correcto?	**4** Todos los sucesos están en el orden correcto.	**3** La mayoría de los sucesos están en el orden correcto.	**2** Algunos sucesos están en el orden correcto.	**1** Unos pocos o ninguno de los sucesos están en el orden correcto.
✔ **Fluidez de las oraciones** ¿Todos los verbos están en el mismo tiempo verbal?	**4** Los tiempos verbales nunca cambian.	**3** Los tiempos verbales casi no cambian.	**2** Los tiempos verbales cambian algunas veces.	**1** Los tiempos verbales cambian muchas veces.
✔ **Elección de palabras** ¿Usé fechas o palabras de secuencia para mostrar la secuencia de sucesos?	**4** Usé muchas fechas o palabras de secuencia para mostrar la secuencia.	**3** Usé algunas fechas o palabras de secuencia para mostrar la secuencia.	**2** Usé pocas fechas o palabras de secuencia para mostrar la secuencia.	**1** No usé fechas ni palabras de secuencia para mostrar la secuencia.
✔ **Voz** ¿Mi texto es claro e informativo?	**4** Mi texto es siempre claro e informativo.	**3** Por lo general, mi texto es claro e informativo.	**2** Por momentos, mi texto es claro e informativo.	**1** Mi texto es muy poco claro.
✔ **Convenciones** ¿Cometí errores de ortografía, gramática y puntuación?	**4** No hay errores.	**3** Hay pocos errores.	**2** Hay algunos errores.	**1** Hay muchos errores.

Guía para escribir
un relato de ficción

► Relata los sucesos en orden, con un comienzo, un desarrollo y un final claros.

► Escribe una introducción para presentar el ambiente y los personajes.

► Cuenta dónde y cuándo ocurre la historia para describir el ambiente.

► Crea personajes interesantes y creíbles.

► Incluye detalles sensoriales para describir el ambiente y los personajes.

► Desarrolla una trama atractiva que incluya un conflicto, un clímax y un desenlace.

► Incluye detalles y diálogos para que los personajes, el ambiente y los sucesos parezcan más reales.

► Escribe un final que resuelva el conflicto y que le dé un cierre a la historia.

Pautas para evaluar la escritura: El relato de ficción

Usa esta tabla de pautas para evaluar tu borrador. Haz un círculo alrededor de uno de los números para evaluar lo que escribiste, rasgo por rasgo. Luego, revisa el texto para mejorar tu puntaje.

Rasgos de la escritura	Puntaje: 4	Puntaje: 3	Puntaje: 2	Puntaje: 1
✔ **Ideas** ¿En mi relato hay personajes, un ambiente y una trama con conflicto, clímax y desenlace?	**4** Hay personajes, un ambiente y una trama con conflicto, clímax y desenlace.	**3** Hay personajes y una trama con conflicto y desenlace.	**2** Hay personajes y una trama con conflicto.	**1** Hay una trama.
✔ **Organización** ¿El orden de los sucesos de mi relato es claro?	**4** El orden de todos los sucesos es claro.	**3** El orden de la mayoría de los sucesos es claro.	**2** El orden de algunos de los sucesos es claro.	**1** El orden de los sucesos no es claro.
✔ **Fluidez de las oraciones** ¿La posición de los adjetivos es variada?	**4** La posición de los adjetivos es muy variada.	**3** La posición de los adjetivos es algo variada.	**2** La posición de los adjetivos espoco variada.	**1** La posición de los adjetivos no es variada.
✔ **Elección de palabras** ¿Usé palabras precisas y descriptivas?	**4** Usé muchas palabras precisas y descriptivas.	**3** Usé algunas palabras precisas y descriptivas.	**2** Usé pocas palabras precisas y descriptivas.	**1** No usé palabras precisas y descriptivas.
✔ **Voz** ¿Mostré interés en mis personajes y sucesos?	**4** Demostré mucho de interés.	**3** Demostré algo de interés.	**2** Demostré pogo de interés.	**1** No demostré interés.
✔ **Convenciones** ¿Cometí errores de ortografía, gramática y puntuación?	**4** No hay errores.	**3** Hay pocos errores.	**2** Hay algunos errores.	**1** Hay muchos errores.

Guía para escribir un resumen

► Usa tus propias palabras.

► Resume brevemente las ideas y sucesos importantes.

► Organiza las ideas y los sucesos siguiendo un orden lógico.

► Incluye las ideas principales y los lugares, fechas y nombres clave que sean importantes para comprender la selección.

► No incluyas los detalles ni los sucesos de poca importancia.

► Haz un resumen corto.

Pautas para evaluar la escritura: Escribir un resumen

Usa esta tabla de pautas para evaluar tu borrador. Haz un círculo alrededor de uno de los números para evaluar lo que escribiste, rasgo por rasgo. Luego, revisa el texto para mejorar tu puntaje.

Rasgos de la escritura	Puntaje: 4	Puntaje: 3	Puntaje: 2	Puntaje: 1
✔ **Ideas** ¿Incluí las ideas o sucesos importantes?	**4** Todas las ideas y sucesos son importantes.	**3** La mayoría de las ideas y sucesos son importantes.	**2** Algunas ideas o sucesos son importantes y algunos, no.	**1** Pocas ideas o sucesos son importantes y muchos, no.
✔ **Organización** ¿Resumí las ideas o sucesos siguiendo un orden lógico?	**4** Toda la información sigue un orden lógico.	**3** La mayor parte de la información sigue un orden lógico.	**2** Parte de la información sigue un orden lógico.	**1** La información no sigue un orden lógico.
✔ **Fluidez de las oraciones** ¿Evité usar oraciones descoordinadas o repetitivas?	**4** No usé oraciones descoordinadas o repetitivas.	**3** Usé una oración descoordinada o repetitiva.	**2** Usé algunas oraciones descoordinadas o repetitivas.	**1** Usé muchas oraciones descoordinadas o repetitivas.
✔ **Elección de palabras** ¿Usé sustantivos y verbos precisos?	**4** Usé muchos sustantivos y verbos precisos.	**3** Usé algunos sustantivos y verbos precisos.	**2** Usé pocos sustantivos y verbos precisos.	**1** No usé sustantivos ni verbos precisos.
✔ **Voz** ¿Expresé las ideas del autor en mis palabras?	**4** Todo está redactado en mis palabras.	**3** Casi todo está redactado en mis palabras.	**2** Copié algunas oraciones.	**1** Copié muchas oraciones.
✔ **Convenciones** ¿Cometí errores de ortografía, gramática y puntuación?	**4** No hay errores.	**3** Hay pocos errores.	**2** Hay algunos errores.	**1** Hay muchos errores.

Guía para escribir instrucciones

► Antes de escribir, puedes hacer la actividad para repasar los pasos. Toma notas sobre cada paso.

► Escribe un título que describa para qué son las instrucciones.

► Enumera los materiales necesarios.

► Explica los pasos de manera clara y ordenada.

► Usa palabras que indican orden, como *primero*, *luego*, *después*, *antes* y *finalmente* para ayudar al lector a seguir la secuencia.

► Incluye diagramas o imágenes si crees que servirán para que los pasos sean más claros.

Pautas para evaluar la escritura: Las instrucciones

Usa esta tabla de pautas para evaluar tu borrador. Haz un círculo alrededor de uno de los números para evaluar lo que escribiste, rasgo por rasgo. Luego, revisa el texto para mejorar tu puntaje.

Rasgos de la escritura	Puntaje: 4	Puntaje: 3	Puntaje: 2	Puntaje: 1
✔ **Ideas** ¿Incluí un título, enumeré los materiales y expliqué todos los pasos?	**4** Incluí un título, enumeré todos los materiales y expliqué todos los pasos.	**3** Enumeré algunos materiales y expliqué todos los pasos.	**2** Expliqué la mayoría de los pasos.	**1** Expliqué algunos de los pasos, pero no todos.
✔ **Organización** ¿Ordené bien todos los pasos de la actividad?	**4** Ordené bien todos los pasos.	**3** Ordené la mayoría de los pasos.	**2** Ordené bien algunos de los pasos.	**1** Ordené bien pocos pasos o ninguno.
✔ **Fluidez de las oraciones** ¿Comencé mis oraciones de manera variada?	**4** Los comienzos son muy variados.	**3** Los comienzos son algo variados.	**2** Los comienzos son poco variados.	**1** Los comienzos no son variados.
✔ **Elección de palabras** ¿Usé palabras que indican orden para que la secuencia de pasos sea clara?	**4** Usé palabras que indican orden en todos los pasos.	**3** Usé palabras que indican orden en la mayoría de los pasos.	**2** Usé palabras que indican orden en algunos pasos.	**1** No usé palabras que indican orden.
✔ **Voz** ¿Usé un lenguaje claro y simple que mis lectores puedan entender?	**4** Mi lenguaje es muy claro y simple.	**3** En general, mi lenguaje es claro y simple.	**2** Mi lenguaje es algo claro y simple.	**1** Mi lenguaje no es claro ni simple.
✔ **Convenciones** ¿Cometí errores de ortografía, gramática y puntuación?	**4** No hay errores.	**3** Hay pocos errores.	**2** Hay algunos errores.	**1** Hay muchos errores.

460   Tema 4: **De persona a persona**

Guía para escribir una nota de diario

► Escribe la fecha al comienzo. Si vas a escribir más de una nota en el mismo día, incluye la hora. Recuerda usar dos puntos para separar la hora de los minutos.

► Si estás de viaje, también puedes incluir el lugar.

► Escribe en primera persona, usando los pronombres *yo*, *mí*, *mío*, *nosotros* y *nuestro*.

► Narra o describe los sucesos o las experiencias del día.

► Incluye opiniones, sentimientos, reacciones, preguntas e ideas personales.

► Usa detalles para describir lo que viste o experimentaste.

Pautas para evaluar la escritura: La nota de diario

Usa esta tabla de pautas para evaluar tu borrador. Haz un círculo alrededor de uno de los números para evaluar lo que escribiste, rasgo por rasgo. Luego, revisa el texto para mejorar tu puntaje.

Rasgos de la escritura	Puntaje: 4	Puntaje: 3	Puntaje: 2	Puntaje: 1
✔ **Ideas** ¿Anoté pensamientos y sentimientos que fueron parte de mi experiencia?	**4** Anoté muchos pensamientos y sentimientos.	**3** Anoté algunos pensamientos y sentimientos.	**2** Anoté pocos pensamientos y sentimientos.	**1** No anoté pensamientos ni sentimientos.
✔ **Organización** ¿Incluí la fecha y organicé la información en un orden lógico?	**4** Incluí la fecha y organicé la información en orden lógico.	**3** Incluí la fecha y organicé parte de la información en orden lógico.	**2** Organicé parte de la información en orden lógico.	**1** No incluí la fecha ni organicé la información en orden lógico.
✔ **Fluidez de las oraciones** ¿Varié los tipos de oraciones y su longitud?	**4** Varié de forma excelente los tipos de oraciones y su longitud.	**3** Varié bastante los tipos de oraciones y su longitud.	**2** Varié poco los tipos de oraciones y su longitud.	**1** No varié los tipos de oraciones ni su longitud.
✔ **Elección de palabras** ¿Usé adjetivos para crear detalles vívidos?	**4** Incluí muchos adjetivos en mis detalles.	**3** Incluí algunos adjetivos en mis detalles.	**2** Incluí pocos adjetivos en mis detalles.	**1** No incluí adjetivos en mis detalles.
✔ **Voz** ¿Escribí en primera persona?	**4** Escribí siempre en primera persona.	**3** Escribí en primera persona la mayoría de las veces.	**2** Escribí en primera persona a veces.	**1** No escribí en primera persona.
✔ **Convenciones** ¿Cometí errores de ortografía, gramática y puntuación?	**4** No hay errores.	**3** Hay pocos errores.	**2** Hay algunos errores.	**1** Hay muchos errores.

Guía para escribir un discurso persuasivo

► Decide quién será tu público.

► Escribe una introducción que capte la atención de tu público. Identifícalo y explica el propósito u objetivo por el que hablas con ellos.

► Apoya tu punto de vista en el cuerpo de tu discurso. Debes dar tus razones e incluir pruebas para explicarlas.

► Ordena tus razones de menor a mayor importancia, de mayor a menor importancia o en otro orden lógico.

► Incluye en tu discurso distintos tipos de oraciones con diferentes longitudes. De esta manera, podrás retener la atención del público.

► Escribe una conclusión que resuma o vuelva a expresar tu propósito y tus puntos principales.

Al dar tu discurso

► Trata de no leer tu discurso palabra por palabra. Puedes usar tarjetas y hacer un esquema o resaltar los puntos importantes en tu hoja de manera que se destaquen cuando mires hacia abajo.

► Habla lo suficientemente fuerte como para que tu público te escuche.

► Tu tono de voz debe reflejar tu mensaje.

► Enfatiza tus puntos más importantes para ayudar al público a seguir tu idea principal.

► Usa ayudas visuales (físicas o electrónicas), si crees que de esa manera tu discurso será más convincente.

► No hagas muchos gestos; úsalos para explicar las ayudas visuales o para destacar tus puntos importantes.

Pautas para evaluar la escritura: El discurso persuasivo

Usa esta tabla de pautas para evaluar tu borrador. Haz un círculo alrededor de uno de los números para evaluar lo que escribiste, rasgo por rasgo. Luego, revisa el texto para mejorar tu puntaje.

Rasgos de la escritura	Puntaje: 4	Puntaje: 3	Puntaje: 2	Puntaje: 1
✔ **Ideas** ¿Incluí razones convincentes en mi discurso?	**4** Incluí muchas razones convincentes.	**3** Incluí algunas razones convincentes.	**2** Incluí una razón convincente.	**1** No incluí razones convincentes.
✔ **Organización** ¿Expresé mi propósito u objetivo al comienzo y al final del discurso?	**4** Expresé mi propósito u objetivo al comienzo y al final.	**3** Expresé mi propósito u objetivo al comienzo.	**2** Expresé mi propósito u objetivo al final.	**1** No expresé mi propósito u objetivo en ningún momento.
✔ **Fluidez de las oraciones** ¿Varié los tipos de oraciones y su longitud?	**4** Varié de manera excelente los tipos de oraciones y su longitud.	**3** Varié bastante los tipos de oraciones y su longitud.	**2** Varié poco los tipos de oraciones y su longitud.	**1** No varié los tipos de oraciones ni su longitud.
✔ **Elección de palabras** ¿Usé palabras potentes y emotivas para dejar en claro mi punto de vista?	**4** Usé muchas palabras potentes y emotivas.	**3** Usé algunas palabras potentes y emotivas.	**2** Usé pocas palabras potentes y emotivas.	**1** No usé palabras potentes ni emotivas.
✔ **Voz** ¿El discurso refleja mi personalidad?	**4** Mi personalidad se refleja mucho.	**3** Mi personalidad se refleja poco.	**2** Mi personalidad apenas se refleja.	**1** Mi personalidad no se refleja.
✔ **Convenciwones** ¿Cometí errores de ortografía, gramática y puntuación?	**4** No hay errores.	**3** Hay pocos errores.	**2** Hay algunos errores.	**1** Hay muchos errores.

Guía para escribir un ensayo con problema y solución

▶ Escribe una oración introductoria que indique sobre qué o sobre quién trata tu ensayo.

▶ Incluye dos o tres párrafos.

▶ Explica el problema claramente en el primer párrafo.

▶ Describe la solución en los párrafos siguientes. Incluye detalles que expliquen mejor la solución y cómo hallarla.

▶ Termina tu ensayo con una oración potente que exprese una conclusión.

Pautas para evaluar la escritura: El ensayo con problema y solución

Usa esta tabla de pautas para evaluar tu borrador. Haz un círculo alrededor de uno de los números para evaluar lo que escribiste, rasgo por rasgo. Luego, revisa el texto para mejorar tu puntaje.

Rasgos de la escritura	Puntaje: 4	Puntaje: 3	Puntaje: 2	Puntaje: 1
✔ **Ideas** ¿Incluí detalles claros para explicar el problema y la solución?	**4** Usé muchos detalles claros.	**3** Usé algunos detalles claros.	**2** Usé pocos detalles.	**1** No usé detalles.
✔ **Organización** ¿Presenté la información en el orden correcto: problema, solución y conclusión?	**4** Presenté toda la información en el orden correcto.	**3** Presenté la mayor parte de la información en el orden correcto.	**2** Presenté poca información en el orden correcto.	**1** No presenté la información en el orden correcto.
✔ **Fluidez de las oraciones** ¿Combiné oraciones para que sean fluidas?	**4** Combiné muchas oraciones.	**3** Combiné algunas oraciones.	**2** Combiné pocas oraciones.	**1** No combiné oraciones.
✔ **Elección de palabras** ¿Usé sustantivos y verbos precisos?	**4** Usé muchos sustantivos y verbos precisos.	**3** Usé algunos sustantivos y verbos precisos.	**2** Usé pocos sustantivos y verbos precisos.	**1** No usé sustantivos ni verbos precisos.
✔ **Voz** ¿Mi texto muestra qué opino sobre el tema?	**4** Muestra con frecuencia qué opino.	**3** Muestra algunas veces qué opino.	**2** Muestra pocas veces qué opino.	**1** No muestra qué opino.
✔ **Convenciones** ¿Cometí errores de ortografía, gramática y puntuación?	**4** No hay errores.	**3** Hay pocos errores.	**2** Hay algunos errores.	**1** Hay muchos errores.

Guía para escribir una explicación

► Elige un tema que conozcas bien o sobre el que quieras aprender.

► Si eliges un tema que no conoces, haz la investigación necesaria antes de comenzar tu borrador.

► Comienza con una oración temática que indique lo que explicarás.

► Da ejemplos específicos o pasos que expliquen tu tema.

► Incluye detalles que den más información sobre cada ejemplo o paso.

► Organiza la información siguiendo un orden lógico. Agrupa los detalles con los ejemplos o pasos a los que corresponden.

► Tu lenguaje debe ser claro y simple. Define los términos que puedan ser desconocidos para tus lectores y todos los términos técnicos la primera vez que los uses.

Pautas para evaluar la escritura: La explicación

Usa esta tabla de pautas para evaluar tu borrador. Haz un círculo alrededor de uno de los números para evaluar lo que escribiste, rasgo por rasgo. Luego, revisa el texto para mejorar tu puntaje.

Rasgos de la escritura	Puntaje: 4	Puntaje: 3	Puntaje: 2	Puntaje: 1
✔ **Ideas** ¿Incluí pasos o ejemplos detallados?	**4** Incluí muchos pasos o ejemplos detallados.	**3** Incluí algunos pasos o ejemplos detallados.	**2** Incluí pocos pasos o ejemplos.	**1** No incluí pasos ni ejemplos.
✔ **Organización** ¿Ordené la información de manera lógica?	**4** Toda mi información sigue un orden lógico.	**3** La mayor parte de la información sigue un orden lógico.	**2** Parte de la información sigue un orden lógico.	**1** La información no sigue un orden lógico.
✔ **Fluidez de las oraciones** ¿Mis oraciones son fluidas?	**4** Todas mis oraciones son fluidas.	**3** La mayoría de las oraciones son fluidas.	**2** Algunas de mis oraciones son fluidas.	**1** Pocas oraciones, o ninguna, son fluidas.
✔ **Elección de palabras** ¿Usé palabras o frases de transición para organizar mejor la información?	**4** Usé muchas palabras o frases de transición.	**3** Usé algunas palabras o frases de transición.	**2** Usé pocas palabras o frases de transición.	**1** No usé palabras o frases de transición.
✔ **Voz** ¿Usé un leguaje claro y simple que mis lectores puedan entender?	**4** Mi lenguaje es muy claro y simple.	**3** Mi lenguaje es claro y simple en general.	**2** Mi lenguaje es algo claro y simple.	**1** Mi lenguaje no es claro ni simple.
✔ **Convenciones** ¿Cometí errores de ortografía, gramática y puntuación?	**4** No hay errores.	**3** Hay pocos errores.	**2** Hay algunos errores.	**1** Hay muchos errores.

Guía para escribir
un párrafo comparativo

► Elige un tema que se pueda comparar y contrastar.

► Crea un diagrama Venn para enumerar las semejanzas y
diferencias.

► En la primera oración, expresa claramente el tema de tu párrafo.

► En las oraciones de apoyo, compara y contrasta detalles con
características similares de manera clara.

► Explica las semejanzas y diferencias en un orden que tenga
sentido.

Pautas para evaluar la escritura: El párrafo comparativo

Usa esta tabla de pautas para evaluar tu borrador. Haz un círculo alrededor de uno de los números para evaluar lo que escribiste, rasgo por rasgo. Luego, revisa el texto para mejorar tu puntaje.

Rasgos de la escritura	Puntaje: 4	Puntaje: 3	Puntaje: 2	Puntaje: I
✔ **Ideas** ¿Di ejemplos de semejanzas y diferencias?	4 Di muchos ejemplos de ambas.	3 Di un par de ejemplos de ambas.	2 Di un ejemplo de cada una.	1 No di ejemplos de ninguna.
✔ **Organización** ¿Comparé y contrasté detalles similares en un orden que tuviera sentido?	4 Comparé y contrasté todos los detalles similares en un orden con sentido.	3 Comparé y contrasté algunos detalles similares en un orden con sentido.	2 Comparé y contrasté pocos detalles similares en un orden con sentido.	1 No comparé ni contrasté detalles similares en un orden con sentido.
✔ **Fluidez de las oraciones** ¿Mis oraciones son fluidas?	4 Todas son fluidas.	3 La mayoría son fluidas.	2 Algunas son fluidas.	1 Pocas o ninguna son fluidas.
✔ **Elección de palabras** ¿Usé adverbios precisos para destacar los detalles?	4 Usé muchos adverbios precisos.	3 Usé algunos adverbios precisos.	2 Usé pocos adverbios precisos.	1 No usé adverbios precisos.
✔ **Voz** ¿Mostré interés en el tema?	4 Mi interés en el tema queda muy claro.	3 Mi interés en el tema queda bastante claro.	2 Mi interés en el tema apenas queda claro.	1 Mi interés en el tema no está claro.
✔ **Convenciones** ¿Cometí errores de ortografía, gramática y puntuación?	4 No hay errores.	3 Hay pocos errores.	2 Hay algunos errores.	1 Hay muchos errores.

Guía para escribir una composición de opinión

▶ Para comenzar, expresa tu opinión con firmeza.

▶ En los párrafos siguientes, debes dar varias razones convincentes que expliquen por qué tienes esa opinión.

▶ Incluye datos, ejemplos y otras pruebas de apoyo que justifiquen y expliquen las razones de tu opinión.

▶ Ordena tus razones de mayor a menor importancia, de menor a mayor importancia o en otro orden lógico.

▶ Incluye una conclusión sólida que vuelva a expresar tu opinión.

Pautas para evaluar la escritura: La composición de opinión

Usa esta tabla de pautas para evaluar tu borrador. Haz un círculo alrededor de uno de los números para evaluar lo que escribiste, rasgo por rasgo. Luego, revisa el texto para mejorar tu puntaje.

Rasgos de la escritura	Puntaje: 4	Puntaje: 3	Puntaje: 2	Puntaje: 1
✔ **Ideas** ¿Incluí razones convincentes que expliquen mi opinión?	4 Incluí muchas razones convincentes.	3 Incluí algunas razones convincentes.	2 Incluí pocas razones convincentes.	1 No incluí ninguna razón convincente.
✔ **Organización** ¿Expresé mi opinión al comienzo y al final?	4 Expresé mi opinión al comienzo y al final.	3 Expresé mi opinión al comienzo pero no al final.	2 Expresé mi opinión al final, pero no al comienzo.	1 No expresé mi opinión en ningún momento.
✔ **Fluidez de las oraciones** ¿Mis oraciones son fluidas?	4 Todas son fluidas.	3 La mayoría son fluidas.	2 Algunas son fluidas.	1 Pocas o ninguna son fluidas.
✔ **Elección de palabras** ¿Usé adverbios precisos?	4 Usé muchos adverbios precisos.	3 Usé algunos adverbios precisos.	2 Usé pocos adverbios precisos.	1 No usé adverbios precisos.
✔ **Voz** ¿Mi opinión refleja mi personalidad?	4 La refleja muy bien.	3 La refleja un poco.	2 La refleja apenas.	1 No la refleja.
✔ **Convenciones** ¿Cometí errores de ortografía, gramática y puntuación?	4 No hay errores.	3 Hay pocos errores.	2 Hay algunos errores.	1 Hay muchos errores.

Guía para escribir un ensayo comparativo

► Escoge dos temas que tengan semejanzas y diferencias que puedas comparar.

► Crea un diagrama Venn en el que enumeres las semejanzas y diferencias.

► En el párrafo inicial, indica claramente cuáles son los temas que compararás.

► En los párrafos siguientes, compara y contrasta características similares de manera clara.

► Para organizar las ideas, agrupa los detalles que describen las semejanzas en un párrafo y los detalles que describen las diferencias en otro párrafo.

► Incluye palabras clave que ayuden al lector a identificar las semejanzas y las diferencias.

Pautas para evaluar la escritura: El ensayo comparativo

Usa esta tabla de pautas para evaluar tu borrador. Haz un círculo alrededor de uno de los números para evaluar lo que escribiste, rasgo por rasgo. Luego, revisa el texto para mejorar tu puntaje.

Rasgos de la escritura	Puntaje: 4	Puntaje: 3	Puntaje: 2	Puntaje: 1
✔ **Ideas** ¿Di muchos ejemplos de semejanzas y diferencias?	**4** Di muchos ejemplos de ambas.	**3** Di algunos ejemplos de ambas.	**2** Di un ejemplo de cada una.	**1** No di ejemplos de ninguna.
✔ **Organización** ¿Organicé los detalles de las semejanzas y los de las diferencias en distintos párrafos?	**4** Organicé todos los detalles en párrafos distintos.	**3** Organicé algunos detalles en párrafos distintos.	**2** Organicé pocos detalles en párrafos distintos.	**1** No organicé los detalles en párrafos distintos.
✔ **Fluidez de las oraciones** ¿Combiné oraciones para que sean fluidas?	**4** Combiné muchas oraciones.	**3** Combiné algunas oraciones.	**2** Combiné pocas oraciones.	**1** No combiné oraciones.
✔ **Elección de palabras** ¿Usé palabras clave que indican semejanzas y diferencias?	**4** Usé muchas palabras clave que indican semejanzas y diferencias.	**3** Usé algunas palabras clave que indican semejanzas y diferencias.	**2** Usé pocas palabras clave que indican semejanzas y diferencias.	**1** No usé palabras clave que indican semejanzas y diferencias.
✔ **Voz** ¿Mi texto es claro e informativo?	**4** Siempre es claro e informativo.	**3** En general, es claro e informativo.	**2** Algunas veces, es claro e informativo.	**1** Mi texto no es claro.
✔ **Convenciones** ¿Cometí errores de ortografía, gramática y puntuación?	**4** No hay errores.	**3** Hay pocos errores.	**2** Hay algunos errores.	**1** Hay muchos errores.

Guía para escribir a pedido

▶ Lee con atención la idea para escribir o la pregunta.

▶ Busca en la idea para escribir palabras clave, o pistas, que te indiquen en qué debes enfocarte. ¿Debes hacer un resumen o expresar una opinión? ¿Debes escribir sobre un personaje?

▶ Ten en cuenta cuánto tiempo tienes para responder a la idea para escribir. Divide el tiempo: reserva tiempo para pensar u organizar tu respuesta rápidamente y tiempo para escribir y corregir tu trabajo.

▶ Antes de escribir, recuerda el fragmento o vuelve a leerlo pensando en la idea para escribir.

▶ Toma notas de una manera organizada. Si es necesario, haz una tabla.

▶ Observa tus notas. ¿Qué detalles o ideas son más importantes? Asegúrate de incluir esos primero.

▶ Al comienzo de tu texto, plantea la pregunta con otras palabras.

▶ Cuando escribas, usa un leguaje claro y preciso. No te apartes del tema.

▶ Al terminar, revisa tu trabajo y corrige los errores.

Pautas para evaluar la escritura: La carta persuasiva

Escribe una carta para convencer a un familiar de que te deje tomar un curso patrocinado por un club de ecología local. En el curso, deberás pasar una semana en el bosque y aprender a vivir de la tierra. Incluye razones y detalles de apoyo y responde a las objeciones que crees que se harán.

Rasgos de la escritura	Puntaje: 4	Puntaje: 3	Puntaje: 2	Puntaje: 1
✔ **Ideas** ¿Incluí razones convincentes en mi carta persuasiva?	**4** Incluí muchas razones convincentes.	**3** Incluí algunas razones convincentes.	**2** Incluí una razón convincente.	**1** No incluí razones convincentes.
✔ **Organización** ¿Respondí a todas las partes de la idea para escrbir?	**4** Respondí a todas las partes.	**3** Respondí a algunas partes.	**2** Respondí a una parte.	**1** No respondí a ninguna parte.
✔ **Fluidez de las oraciones** ¿Varié los tipos de oraciones y su longitud?	**4** Varié muy bien los tipos de oraciones y su longitud.	**3** Varié bastante los tipos de oraciones y su longitud.	**2** Varié poco los tipos de oraciones y su longitud.	**1** No varié los tipos de oraciones ni su longitud.
✔ **Elección de palabras** ¿Usé palabras clave de la idea?	**4** Usé todas las palabras clave.	**3** Usé algunas palabras clave.	**2** Usé pocas palabras clave.	**1** No usé palabras clave.
✔ **Voz** ¿Escribí en un tono apropiado para mis lectores?	**4** Todo está escrito en un tono apropiado.	**3** La mayor parte está escrita en un tono apropiado.	**2** Una parte está escrita en un tono apropiado.	**1** Mi carta no está escrita en un tono apropiado.
✔ **Convenciones** ¿Cometí errores de ortografía, gramática y puntuación?	**4** No hay errores.	**3** Hay pocos errores.	**2** Hay algunos errores.	**1** Hay muchos errores.

Pautas para evaluar la escritura: El relato de ficción

Imagina que has pasado una semana en tierras salvajes. Al igual que Sam Gribley, has encontrado distintas clases de animales y has aprendido al observarlos. Escribe un relato de ficción acerca de la semana que pasaste en tierras salvajes y las lecciones que aprendiste.

Rasgos de la escritura	Puntaje: 4	Puntaje: 3	Puntaje: 2	Puntaje: 1
✔ **Ideas** ¿Mi relato incluye las palabras clave de la idea para escribir?	**4** Mi relato incluye todas las palabras clave.	**3** Mi relato incluye algunas de las palabras clave.	**2** Mi relato incluye una palabra clave.	**1** Mi relato no incluye ninguna palabra clave.
✔ **Organización** ¿Respondí a todas las partes de la idea para escribir?	**4** Respondí a todas las partes.	**3** Respondí a algunas partes.	**2** Respondí a una parte.	**1** No respondí a ninguna parte.
✔ **Fluidez de las oraciones** ¿Evité usar fragmentos de oraciones en mi texto?	**4** No hay fragmentos de oraciones en mi texto.	**3** Hay pocos fragmentos de oraciones en mi texto.	**2** Hay algunos fragmentos de oraciones en mi texto.	**1** Hay muchos fragmentos de oraciones en mi texto.
✔ **Elección de palabras** ¿Usé palabras precisas y descriptivas en mi relato?	**4** Usé muchas palabras precisas y descriptivas.	**3** Usé algunas palabras precisas y descriptivas.	**2** Usé pocas palabras precisas y descriptivas.	**1** No usé palabras precisas y descriptivas.
✔ **Voz** ¿Mi texto muestra mis sentimientos y mi personalidad?	**4** Mi texto muestra muy bien mis sentimientos y personalidad.	**3** Mi texto muestra bien mis sentimientos y personalidad.	**2** Mi texto muestra un poco mis sentimientos y personalidad.	**1** Mi texto no muestra mis sentimientos ni mi personalidad.
✔ **Convenciones** ¿Cometí errores de ortografía, gramática y puntuación?	**4** No hay errores.	**3** Hay pocos errores.	**2** Hay algunos errores.	**1** Hay muchos errores.